지금 당장 **팔리는**
심리 마케팅 전략

CASHVERTISING ONLINE: How to Use the Latest Findings in Buyer Psychology to Explode Your Online Ad Response
Copyright © 2023 by Drew Eric Whitman
Korean translation rights © 2025 by INFINITYBOOKS
All rights reserved.
This Korean edition published by arrangement with Red Wheel Weiser, LLC through Shinwon Agency Co., Seoul

이 책의 한국어판 저작권은 신원에이전시를 통해 저작권자와 독점 계약한 인피니티북스(주) (인라우드)에 있습니다.
저작권법에 의하여 한국 내에서 보호를 받는 저작물이므로 무단전재와 무단복제를 금합니다.

Interior photos/images

- Page 50: photo by Freepik, freepik.com
- Page 51: photo by Freepik, freepik.com
- Page 53: photo by Magnus D'Great M, pexels.com
- Page 54: photo by Ksenia Balandina, unsplash.com
- Page 57: photo by Freepik, freepik.com
- Page 58: photo by Freepik, freepik.com
- Page 60: photo by Marcelo Moreira, pexels.com
- Page 61: photo by Vecteezy, vecteezy.com
- Page 63: photo by Freepik, freepik.com
- Page 65: photo by Freepik, freepik.com

지금 당장 팔리는 심리 마케팅 전략

고객의 욕망을 100% 꿰뚫는 천재 마케터의 비밀

♥ 드류 에릭 휘트먼 지음
➤ 최은아 옮김

목차

한국 독자들에게 전하는 말 ·································· 8

저자의 말 ·································· 11

프롤로그 ·································· 14

CHAPTER 1 | **소셜 미디어는 어떻게 당신의 뇌를 해킹하는가?**
중독을 유도하는 심리학적 메커니즘과
광고에 활용하는 방법 ·································· 22

CHAPTER 2 | **소셜 미디어는 디지털 슬롯머신이다**
클릭 한 번으로 구매를 이끄는,
돈을 쓸어 담는 카피 ·································· 45

CHAPTER 3 | **성공은 단서를 남긴다**
성공한 소셜 미디어 광고, 무엇이 성공 요인이며
어떻게 성공 공식을 따라 할 것인가 ·································· 70

CHAPTER 4 | **심리적 예방 접종 리마케팅의 힘**
매력적인 광고 카피로 경쟁자보다 먼저
우선순위를 차지하는 심리 전략 ·································· 100

CHAPTER 5	**소비자의 마음을 훔치는 온라인 광고의 비밀**

고객의 마음을 사로잡아 클릭을 돈으로 바꾸는
확실한 심리 마케팅 공식 27가지 ·························· **130**

- **#1** 동료 추천에 담긴 심리학
- **#2** 색상에 담긴 심리학
- **#3** 구매를 유도하는 CTA 설계법
- **#4** 답장은 곧 기회! 인플루언서를 움직이는 설득 전략
- **#5** 소유 효과: 잠재고객이 당신의 상품을 사랑하게 만드는 방법
- **#6** 사회적 지지가 고객에게 주는 심리적 안정 효과
- **#7** 온라인 이미지에 담긴 심리학
- **#8** 빈도 환상 전략: 어디서든 눈에 띄는 존재가 되는 방법
- **#9** 대규모 페이스북 분석 연구가 알려주는 기업 광고의 비밀
- **#10** 양극화의 힘: 대담하게 눈에 띄는 방법
- **#11** 윤리적 뇌물: 작은 보상이 큰 설득이 되는 구매자 인센티브의 심리학
- **#12** 디자인에 담긴 심리학: '좋아요'는 기본, 구매까지 이끄는 페이스북 페이지 디자인 전략
- **#13** 설득력 있는 웹사이트를 위한 필수 심리 전략 20가지
- **#14** 온라인 영상 광고를 '진짜' 매출로 바꾸는 핵심 전략 7가지

- **#15** 언제 올려야 가장 효과적일까? 데이터를 통해 본 최적의 게시 타이밍
- **#16** '거짓 진실 효과'와 반복의 심리학: 거짓도 진실처럼 믿게 만드는 힘
- **#17** 브랜드를 각인시키는 슬로건: 마음과 기억에 각인시키는 요소 6가지
- **#18** 자기 참조가 삽입된 헤드라인은 잠재고객의 심리에 강력한 영향력을 행사한다
- **#19** 브랜드의 신뢰는 웹사이트에서 시작된다
- **#20** '할인 프레임'을 만들고 가치에 대한 인식을 바꿔라
- **#21** 소비자는 웹사이트의 '이것'부터 평가한다
- **#22** 안 보이면 안 산다! 중년층 소비자를 위한 가독성 좋은 글꼴 선택
- **#23** 고객을 지키는 웹사이트 전략: 불확실성을 줄이면 오래 머문다
- **#24** 미끼 효과는 어떻게 소비를 자극할까?
- **#25** 소비 심리를 자극하는 가격 표시의 7가지 원칙
- **#26** 장바구니 이탈률을 구매로 바꾸는 전략
- **#27** 이메일 제목에 담긴 심리 전략: 15가지의 연구 결과와 통계

| CHAPTER 6 | 잠재고객을 늘릴 수 있는
강력한 헤드라인 공식 50가지 ·············· **352** |

| CHAPTER 7 | '대박 광고'를 만드는 필수 체크리스트 29가지
좋은 광고는 우연이 아니다 ·············· **359**

에필로그 ·············· **376**

참고문헌 ·············· **380**

한국 독자들에게 전하는 말

'온라인 마케팅에 심리학을 활용하지 않는다면, 당신은 큰 기회를 놓치고 있는 것이다'

디지털 시장이 급성장하는 한국에서는 소비자 심리를 이해하는 것이 그 어느 때보다 중요하다. 쿠팡과 네이버 같은 대형 플랫폼 그리고 K-팝과 K-뷰티의 세계적인 영향력을 통해 한국 소비자들은 최신 트렌드와 강하게 연결되어 있다. 좋은 소식은, 전 세계적으로 통용되는 광고 전략은 한국에서도 똑같이 효과적이다. 사람은 누구나 동일한 심리적 자극에 반응하기 때문이다. 그리고 이 자극을 제대로 활용할 수 있다면, 광고의 반응률을 높이는 것은 그리 어려운 일이 아니다.

"드류! 한국에서 온라인 광고는 다른 나라와 완전히 다르지 않나요?" 물론, 사용하는 도구나 플랫폼, 문화적 트렌드는 다를 수 있다. 그러나 구매 심리의 본질은 동일하다. 사람들은 감정과 욕구 그리고 깊은 내면의 욕망에 이끌린다. 이는 태초부터 인간을 지배해 온 8가지의 생명력과 맞닿아 있다. 바로 이 지점이 『지금 당장 팔리는 심리 마케팅 전략』이 등장한 이유다.

이 책은 단순히 읽기 쉬운 것을 넘어 강력한 내용을 담고 있다. 성공과 실패를 알 수 없는 불확실한 마케팅 기법을 소개하는 것이 아닌, 세계 최고의 마케터, 연구자, 기업들이 검증한 심리학 원칙을 알려준다. 수백만 달러의 테스트, 수천 개의 광고 연구, 수십억 건의 클릭 데이터를 바탕으로 실제 현장에서 효과가 입증된 전략을 소개한다.

한국의 뷰티 산업을 예로 들어보겠다. 인스타그램과 카카오톡 같은 소셜 미디어를 활용해 급성장한 이 시장은 심리학이 소비자의 의사 결정에 미치는 영향을 보여주는 완벽한 사례다. 한국 소비자들은 다른 사람들의 선택 즉, 사회적 증거에 영향을 받으며, 한정판 제품이나 플래시 세일과 같은 희소성과 독점성에 강하게 반응한다. 이는 단순히 화장품뿐만 아니라, 기술 제품, 서비스 등 모든 마케팅 분야에 적용할 수 있는 핵심 원칙이다. 그리고 이 책이 바로 이 원리를 활용해 소비자로 하여금 '지금 당장 갖고 싶다!'고 느끼게 만드는 방법을 가르쳐 준다.

이 전략이 당신의 비즈니스에도 적용되는지 궁금한가? 물론이다. 서울의 젊은 소비자를 대상으로 하든, 글로벌 시장을 공략하든, 이 책에서 소개하는 도구들은 광고를 최적화하고, 매력적인 카피를 작성하며, 전환율 높은 랜딩 페이지를 만드는 데 큰 도움이 될 것이다. 이 책은 수십 년간 검증된 마케팅 원칙을 바탕으로, 사람들이 즉각적으로 행동하도록 유도하는 요소를 알려준다.

이제 추측은 멈추고, 한국 시장과 글로벌 시장에서 실제로 검증된 결과를 확인해 보자. 페이지를 넘기는 순간, 소비자와 더 깊이 연결되고 그 연결을 실질적인 매출로 전환하는 방법을 보여줄 것이다. 이 책에는 속임수나 지름길이 없다. 오직, 검증된 전략만이 있을 뿐이다.

드류 에릭 휘트먼
『캐시버타이징(Cashvertising)』,
『심리학으로 팔아라(Brain Scripts for Sales Succes)』,
『스매시버타이징(Smashvertising)』 저자

저자의 말

당신의 광고를 폭발적인 수준으로 업그레이드시키고 싶은가? 그렇다면 이 책이 도와줄 것이다.

2008년 『캐시버타이징(Cashvertising)』을 처음 저술했을 때만 해도 광고계에 돌풍을 일으킬 줄은 몰랐다. 이 책은 11개 언어로 번역되었고 현재 아마존(Amazon)에서 마케팅 도서 분야 상위권에 머물고 있다. 후기가 1,000개를 훨씬 넘었고 평균 별 5개의 점수를 유지하고 있다.

『캐시버타이징』이 그렇게 인기 있는 이유는 무엇일까? 재미있게 쓰여서일까? 솔직히 지루한 책은 별로다. 지루하면 무엇이든 짜증이 난다. 특히 무언가를 배워야 한다면 최악이다. 마치 지루한 세미나에 참석한 기분이다. 정보와 자료를 얻으려고 참석했는데 재미가 없으면 눈꺼풀만 무거워진다. 앞에서 강연자가 웅얼거리는 동안 청중의 생각은 딴 데 가 있다. 맛있는 피자를 먹는 생각이나 섬으로 여행을 떠날 생각, 푹신한 침대에 눕고 싶다는 생각뿐이다. 하지만 『캐시버타이징』은 재미있어서 지루할 틈을 주지 않는다. 물론 재미만이 인기의 비결은 아니다.

이 책은 실용성 때문에 인기를 얻었다. 사람들이 책을 산 이유는 자신의 지갑에 돈이 두둑이 쌓이는 방법을 배우고 싶었기 때문이다. 좋은 소식이 있다. 나는 『지금 당장 팔리는 심리 마케팅 전략(Cashvertising Online)』도 똑같은 방식으로 썼다. 먼저 다양한 연구 및 조사 결과를 보여준 다음 그 근거를 바탕으로 실천 방법을 설명한다. 『캐시버타이징』과 마찬가지로 이 책 역시 학술 서적이 아니다. 일대일로 상담하듯이 친밀하고 친절하게 썼다. 이 책을 읽으면서 당신은 마치 나와 함께 앉아서 당신의 광고를 더 나아지게 하는 방법을 상의하는 듯한 느낌을 받을 것이다.

하지만 이 책이 모두를 위한 책은 아니다(어쩌면 당신을 위한 책이 아닐 수도 있다). 아마 당신은 이 책에 나오는 모든 내용을 이미 알고 있을지도 모른다. 그러면 내용을 전부 읽은 다음에 이렇게 말할지도 모른다. "이건 당연히 아는 내용이지. 저건 나도 알아." 혹은 "이걸 과연 적용할 수 있을까? 저건 맞지 않아."

이러한 태도는 식당에서 가서 결점만 찾으려고 하는 것과 다를 바 없다. 사람들은 식당에 가면 불평만 늘어놓는다. 주문하지도 않은 엉뚱한 음식이 나오고 요리는 다 식어버렸으며 식탁이 지저분할 수 있다. 점원의 태도는 불친절하고 에어컨 바람이 하필이면 당신의 목 뒤로 불어온다. 화장실에서는 청소 세제 냄새가 잔뜩 난다. 행복한 저녁 식사를 망칠 수 있는 요소들이 이렇게나 많다.

그래도 열린 마음을 가져보라. 나의 세미나에 참석한 사람들에게 제안하는 것이 바로 그런 태도다. 효과적이지 않은 것들 말고, 효과가 있고 도움이 될 만한 요소를 찾아라.

> 마음을 넓게 가져라. 그러면 삶이 더 편안해질 것이다.
> 물 한 잔에 소금 한 숟가락을 넣으면 그 물을 마실 수 없지만 호수에 소금 한 숟가락을 넣으면 소금을 넣었다는 사실을 모른다.
> – 석가모니(Shakyamuni)

다행히도 당신이 이 책의 모든 내용을 정확하게 따라 해야만 많은 유익을 얻는 건 아니다. 한 가지 개념만 잘 적용해도 큰 변화를 만들 수 있다. 괜찮다면 하나 이상을 적용해 보라. 그러면 당신의 사업에 혁명이 일어날 것이다. 말 그대로 '횡재'하는 것이다! 은행 계좌에 불어나는 돈을 보고 놀라게 될 것이다.

프롤로그

『지금 당장 팔리는 심리 마케팅 전략(Cashvertising Online)』으로 만나게 되어 반갑다!

인사는 이 정도로 하고 바로 시작해 보자.

'기능이 업그레이드된 쥐덫을 개발한다면 당신은 세상의 스포트라이트를 받을 것이다'라는 말은 맞을까 틀릴까?

세미나에서 청중에게 이 질문을 던지면 놀랍게도 '맞다'는 답변을 자주 듣는다. 동의하는 사람은 대개 아래와 같이 말한다.

▶ 사람들은 언제나 삶을 개선할 방법을 찾습니다. 누군가가 그런 상품을 개발하면 사람들은 그 물건을 살 거예요.

▶ 사람들은 새로운 것을 좋아합니다. 신상품이라는 이유만으로 사람들

의 호기심을 자극할 겁니다. 사람들은 그 상품을 사용해 보고 싶어 할 거거든요.

▶ 좋은 소식은 빨리 퍼지기 때문이죠. 품질이 좋고 가치 있는 상품이라면 사람들은 어떻게 해서든 그것을 찾아냅니다.

이 대답들이 모두 그럴듯하게 들리지만 소비자의 반응을 직접적으로 유도하는 광고 전문가인 나는 그 대답이 전부 실패자의 마인드셋에서 나왔다는 걸 잘 알고 있다. 전부 '왜 내가 망해?'라는 마인드셋에서 비롯된 대답이다.

상품의 가치를 잠재 고객에게 효과적으로 전달하지 않으면 상품이 얼마나 훌륭한지는 중요하지 않다. 그래서 망한다.

물론 사람들이 결국에는 당신의 상품을 알게 될 거라고 기대할 수 있다. 하지만 그건 좋은 성공 계획이 아니지 않은가. '희망'은 전략이 아니다. 선택지가 더는 없다는 생각이 들 때 꺼내는 열쇠가 희망이다.

비밀을 알려주는 책

꼼꼼히 포장된 비밀스러운 책을 선물받았다고 상상해 보자. 너무 귀중한 책이라 자물쇠로 단단히 잠겨있다. 이 책은 많은 자금이 투입되어 제작된 광고 실험 수십 개가 들어 있는 광고의 정수다. 책에는 테스트하고 또 테스트한 광고가 담겨 있으며 통제된 여러 실험을 비교한 결과가 들어 있다. 영리하고 자금력이 풍부한 광고인은 다음과 같이 끊임없이 질문한다.

- ▶ A나 B 혹은 C나 D 중 무엇이 더 좋은가?
- ▶ 시간대를 바꾸면 어떨까?
- ▶ 개인적으로 친밀하게 접근해 보면 어떨까?
- ▶ 의도적으로 글자를 틀리게 쓰면 어떤 반응이 생길까?
- ▶ 파란색 대신 빨간색을 사용하면 어떨까?
- ▶ 게시물을 언제 업로드해야 최대한 많은 사람이 볼까?
- ▶ '바로 주문'을 '바로 구매'로 변경하는 것이 중요할까?
- ▶ 구매 버튼을 녹색으로 바꾸면 무엇이 달라질까?
- ▶ 상품 옵션을 한 가지 이상 제시해야 할까?
- ▶ 할인을 어떻게 제시해야 가장 효과적일까?
- ▶ 카피가 길면 더 효과적일까?
- ▶ 헤드라인에 '당신'이라는 단어를 넣으면 어떤 반응이 생길까?
- ▶ 구매 과정을 2단계로 만들어야 할까 아니면 한 번에 구매할 수 있게 만들어야 할까?

이러한 질문에 대한 답변이 책 한 권에 다 들어있다고 생각해 보라. 이 책에는 사람들이 광고비를 투입해 온갖 광고를 실험해서 얻은 결과가 담겨 있다. 그 결과를 활용해 성공적인 광고를 만들 수 있다면 어떨까? 게다가 시행착오를 겪으며 괴롭고 절망적인 시기를 피할 수 있다면?

지금 당신은 바로 그 책을 읽고 있다. 내가 책의 내용을 '비밀'이라고 부르는 이유는 먼지가 수북하게 쌓인 오래된 상자에 담겨 자물쇠로 잠겨있어서가 아니다. 오히려, 이를 알고 있는 광고인이 거의 없기 때문이다. 이 내용을 모르는 사람들에게는 말 그대로 비밀이며, 그들은 이를 알지도, 접해보지도 못했다. 혹자 중에서는 책에서 다룰 몇 가지 개념을 알고 있을 수도 있지만, 대부분은 전혀 모른 채 시행착오를 반복하며 계속해서 실험하고 있다(당신만의 창의적인 제품이나 서비스를 테스트하는 거라면 괜찮다. 이미 알려진 원리를 다시 테스트하며 쓸데없이 시간 낭비하는 게 아니라면 말이다).

먼저 출간한 『캐시버타이징』은 현재 광고계에서 최고의 책으로 널리 인정받고 있으며 11개의 언어로 번역되어 전 세계에서 출간되었다. 이번 책도 『캐시버타이징』과 비슷하다. 이야기책이 아닌 실용적인 방법을 알려주는 안내서다. 페이지마다 당장 사용할 수 있는 정보가 가득 담겨 있다. 나에게 최악의 말이 무엇인지 아는가? 바로 책을 구매한 독자가 시간을 투자해 다 읽고 나서 "그래, 재미있네. 그런데 어떻게 해야 하지?"라고 말하는 것이다. 그래서 이 책에서는 어떻게 해야 하는지 그 방법을 정확하게 알려줄 것이다. 방법을 어떻게 활용하는지는 당신에게 달렸다.

사실 아무리 좋은 책이라도 그 책을 통해 모두가 유익을 얻는 것은 아니다. 간혹 책만 읽고 나서 마법이 일어나기를 기대하는 사람이 있다. 그들은 좋은 결과가 있기를 바란다. 하지만 좋은 결과를 만드는 데 필요한 행동을 하려고 하지 않는다. 그런 태도가 인간의 관성이고 솔직하고 평범한 모습이다. 무언가 일을 하는 것보다 TV를 보며 나쵸칩을 살사소스에 찍어 먹는 게 훨씬 쉬우니까.

무슨 말인지 알겠는가? 성공하는 방법을 알려주겠다고 약속하는 책이 있다고 하자. 그 책만 읽으면 당장이라도 성공할 것 같다는 생각에 흥분해서 바로 사서 읽기 시작한다. 그런데 갑자기 눈앞에 보이던 돈방석이 서서히 희미해진다. "이런, 목표를 세워야 해! 할 일 목록도 만들어야 하고, 매일 긍정적인 상상도 해야 한다고? 맙소사, 거기다 죽어라 일까지 하라고?!" 아마도 당신은 이런 끝없는 '해야 할 일' 없이도 성공이 저절로 찾아오길 바랐을 것이다.

꿈은 행동 없이는 이루어지지 않는다.
꿈을 이루는 가장 확실한 방법은 꿈을 이룬 것처럼 사는 것이다.

– 로이 T. 베넷(Roy T. Bennett)

인생이란 이런 것이다. 무언가를 꿈꾸기는 쉽다. 하지만 깨어 있을 때는 그 꿈이 이루어지도록 할 일을 해야 한다. 나의 목표는 그 '할 일'을 최대한 쉽게 만들어 성공 가능성을 최대로 키워주는 것이다. 그게 바로 이 책의 힘이다. 당신은 그저 이 책의 가르침을 머릿속에 입력한 다음 배운 대로 행동하기만 하면 된다. 그러면 그 결과를 두둑한 지갑의 무게로 느끼게 될 것이다. 이런 게 바로 '횡재'다!

아, 본격적으로 들어가기 전에 한 가지 더 말해야겠다. 『지금 당장 팔리는 심리 마케팅 전략』은 많은 언어로 번역되어 전 세계에서 출간되고 있다. 내 목표는 광고를 제대로 배우려는 모든 사람을 돕는 것이다. 그래서 많은 내용을 다룰 수밖에 없다. 나는 당신이 X를 알고 있는지 Y를 알고 있는지 추측할 수 없다. 당신은 그중 하나를 알고 있을 수도 있고 둘 다 알고 있을 수도 있다. 나는 당신의 수준을 모른다.

이 책을 읽는 사람 중에는 광고계에서 오랜 세월 종사해온 사람도 있을 것이다. 그들을 '프로(pro)'라고 부르겠다. 어쩌면 당신도 프로일지 모르겠다. 만약 그렇다면 내게 몇 가지 지식을 가르쳐주기를 바란다. 큰 도움이 되리라 확신한다. 당신이 프로라 해도 여전히 더 발전하고 싶을 것이다. 지식을 늘리고 기술을 갈고 닦고 싶지 않은가? 그렇다면 이 책은 분명 당신에게 도움이 된다.

프로와는 반대로, 광고와 관련된 경험이 적은 사람도 있다. 나는 그들을 '탐색자(seeker)'라고 부른다. 탐색자들은 수십 년의 경험이 있는 사람에게 노하우를 배워 도약판을 마련하고자 한다. 그렇게 하면 시간을 절약해 큰 진전을 이룰 수 있으며 빠르게 결과를 얻을 수 있다. 그리고 수년간 번거롭게 시행착오를 겪는 시간 낭비를 피할 수 있다. 당신이 탐색자라면 이 책은 확실히 도움이 된다.

내 임무는 유용한 정보를 제공하는 것이다. 그렇다면 당신의 임무는 무엇일까? 이 책에서 어떤 부분이 본인에게 도움이 되는지 판단하고 사용해 보는 것이다. 당신이 프로든 탐색자든 이 책을 읽으면서 이미 알고 있는 내용을 보게 될 수도 있다. 그렇다면 '이 내용은 다른 사람에게 도움이 되겠네'라고 생각하고 다음 내용으로 넘어가면 된다.

좋다. 이제 모든 준비가 되었다. 내 세미나에 참석한 청중에게 하는 말로 시작해 보겠다. "안전띠를 매고, 마음의 문을 여세요. 이제 함께 출발해 볼까요?"

CHAPTER 1

소셜 미디어는
어떻게 당신의 뇌를 해킹하는가?

중독을 유도하는 심리학적 메커니즘과
광고에 활용하는 방법

팩트: 소셜 미디어는 재미있다. 그렇지 않은가? 놀랍게도 소셜 미디어에서는 눈에 보이는 것보다 더 많은 일이 벌어지고 있다. 소셜 미디어의 정보는 유익하고 재미있지만 이를 탐색하는 행위는 신문이나 잡지, 책을 읽는 것과는 다르다. 화면을 보며 스크롤하고 클릭하는 사이에 당신이 방문한 사이트나 앱이 무언가를 하고 있기 때문이다.

이 장에서는 이러한 서비스들이 어떻게 의도적으로 설계되어 사용자들을 끌어들이는지 설명한다. 도대체 어떠한 방식으로 만들어졌기에 사용자들의 뇌에서 화학반응을 일으켜 해당 사이트에 오래 머물게 하고, 끊임없이 다시 방문하도록 만드는 걸까?

"드류, 내가 이런 내용을 왜 알아야 하죠? 그냥 성공적인 광고를 만드는 방법만 지금 당장 알려주면 안 돼요?"라고 말하고 싶을지 모르겠다.

그러나 이런 점들이 바로 짧은 세미나와는 다른 이 책의 묘미다. 세미나를 진행할 때는 연구나 조사 결과 등 근거를 설명하는 데는 몇 분밖에 쓰지 못하고 바로 '방법'을 본격적으로 논의한다. 청중은 빠르게 전반적인 개요를 듣고 유용한 정보 몇 가지를 얻을 수 있지만 한두 시간 내에 내가 전할 수 있는 내용은 한정되어 있다.

하지만 당신은 책을 읽는 독자다. 300페이지가 넘는 이 책에서 함께 더 깊이 있는 탐험을 할 수 있다. 참을성이 부족한 사람들은 이 책을 사지 않을 것이다. 대신 몇 주 동안 구글이나 유튜브를 검색하며, 내가 이 책 한 권에 담아놓은 방대한 내용 중 겨우 한두 가지라도 건질 수 있으면 그걸로 만족할 것이다. 그들이 많은 시간을 들여 난해한 연구 논문을 분석하고, 거기서 실용적인 교훈을 찾아내길 기대하기는 어렵다. 어떤 논문은 마치 일부러 이해하기 어렵게 쓰인 것처럼 보이기도 하는데, 이 책조차 읽지 않는 사람이 그런 논문을 찾아볼 리가 없지 않은가.

이 책은 선장 모자와 900달러짜리 크라우더 블루워터(Crowder Blue Water) 낚싯대, 3000달러에 달하는 다이와 덴도(Daiwa Dendoh)

낚시릴(진짜 이 가격이다), 초호화 요트의 열쇠를 당신에게 툭 던져주지 않는다. 그러면 정말 좋겠지만 말이다.

그 일은 내 역할이 아니다. 내 임무는 당신의 배(광고 문안)를 잘 조작하는 법, 바다(당신이 선택한 미디어)를 항해하는 법, 아름다운 빛을 띠며 바다에서 헤엄치는 물고기(잠재고객)를 잡는 법을 가르쳐 주는 것이다. 나를 믿어야 한다. 내가 전달하는 정보를 깊이 이해하면 당신의 광고를 완벽하게 변신시킬 수 있다. 혹시 쉬운 요소만 대충 배우고 싶은가? 그렇다면 이 책은 그만 읽고 스마트폰으로 구글에서 검색하라.

마음을 다잡았다면 이제 시작해 보자. 소셜 미디어를 보면서 스크롤하고 클릭하는 사이에 해당 사이트나 앱이 당신에게 영향을 준다니, 그게 정말 가능할까? 대답은 간단하다. 기분이 좋아지는 화학물질인 도파민을 혈류에서 급증시키는 요소를 곳곳에 숨겨 놓는다. 그러면 도파민에 중독되어 그 사이트에 계속 접속하게 된다. 그렇다. '중독자'가 되는 것이다.

이는 음모론이 아니다. 실제로 국회 청문회에서 페이스북의 전 경영진이었던 팀 켄달(Tim Kendall)은 "페이스북의 서비스를 의도적으로 담배처럼 중독성 있게 만들었다"고 말했다. 이게 바로 고도의 전략이다. 이 같은 전략으로 회사가 계속 성장할 수 있었다. 페이스북은 올해도 479억 달러 규모의 광고를 유치할 것으로 예상된다.

> 우리는 대기업 담배 회사의 광고문을 보고
> 처음부터 중독적인 서비스를 만들었다.
> – 팀 켄달(Tim Kendall), 페이스북 전 자금 책임자

실제로 소셜 미디어는 우리 뇌의 작동 방식을 바꿀 힘이 있다. 그리고 지금 그렇게 바꾸고 있다. 사악하다고 생각하는가? 나는 판단하지 않겠다. 다만 소셜 미디어가 우리에게 미치는 영향을 이야기하고자 한다. TV, 라디오, 잡지, 신문 등 전통적인 미디어와 달리 소셜 미디어는 어떻게 독특한 방식을 사용해 사용자를 사로잡아 마음대로 주무르는 걸까?

당신도 알다시피 TV, 라디오, 잡지, 신문 같은 전통적인 미디어는 움직이지 않는 장치들이다. 그러한 미디어와 상호작용하는 범위는 보거나 듣는 정도다. TV 같은 매체를 볼 때는 가만히 쳐다보기만 한다. 보고 듣는 작업을 동시에 하지만 그게 전부다. 물론 미디어에 등장하는 단어나 이미지가 어떤 식으로든 당신에게 자극을 줄 수 있다. 하지만 당신은 적극적으로 참여하지 않는다. 당신의 역할은 비교적 소극적인 수준에 그치며 미디어가 당신에게 미치는 영향력 또한 그렇게 강력하지 않다. 그래서 전통적인 미디어가 당신의 몸과 마음을 지배하는 수준은 소셜 미디어에 비하면 미미하다.

조금 전에 내가 무슨 단어를 썼는지 눈치챘는가? 그렇다. '참여'

라는 말을 사용했다.

질문: 광고인으로서 당신의 최우선 목표는 무엇인가? 제발 '판매'라고는 하지 말라. 이는 당연하다. 최우선 목표는 먼저 잠재고객의 주의를 사로잡는 것이어야 한다. 그전에는 당신의 광고에 그들이 참여하지 않는다. 그리고 잠재고객의 참여를 끌어내지 못하면 어떤 것도 팔지 못한다.

"드류, 그건 절대 사실이 아니에요! 내 상품이 너무나 좋고 시장이 잘 형성되어 있고 가격이 적당하다면 소비자는 나를 찾을 거예요."

정말 그럴까? 테스트를 해보자.

당신은 모하비 사막에서 얼음을 가득 담은 시원한 레모네이드를 팔고 있다. 이보다 더 달콤한 음료는 없다. 음료는 매력적으로 보이는 긴 유리잔에 담겨 있다. 이왕이면 유리잔마다 과즙이 풍부한 레몬 조각까지 끼워놓고 앙증맞은 종이우산으로 완벽하게 장식했다고 치자.

시장은 어떤가? 당신의 상품을 판매하기에 안성맞춤인 거대한 시장이 있다. 굉장히 뜨거운 열기가 내리쬐는 8월의 주말을 선택했기 때문이다. 해마다 사막에서는 '죽음의 골짜기에서 생존하기'라는 생존 게임이 진행되는데 그 게임 중 하나인 80km 걷기 시합에 수천 명의 사람이 기진맥진하면서 참여하고 있다. 그리고 불행히도 참가자들은 목말라 죽을 지경이다. 레모네이드의 가격은 한

잔에 3달러로 적당하다. 맛은 어떨까? 신선하게 짜낸 과즙은 완벽하게 달콤하고 향긋하다.

그런데 맙소사, 아무도 사지 않는다!

혹시 레모네이드 가판대가 11m가 넘는 사와로 선인장 뒤에 있어서 그런 걸까? 아니면 가판대 근처에 전갈 구덩이가 있어서 걷기 시합 참가자들이 모두 전갈을 피하려고 땅만 보고 걷는 탓에 주의가 몹시 산만해져서 당신의 레모네이드를 보지 못한 걸까?

"오, 제발. 드류…"

그래, 알았다. 나도 알고 있다. 당신의 상황과는 딴 세상 이야기임을 안다. 하지만 사람들이 당신의 상품을 사지 않는 본질적 요소는 똑같다. 소셜 미디어 사용자가 다른 광고나 게시글, 이메일, 사이트, 영상 등의 요소에 주의가 산만해지면 어떻게 될까? 당연히 당신 사이트의 헤드라인, 이메일 제목, 이미지, 썸네일에 관심을 두지 않을 것이다. 그러면 당신의 콘텐츠에 참여하는 일도 없다. 당신의 제품이나 서비스가 훌륭해도 소용없다. 온라인이든 사막이든 최종 결과는 똑같다. 다시 말해 상품을 팔지 못하는 것이다. 당신이 어디에서 무엇을 판매하든 먼저 사람들의 주의를 사로잡아야 한다. 그렇지 않으면 아무 일도 일어나지 않는다.

소셜 미디어 앱은 우리의 뇌에 간섭해 영향을 미치기 위해 특별히 설계되었다(한 번 더 읽기를 바란다). 앱 개발자들은 열심히 연구하며 앱 페이지를 정교하게 제작해 사용자(소비자)가 계속 클릭하면서 몇 시간 동안 스크롤하도록 만들었다. 이제 소셜 미디어의 포로가 된 사용자에 대해 이야기해 보자.

소셜 미디어 사용자는 얼마나 될까? 무려 46억 2,000만 명에 달한다! 세계 인구의 절반이 넘은 수다. 정확히는 세계 인구의 58.4%가 소셜 미디어를 사용하고 있다. 전체 인터넷 사용자의 93.4%가 소셜 미디어를 어떤 형태로든 사용하고 있다. 평균적으로 사람들은 소셜 미디어에 매일 2시간 27분을 쓰고 매달 7.5개의 소셜 미디어 앱을 사용한다. 전혀 놀랍지 않은 결과다. 일부 사람은 내성적이고 혼자 있기를 더 좋아하지만 대부분의 사람은 집단에 속해 서로 교류하려는 타고난 욕망을 지니고 있기 때문이다.

소셜 미디어를 사용하기 전의 사람들은 어떻게 교류했을까? 통화를 하거나 다른 사람이 모이는 곳에 갔다. 쇼핑몰, 영화관, 박물관, 놀이공원 등에 가거나 상점이 즐비한 번화한 거리를 걸었다.

오늘날 이 정도의 교류는 식은 죽 먹기다. 소파에 편안하게 앉아서 사람들을 만날 수 있다. 옷을 차려입지 않아도 된다. 손가락 하나만 까닥하면 수천 명의 사람과 상호작용하며 자기 의견을 표현할 수 있다. 손에 든 전자기기 안에서는 당장이라도 자신의 창의성을 보여줄 수 있고 절박한 질문에 대한 답을 얻을 수 있다. 대대적인 사회적 승인을 얻기도 한다. 이보다 완벽한 게 또 있을까. 구겨진 운동복 바지를 입고 한껏 게으름을 부리면서도 사람들과의 교류를 실컷 즐기는 것이다. 이러한 소셜 미디어가 인기 있는 게 이상한 일인가?

훗스위트(Hootsuite)에서 발표한 「2022 디지털 보고(2022 Digital Report)」에 따르면 사람들은 유튜브 영상을 시청하는 데 매달 평균 23.7시간을 사용했다. 한 달 중 거의 하루를 유튜브 영상 시청에 쓰는 셈이다. 어떤 주제의 영상을 볼까? 가장 많이 시청하는 주제 상위 5개는 코미디, 음악, 오락, 대중문화, 실용적 방법(how-to)과 관련된 영상이었지만 특정 주제는 크게 중요하지 않았다.

사실 유튜브는 당신의 영상을 다른 사용자에게 보여주려고 존재하는 게 아니다. 페이스북의 목적 또한 당신과 친구 및 가족의 연결성을 돕는 게 아니다. 인스타그램이나 틱톡도 재미있는 게시물이나 숏폼(short-form) 영상으로 당신을 즐겁게 해주려는 목적은 전혀 없다.

놀라운가? 놀랄 필요 없다. 그러한 앱과 미디어의 목적은 모두 온라인상의 광고 게재 공간을 판매하는 것이다. TV, 라디오, 잡지 등 전통적인 미디어가 존재하는 이유도 마찬가지다.

사실 중독성 있는 플랫폼에서 제공하는 오락은 하나의 수단일 뿐이다. 재미있는 볼거리에서 당신의 눈을 떼지 못하게 만들어 상업적 메시지를 전달하려는 영리한 수단이다. 즉, 재미있는 모든 게시물은 한낱 미끼에 불과하다. 그 미끼가 당신을 다양한 전자기기 앞으로 유혹한다. 그리고 그 안에 광고가 있다. 솔직해지자. 광고가 없다면 소셜 미디어의 오락거리는 완전히 사라질 것이다.

생각해 보자. 어떤 TV 쇼가 가장 많은 광고 수입을 올릴까? 당연히 시청률이 가장 높은 쇼다. 슈퍼볼 LVI(Super Bowl LVI)를 예로 들어보자. NBC 스포츠에 따르면 로스앤젤레스 램스(Los Angeles Rams)가 신시내티 벵골스(Cincinnati Bengals)를 23 대 20으로 승리한 경기는 1억 1,230만 명의 팬들이 화면 앞을 떠나지 못하게 했다. 그 팬들의 시선을 사로잡으려고 기업들은 650만 달러라는 거액을 투입해 30초짜리 광고를 내보냈다.

그렇게 거액을 투자해 짧은 광고를 하는 게 일반 축구팬에게 무슨 의미가 있을까? 아무 의미도 없다. 하지만 그런 광고가 소비자에게 접근하려고 노력하는 기업에는 무슨 의미일까? 막대한 돈줄기를 잡을 수 있는 수단이다. 시청자의 수가 많고 영상 집중도가 높을수록 광고를 통한 판매 가능성이 커진다. 이는 시장에 처음 뛰어든 초보 상인도 다 아는 사실이다.

소셜 미디어 이야기를 다시 해보자. 사람들이 소셜 미디어에 그렇게 많은 시간을 사용하는 이유는 무엇일까? 이제 불편한 진실을 마주할 시간이다. 이 책을 중단하지 말고 계속 읽기를 바란다. 그러면 앞으로 당신은 완전히 달라질 것이다.

포그행동모형(Fogg Behavior Model, FBM)에 대해 들어본 적이 있는가? 앱 개발자들에게는 이미 유명한 개념이다. 소셜 미디어에 광고를 하려면 당신도 이를 알고 있어야 한다. 포그행동모형을 잘 이해하면 잠재고객을 설득해 그들의 마음을 움직일 수 있기 때문이다.

비즈니스 인사이더(Business Insider, 미국의 비즈니스 및 기술 뉴스 웹사이트 -옮긴이)에서 '세 가지 접근법'으로 소개된 포그행동모형은 소셜 미디어 앱을 어떻게 설계해야 인간의 행동을 끌어낼 수 있는지 알려준다. 이 마법 같은 세 가지 방법은 동기, 능력, 자극이다. 자세히 알아보자.

누군가의 행동을 끌어내려면 아래 내용을 명심해야 한다.

① **행동하려는 '동기'를 얻어야 한다.**
② **행동할 '능력'이 있어야 한다**(행동 설계의 맥락에서 행동할 능력이란 단순히 요구된 행동을 할 능력을 말한다).
③ **생각에 그치지 말고 행동하려는 '자극'을 받아야 한다.** 다음 단계로 가는 행동을 해야 하는데, 이를테면 링크를 클릭하거나 주문서를 작성하거나 결제 버튼을 누르는 등의 행동을 해야 한다.

동기, 능력, 자극 이 세 가지 요소를 간단하게 MAP(동기: Motivation, 능력: Ability, 자극: Prompt)라고 하겠다. 이제 예를 통해 생각해 보자.

한 가지 상황을 가정하자. 나는 조경사고 당신은 집주인이다. 나는 당신이 정원의 잔디를 깎는 일을 맡기기를 원한다. 온라인 광고든 전단지 광고든 방문 판매든 나의 홍보가 성공하려면 우선 당신이 정원 손질을 전문가에게 맡기고 싶어 해야 한다. 아주 간단하지 않은가? 만약 당신이 현재 잔디 상태에 만족한다면(당신이 깎았든 다른 사람이 깎았든 당신의 눈에 잔디가 보기 좋다면) 나에게 전화를 걸지 않을 것이다. 다시 말해서 당신에게 '동기'가 생기지 않는다. 하지만 내가 이렇게 설득한다면 어떨까. "힘들게 직접 잔디를 깎지 말고 전문가의 손길을 통해 아름다운 정원을 가꾸세요. 푸르른 잔디가 싱그럽게 펼쳐지는 기쁨을 맛보세요." 이런 설득을 통해 나를 고용하도록 당신에게 동기를 부여할 수 있다. 이게 첫 단계다.

두 번째 단계는 나를 고용하는 방법이 쉬워야 한다. 즉, 세 가지 요소 중 하나인 행동할 '능력'을 만들어 주는 것이다. 당신이 페이스북에서 내가 올린 조경 광고를 보고 연락하려는 동기가 생겼다고 하자(원래부터 조경사를 찾고 있었든 내 광고에 설득당했든 상관없다). 그럴 때 내가 하지 말아야 하는 게 있다. 바로 정원 담 설치, 제설, 울타리 설치 등 다양한 서비스를 설명하는 복잡한 웹사이트로 안내하면 안 된다. 또 정원의 면적이 얼마나 되는지 어떤 특징이 있는지 등을 묻는 긴 주문서를 작성하게 해서도 안 된다.

나는 절차를 최대한 쉽게 만들어 그저 신청만 하도록 할 것이다. 그렇게 하면 최대한 쉽게 행동할 수 있는 '능력'을 만들어 줄 수 있다. 실제로 충동구매를 유도하려면 판매가 즉시 이루어지게 해야 한다. '젠장! 이 빌어먹을 잔디는 왜 계속 자라는 거야. 잔디 깎는 일이 지긋지긋해. 너무 덥고, 잔디 깎는 기계는 엉망이야. 연료를 계속 넣는 것도 귀찮아. 너무 힘들어. 잘린 잔디를 치우는 일처럼 번거로운 게 또 있을까!' 당신이 이런 생각을 하며 조경사를 고용하고 싶다는 생각이 극에 달할 때 당신의 마음을 사로잡아야 한다. 그러려면 '현장 방문' 없이 바로 예약하게 만들어야 한다. 계속 보자.

나는 당신을 간단한 사이트로 안내할 것이다. 이 사이트에서는 잔디 깎는 서비스만 설명하며 왜 나를 고용하는 게 최고의 선택인지 알려준다. 이것이 바로 '자극'이다. 사이트에 접속하면 몇 개의 엄선된 후기와 깔끔하게 깎인 잔디 사진이 보인다. 내 사진도 한쪽에 넣고 짧은 '개인적 편지'를 보여주어 당신과 친밀한 관계를 맺을 것이다. 그리고 할인율이 높은 쿠폰을 제시한다. 목표 시장의 평균 규모인 300평 정도의 잔디를 깎을 때 쓸 수 있는 할인 쿠폰에 거부할 수 없는 할인율을 크게 찍어 제시하는 것이다. 영상 편집을 잘할 수 있다면 내가 일하는 모습과 멋진 결과물을 영상으로 짧고 효과적으로 편집해 보여준다. 나를 고용하는 게 왜 최고의 선택인지 간단하게 말하는 영상을 만들면 더 효과적이다.

잠깐, 이 책의 주된 목적 중 하나는 당신이 광고 전문가처럼 생각하도록 돕는 것이다. 이 목적의 이유는 그러한 마인드셋을 기를 때 배운 기술로만이 아니라 더 많은 요소를 고려하며 결정할 수 있기 때문이다. 광고 전문가처럼 생각한다면 당신은 사람들이 B 대신 A를 선택할 때 그 배후에 있는 원리를 알게 될 것이다. 어떤 제안이나 놀라운 혜택을 구체적으로 언급하지 않는 헤드라인에는 사람들이 왜 즉각 고개를 돌리는지도 알게 될 것이다. 각각의 상황에 맞게 쓸 수 있는 공식이 늘 존재하지는 않는다. 하지만 전문가의 마인드셋이 있다면 기본적인 이해가 있기에 더 나은 결정을 내릴 수 있다. 단순히 'A 다음에는 B다'와 같은 체크리스트를 보며 일하는 사람보다 훨씬 더 효과적으로 판단하게 된다. 물론 기본적인 이해와 체크리스트가 모두 있으면 이상적이다. 이 책을 통해 당신은 그 두 가지를 모두 얻을 수 있다.

이제 조경사인 내가 당신을 새로운 고객으로 유치하려고 하는 이야기로 돌아오자. 사실 처음에는 이익을 남기지 않아도 괜찮다. 고객을 유지하는 것보다 유치하는 게 5배나 더 큰 비용이 들기 때문이다. 당신을 고객으로 빨리 만들수록 궁극적으로 고객 유치 비용이 줄어든다. 게다가 내 장기 고객 통계를 보면 일단 나의 고객이 된 사람과는 평균적으로 4년 반 동안 거래가 유지된다. 이 수치는 평균 이상이다.

> 잘 관리하는 고객 한 명은
> 1만 달러를 투입한 광고보다 더 큰 가치가 있다.
> – 짐 론(Jim Rohn)

당신을 평생 내 고객으로 만들 수 있다면 처음 잔디를 깎아주고 이익을 남기지 못해도 그만한 가치가 있다. 확실하게 낮은 가격을 제시함으로써 경쟁자를 물리치고 내 서비스를 선택할 가능성을 상당히 높일 수 있다. 나는 29달러를, 다른 조경사들은 49달러를 제시한다고 해보자. 다른 조건이 다 똑같다면 누구를 선택하겠는가? 물으나 마나 한 질문일 것이다. 사람들은 대부분 덜 비싼 선택지를 고른다. 위험이 적으면 잃을 것도 적지 않겠는가?

마지막으로 내 사이트에서는 간단한 연락 방식을 보여주고 채팅 서비스도 제공할 것이다. '서비스 일정을 선택하세요'와 같은 페이지도 제공해 고객이 잔디 깎는 날짜와 편리한 결제 방식을 선택할 수 있게 하겠다. 이런 식으로 절차를 쉽게 만들면 잠재고객이 다음 단계인 행동할 '능력'으로 넘어갈 수 있다. 안타깝게도 이 부분에서 떠올리기도 싫은 일이 발생한다. 소비자의 시선을 광고에 붙잡으려고 그렇게 노력했지만 그들이 광고에 잠시 시선을 두더라도 곧 주의가 산만해지거나 지루해한다. 그 이유는 다음과 같다. 첫 번째, 사이트가 잠재고객을 안내해야 할 곳으로 정확히 안내하지 않는다. 두 번째, 판매자에게 연락하는 절차가 지나치게 번거롭다. 마지막으로, 다른 경쟁자의 사이트가 아니라 현재 방문한 사이트에서 주문해야 하는 이유를 명확하게 설명하지 않는다.

나라면 아주 간단한 견적 계산기를 사이트에 게재하고 깔끔하고 작성하기 쉬운 신청서를 만들어 고객이 내 서비스를 바로 신청하도록 하겠다. 또 추가 정보를 간단하게 묻는 양식과 직원의 웃는 얼굴이 표시된 상시 채팅 서비스를 마련할 것이다. 그러면 고객은 궁금한 게 있을 때마다 언제든 연락해 바로 답변을 받을 수 있다. 전화번호도 눈에 띄는 곳에 표기해야 한다. 다시 말해서 나는 없앨 수 있는 장애물을 다 없애 내 사이트를 찾은 고객을 만족시킬 것이다.

자, 이제 소셜 미디어 앱이 어떻게 '교묘하게' 설계되었는지 궁금해지지 않는가? 미국 국가생물공학센터(National Center for Biotechnology Information)에 따르면 모든 앱에는 뇌의 관심을 사로잡고 집중시키는 7가지 중독적 메커니즘이 설계되어 있다.

1. **끝없는 스크롤을 하게 만들고 주기적으로 입맛에 딱 맞는 정보를 보여준다.** 이 현상을 나는 '무제한 감자튀김' 원리라고 부른다. 점원이 접시에 감자튀김을 계속 채워주면 쉬지 않고 먹게 될 가능성이 있다. 리필을 요청할 때보다 훨씬 더 많이 먹게 된다. 유튜브 영상도 이와 비슷하다. 영상 '끝'까지 스크롤해본 적이 있는가? 끝이라는 게 아예 없지 않던가? 이는 우연이 아니다. 개발자가 의도적으로 그렇게 만든 것이다. 시청자가 영상 끝에 이르지 못하도록 처음부터 그렇게 설계했다. 끝에 이르는 순간 시청자는 자신이 무엇을 했는지 알게 되고 해야 할 다른 일을 떠올리면서 영상 보기를 중단할 수 있기 때문이다.

개발자들은 사용자가 스크롤을 오래 할수록 점점 더 깊게 빠져든다는 것을 알고 있다. 스크롤을 하다가 유난히 재미있는 영상을 보게 되면 도파민이 샘솟아 기분이 좋아진다. 그러면 새로운 연료가 되어 계속 스크롤을 하고 싶어진다. 그렇게 주기적으로 입맛에 딱 맞는 정보를 제공하며 당신을 중독시킨다. 그리고 '한 번 더' 보고 싶은 갈망을 부추긴다. 이 때문에 '끄지 마. 재미있는 영상이 곧 나와.'라는 속삭임에서 벗어나지 못하는 것이다.

> 사람들이 일기를 쓰고 누군가가 읽으면
> 화를 내던 때를 기억하는가?
> 이제는 모든 것을 온라인에 올리고
> 사람들이 읽지 않으면 화를 낸다.
> – 무명(無名)

2. 소유 효과. 간단히 말하면 앱을 많이 사용할수록 그 앱의 사용을 중단하거나 앱을 삭제하기가 더 어려워진다. 앱을 사용할 때마다 그 앱에 익숙해진다. 많은 시간을 투자한 덕에 능숙하게 앱을 활용한다. 그렇게 앱을 사용하는 것이 루틴이 된다. 점심 식사 시간이나 휴식 시간 혹은 자기 전에 그냥 '하는 일'이 되는 것이다. 일종의 디지털 습관이다.

3. **포모(FOMO)**. 놓치는 것에 대한 두려움(fear of missing out)을 뜻하는 포모는 1996년 마케팅 전문가 댄 허먼(Dan Herman)이 처음 발표한 개념이다. 이 용어는 패트릭 J. 매기니스(Patrick J. McGinnis)가 하버드 경영대학원 잡지「하버스(Harbus)」에 기고한 글에 등장하면서 대중에게 알려졌다. 포모는 자신의 삶을 어떤 식으로든 개선해 줄 정보, 이벤트, 경험 등을 놓칠 수 있다는 불안감을 나타낸다. '다음에는 무슨 일이 생길까?' '친구가 비싼 성형 수술을 받을까?', '그의 위험한 투자가 성공했을까? 나도 그런 투자를 생각했었는데.', '빨래 접는 그녀의 놀라운 기술이 세탁 시간을 절약해줄까?', '버터 바르는 칼로 60초 만에 벽을 수리하는 기술이 뭐지?' 이런, 소셜 미디어 피드를 확인하는 걸 멈추는 순간 얼마나 많은 정보를 놓치게 될까.

4. **사회적 압력.** 이거야말로 정말 교활한 술책이다. 얼마나 많은 앱이 당신이 올린 게시물의 조회 수와 공유 수를 보여주는지 알고 있는가? 당신이 찰리의 메시지를 받고 그의 글을 읽었다고 해보자. 당신이 메시지를 봤다는 것을 찰리가 안다. 그리고 찰리가 이를 알고 있다는 사실을 당신도 안다. 이러한 상황은 당신이 그의 게시물에 참여하도록, 즉 댓글을 달도록 압박감을 준다. 당신의 팔로워 역시 당신의 게시물에 댓글을 달아야 한다는 압박감을 느낀다. 소셜 미디어를

사용하다 보면 게시물을 올려야 한다는 생각과 친구들이 무엇을 하고 무엇을 보는지 놓치지 말아야 한다는 생각이 지배한다. 또 누군가가 특별히 중요한 일(그에게는 중요하지만 당신에게는 중요하지 않은 일)을 게시했을 때 그 게시물에 공감해야 한다는 압박을 받는다. 이런 모든 압박으로 인해 더 열심히 소셜 미디어에 참여하게 된다. 그리고 화면에서 눈을 떼지 못한다. 바로 이러한 점들이 광고업자들이 노리는 목표다.

5. **사용자의 선호와 관련된 정보를 보여준다.** 분주하게 클릭하는 동안 당신은 자세히 '관찰'되고 있다. 그나마 다행인 것은 괴상한 취미가 있는 인간이 관찰하는 것이 아니라 정교한 기술이 관찰하고 있다는 것이다. 당신이 무엇을 하는지, 무엇을 좋아하는지, 무엇을 게시하는지(글이든 사진이든), 어느 사이트에 방문하는지, 어떤 광고를 클릭했는지, 사이트에서 얼마나 오래 머무는지 등이 추적된다. 이미 알고 있지 않은가? 이는 당신을 소셜 미디어에 참여하게 하는 한 가지 방법에 불과하다. 나는 이 현상을 '테크노 타기팅(techno-targeting)'이라고 부른다.

전통적인 이메일 광고 마케팅을 하는 사람들은 자신의 고객이 될 만한 사람들의 이메일 주소록을 돈 주고 산다. 바이타믹스(VitaMix) 블렌더를 구매하고 「프리벤션(Prevention)」 잡지를 구독하고 지난 3개월간 최소한 100달러 상당의 비타민을 사고 그전에 적어도 1년 동안 유사한 구매 패턴을 보인 사람들의 정보를 구하는 것이다. 상당히 구체적인 정보다.

이뿐만이 아니다. 피닉스에 거주하는 뷰익 라크로스(Buick LaCrosse) 차주들의 정보도 찾는다. 나이대는 25세에서 55세 사이이며 「카 앤 드라이버(Car and Driver)」 잡지를 구독하고 자가를 소유하고 있으며 연봉이 최소 7만 5,000달러고 지난 3개월간 온라인으로 자동차 용품을 구매하는 데 100달러 이상을 썼고 이러한 구매 패턴이 지난 1년간 반복된 사람의 주소록을 구한다. 이러한 이메일 주소록을 핫라인(hotline) 주소록이라고 한다. 이처럼 특정 고객층을 겨냥한 마케팅은 새로운 방식이 아니다.

소셜 미디어도 크게 다르지 않다. 그런데 타기팅은 훨씬 더 정교하다. 페이스북을 생각해 보자. 잠재고객을 겨냥할 방법을 30가지 이상 제공하고 있다. 여기에는 지역, 성별, 나이, 언어, 수입, 결혼 여부, 교육 수준, 직업(고용주, 직위, 업종 등), 자녀 여부, 사생활(새 직장, 생일, 최근 이사, 장거리 연애 등), 정치 성향 등 다양한 정보가 포함된다.

소셜 미디어는 당신의 현재 고객, 사이트 방문자, 당신의 앱이나 사이트를 즐겨 찾는 사람과 비슷한 특징을 지닌 구독자를 발굴한다. 새로운 정보를 업로드하면 페이스북은 6시간에서 48시간 이내에 당신이 찾는 사람들과 딱 맞는 특징을 지닌 사용자들의 목록을 만들어낸다. 오싹하지만 그게 마케터의 꿈이다. 이렇게 특정 고객층을 겨냥하는 것은 대규모의 사람을 개인적 사업이라는 필터가 장착된 깔때기에 부어 최상의 잠재고객만 아래로 걸러내는 것과 마찬가지다.

구독자에 대한 정보가 많을수록 소셜 미디어는 사용자가 가장 원하는 니즈를 정확하게 보여줄 수 있다. 그러면 결과는 어떨까? 사용자들은 계속 클릭하고 스크롤하며 더 많이 구독하고 조회한다. 다시 말해서 사용자들이 소셜 미디어에 머물며 참여하는 것이다. 우리가 원하는 구독자가 바로 그런 사람들이다.

6. 사회적 확인. "'좋아요' 버튼을 누르고 댓글을 남겨주세요"는 익숙한 말이다. 누구나 사람들의 호감을 얻고 싶어 한다. 대개 소셜 미디어 사용자들은 '좋아요'나 팔로워 수가 많을수록 사회적으로 인정받는다고 느낀다. 심지어 조회가 얼마나 됐고 '좋아요'가 얼마나 눌렸는지 확인하려고 하루 종일 자신이 올린 게시물을 확인한다. '좋아요'나 팔로워의 수가 증가하면 뇌에 도파민이 잠깐 치솟는다. 그게 중독을 유발한다. 그러면 더 많은 게시물을 올리고 싶어지고 끊임없이 인정을 갈망한다.

사회적 확인은 1954년 사회 심리학자 레온 페스팅거(Leon Festinger)가 처음 제시한 심리 이론이다. 이 이론에 따르면 우리 각자에게는 자기 평가를 정확하게 하고 싶은 강한 욕구가 있다. 우리는 스스로에 대한 평가가 정확하다는 확신을 얻으려고 한다.

그래서 사람들이 올린 글을 읽거나 영상을 보면서 그들과 자신을 비교한다. 사회적 지위, 수입, 외모 등 다양한 요소들을 자신보다 더 우월하거나 열등한 사람과 비교한다.

소셜 미디어가 중독성 있는 이유는
현실 세계에 없는 것을 제공해 주기 때문이다.
소셜 미디어는 우리에게 신속성, 방향성, 명확성을 가져다주며
개인으로서의 가치를 느끼게 해준다.
- 데이비드 아멀랜드(David Amerland)

사회 심리학자들에 따르면 최근 자존감이 떨어졌다면 하향 비교를 통해 도움을 받을 수 있다. 자신보다 못난 사람과 비교하면 스스로에 대해 좀 더 나은 기분이 들 수 있기 때문이다. 어떤 사람은 이렇게 말한다. "병든 동물처럼 보이는 사람들의 사진을 보면 못생긴 사람도 아침에 거울에 비친 자신의 모습이 괜찮게 느껴진다"

자존감이 높은가? 그렇다면 상향 비교가 좋다. 당신보다 우월한 사람과 비교하면 그들이 속한 사회적 지위에 도달하고 싶은 열

망이 생길 것이다. 헬스장에 완벽한 몸매를 자랑하는 사람의 사진이 붙어 있거나 몸매 관리를 하는 사람들이 자신이 원하는 몸매를 가진 낯선 사람의 사진을 붙여 놓는 것도 같은 이유다.

7. **오브시안키나 효과**(Ovsiankina Effect). 심리학자 마리아 오브시안키나(Maria Ovsiankina)의 이름을 딴 이 현상은 어떤 활동이나 행동이 중단됐을 때 다시 시작해 완성하고 싶은 욕구를 말한다. 소셜 미디어에서 스크롤을 시작하면 멈추기 어렵다. '마지막 게시물에 대한 반응만 빨리 확인해야지'라는 생각으로 앱에 들어가지만 순식간에 25분이 지났다는 걸 깨닫는다. 끝나지 않는 스크롤이 계속된다. '잠시만 기다리세요'라는 문구가 나오면 다음 사진이나 영상은 정말 완벽한 게시물일 거라는 느낌이 든다. '좋아요'를 누르고 공유할 만한 사진이나 영상, 글이 나올 것만 같다. '좋아요'를 누르고 공유할 만한 콘텐츠를 찾을 때까지 손가락은 멈추지 않는다. 뭔가 아직 끝나지 않은 느낌 때문에 스크롤을 멈출 수 없는 것이다. 그런데 잠깐, 당신이 게시물을 올릴 때 프로필 작성을 끝내야 한다는 점을 잊지 마라! '진행률'을 알려주는 메시지가 귀찮게 등장하며, 개인 정보 입력이 아직 끝나지 않았음을 상기시킨다. 친구여, 당신은 '미완성'이다. 으, 정말 심각한 압박감이다.

그러나 나는 이러한 문제에 대해 좋다 나쁘다 판단하지 않는다. 의료계의 많은 전문가는 소셜 미디어를 과도하게 사용하면 정신 건강에 해가 될 수 있다고 주장하지만 이 장의 목적은 그런 위험을 논하는 게 아니다. 소셜 미디어가 어떻게 중독성 있게 설계되었는지만 알려주는 게 목적이다. 강한 중독성으로 인해 사용자의 참여가 극도로 높은 소셜 미디어는 광고 매체로 이용하기에 더할 나위 없이 좋다. 이를 논의하기 위한 기반을 이 장에서 제시했다. 소셜 미디어야말로 판매 증가를 원하는 기업에게 매력적인 광고 수단이다.

지금까지 사용자를 사로잡는 소셜 미디어의 주요 심리적 메커니즘을 살펴보았다. 이제부터는 우리 광고인이 소셜 미디어의 영향력을 어떻게 활용할 수 있는지 그 원리를 탐험해 보자.

CHAPTER 2

소셜 미디어는 디지털 슬롯머신이다

클릭 한 번으로 구매를 이끄는, 돈을 쓸어 담는 카피

1장에서는 소셜 미디어 인기의 원동력에 관해 설명했다. 이 장에서는 사람들이 왜 소셜 미디어를 하는지, 소셜 미디어를 하면서 얻는 심리적 보상이 구체적으로 무엇인지 알려줄 것이다. 이러한 점을 잘 배우면 소셜 미디어 사용자의 심리가 어떻게 움직이는지 이해하게 되어 그 흐름을 타고 많은 돈을 버는 방법을 더 잘 알게 될 것이다. 당신은 사용자들의 행동 배후에 어떤 이유가 있는지만 이해하면 된다. 그들에게 소셜 미디어는 슬롯머신이다. 어떻게 하면 레버를 한 번 더 당겨 또 한 번 '대박'을 터뜨릴 수 있을지 그 방법을 찾으며 소셜 미디어를 계속 드나든다. 그렇게 해서 한 번의 행동으로 엄청난 즐거움을 즉각 얻으려 한다. 이러는 심리가 무엇일까? 그 이유를 알면 자연의 섭리라는 힘을 이용하는 방법을 알게 될 것이다. 이는 곧 사람들의 진정한 욕구와 필요에 호소하는 광고를 만드는 방법을 알게 된다는 의미다.

현실을 직시하라. 사람들은 당신의 광고를 보려고 소셜 미디어를 하는 게 아니다. 오히려 소셜 미디어를 이용하는 도중에 광고가 등장하면 방해받는다고 생각한다. 소셜 미디어의 광고는 TV나 라디오 중간에 나오는 광고와 별반 다르지 않다. 그렇지 않은가? 화장실 청소 세제 TV 광고는 어떤가? 행복한 주부가 콧노래를 부르며 화장실 청소를 하고 '향기 나는 변기'에 만족하는 광고는 항상 최악의 순간에 등장해 짜증을 돋운다. 연합군이 어떻게 2차 세계대전을 승리로 이끌었는지에 관한 흥미진진하고 중요한 다큐멘터리를 집중해서 보고 있는데 방송이 갑자기 중단되고 그런 광고가 나오는 것이다(이렇게 형편없는 연결이 또 있을까). 이러한 광고는 또 있다. '웅장한 크기, 터보 엔진, 충격적인 세일'이라고 시끄럽게 소리 지르는 요란한 라디오 방송은 늘 조용한 휴식을 방해한다. 풍미가 가득한 커피와 달콤한 쿠키를 먹으며 편안한 음악을 듣는 즐거움을 빼앗는다.

『캐시버타이징(Cashvertising)』에서 나는 8가지 생명력(Life-Force 8, 줄여서 LF-8)을 설명했다. 이는 말 그대로 태어날 때부터 우리의 본능에 저장된 8가지의 욕구를 말한다. 스키에 관한 책을 쓰려면 스키의 배경이 되는 '눈'을 반드시 언급할 수밖에 없다. 따라서 여기서는 이 8가지 생명력이 무엇이며, 광고를 만드는 데 왜 중요한지 간단히 살펴보고자 한다. 『캐시버타이징』에서는 8가지 생명력이 무엇인지 항목을 나열하고 정의했다면, 이번에는 그 욕구를 자극하는 광고 카피의 구체적인 사례를 살펴볼 것이다.

● **8가지 생명력**

팩트: 인간은 태어날 때부터 다음 8가지 욕구를 본능적으로 가지고 있다.

① 생존, 즐거운 삶, 수명 연장

② 먹고 마시는 즐거움

③ 공포, 고통, 위험에서의 자유

④ 이성 교제

⑤ 안락한 삶

⑥ 우월하고, 승리하고, 뒤처지지 않기

⑦ 사랑하는 사람을 돌보고 보호하기

⑧ 사회적 인정

이러한 8가지 주요 욕구는 태어날 때부터 우리를 실질적으로 지배해왔다. 여기에 더해 구매 결정에 중요한 역할을 하는 9가지 2차 욕구(Nine Secondary Wants, SW9s)도 있다.

- **9가지 2차 욕구**

  ① 정보 획득

  ② 호기심 충족

  ③ 청결한 몸과 깨끗한 환경

  ④ 효율성

  ⑤ 편리함

  ⑥ 타인에 대한 의존, 탁월한 자질

  ⑦ 아름다움과 개성 표현

  ⑧ 경제적 이익

  ⑨ 유리한 거래

위 목록이 바로 '거부할 수 없는 욕구'다. 당신은 이 목록만 알고 있으면 된다. 이러한 욕구는 우리의 DNA에 프로그램되어 있다. 우리는 이 욕구들을 충족시키려고 한다. 그리고 욕구가 충족될 때까지 평생 고군분투하며 노력한다.

광고를 만들 때 8가지 생명력을 활용하면 확실한 지름길로 갈 수 있다. 소비자의 수요를 창출하며 처음부터 시작하는 게 아니라 자연의 섭리가 인간에게 심어놓은 욕구를 활용하기만 하면 되기 때문이다.

예를 들어 어느 나른한 여름 한낮에 아이스티를 마시며 래프팅을 즐기고 싶다고 해보자. 그러면 당신은 다음 두 가지 중 어떤 방법을 선택하겠는가?

① 삽을 들고 수로를 파서 거대한 물줄기를 만든다. 그리고 이 수로에 물을 채우고 통나무와 덩굴을 손으로 잘라 직접 보트를 만든다.
② 보트를 구매해서 '이미 존재하는' 강가에 띄운다. 그리고 보트에 올라타 아이스티를 음미한다.

답은 명확하다. 유진 슈워츠(Eugene Schwartz)의 명작 『획기적인 광고(Breakthrough Advertising)』에 나온 훌륭한 문장이 생각난다. 이 책에서 슈워츠는 '욕구는 만들어낼 수 있는 게 아니며 이미 존재하는 욕구를 활용하기만 하면 된다'고 말한다.

이미 있는 욕구를 활용하라고? 좋다. 그런데 어떻게 활용한다는 말인가? 당신이 제공하는 상품이나 서비스가 8가지 생명력 중 어떤 욕구를 가장 잘 충족시키는지 살펴보라. 그리고 당신의 상품이 그 욕구를 얼마나 잘 충족시켜주는지에 초점을 맞춰 상품의 강점을 강렬하게 광고하라.

예시로 포지셔닝(positioning, 소비자의 마음 또는 인식에서 경쟁 브랜드에 비해 특정 브랜드가 차지하고 있는 위치를 강화하거나 변화시키는 전략 -옮긴이)을 다르게 한 광고들을 보여주겠다. 제품의 특징에 초점을 맞춘 평범한 광고와 8가지 생명력을 활용한 광고의 차이를 살펴보자.

상품 눈에 안 띄는 치아 교정 장치

현재 카피 "누구나 예쁜 미소를 지을 자격이 있어요." "나는 치아 교정기를 착용하고 있어요… 교정기가 보이나요?"

키포인트 이 카피는 8가지 생명력 중 하나를 활용한 게 아니라 제품의 특징에 초점을 맞춰 광고한다. 투명한 치아 교정기 덕분에 이 교정기를 착용하면 누구나 활짝 웃을 수 있다는 내용이 중점이다. 다음에는 8가지 생명력을 활용한 카피를 살펴보자.

Pearlies, Inc.
Sponsored ·

쉿! 그녀가 당신의 치아를 보고 있어요.
(무슨 생각을 하고 있을까요?)

고른 치아, 자신 있는 미소!
뉴 인비저블 펄리스(New Invisible Pearlies)와 함께
빠르고, 쉽고, 저렴하게
가지런한 치아를 완성하세요.

더 알아보기

수천 명의 고객이 만족한 교정 치료. 의료비 세액 공제 및 치과 보험 적용 가능.

Pearlies.com

* 추가 설명: Pearly는 진주처럼 하얀 치아를 의미. Pearlies는 Pearly의 복수형.

수정된 광고 이성 교제(LF-4)와 사회적 인정(LF-8)을 활용해 수정

수정된 카피 "쉿! 그녀가 당신의 치아를 보고 있어요.(무슨 생각을 하고 있을까요?)" 그리고 "고른 치아, 자신 있는 미소! 뉴 인비저블 펄리스(New Invisible Pearlies)와 함께 빠르고, 쉽고, 저렴하게 가지런한 치아를 완성하세요."

키포인트 당신이 대부분의 사람과 비슷하다면 본능적으로 이 광고에 끌릴 것이다. 인간은 사회적 압박을 느끼고 인정받고 싶다는 욕구가 있기 때문이다. 그래서 멋진 외모를 원한다. 당신의 미소는 소셜 미디어에 최근에 올린 게시물이나 마찬가지다. 당연히 당신은 '좋아요'를 원한다. 그렇다면 데이트 가능성은? 누가 알겠는가, 이성의 호감을 살지. 긴장을 늦추지 마라. 인비절라인(Invisalign)의 연구는 다음과 같은 통계를 보여준다. '데이트 사이트에서 사진만으로 이성의 호감을 얻는 것과 관련해, 가지런한 치아를 가진 사람이 비뚤어진 치아를 가진 사람보다 데이트 상대로 선택될 가능성이 57% 더 높다'

상품 조경 서비스

현재 카피 "성장할 시간이다!"와 "봄은 씨앗을 심기에 완벽한 계절이다!"

키포인트 이 광고에서 계절은 우선순위가 아니다. 그런데 광고의 가장 중요한 부분인 헤드라인에 계절이 언급되어 있다.

눈길을 사로잡는 정원, 이웃들의 부러움을 한 몸에 받는 집!

마을에서 가장 돋보이는 정원을 만드는 방법,
지금 확인하세요!

고급스러운 외관을 위한 합리적인 조경 서비스!

LushNGreens.CO

정원을 꾸미자!

수정된 광고 우월하고, 승리하고, 뒤처지지 않기(LF-6)와 사회적 인정(LF-8)을 활용한 수정

수정된 카피 "눈길을 사로잡는 정원, 이웃들의 부러움을 한 몸에 받는 집!"과 "마을에서 가장 돋보이는 정원을 만드는 방법, 지금 확인하세요!"

키포인트 단순히 봄에 식물을 심으면 잘 자랄 거라고 말하지 마라. 상품을 팔고 싶어서 하는 말로 들릴 수 있다. 이웃에게 뒤처지기 싫

어하는 본능적 욕구를 이용해야 한다. 사람들은 마을에서 보기 싫은 집이 아니라 모두가 멋지다고 인정하는 집에서 살고 싶어 한다. 어쩌면 당신은 이러한 욕구를 이용한 광고문이나 헤드라인이 별로 기발하지 않다고 생각할지 모른다. 번뜩이는 재치나 독특하고 탁월한 카피가 아닌 것 같다는 느낌이 들 수도 있다. 하지만 광고에서 번뜩이는 재치는 종종 저주가 된다는 점을 기억하라. 재치는 재미와 비슷하다. 당신이 재치 있고 재미있다고 느끼는 내용이 다른 사람에게는 그렇지 않을 수 있다. 게다가 번뜩이는 재치는 일반적으로 단번에 파악하기 어렵다. 사람들이 당신의 광고문을 읽을 때 무슨 의미인지 생각해야 하는 일은 절대 없어야 한다. 광고문의 의미는 바로 전달되어야 한다.

언제나 신뢰할 수 있는 테이블 테스트

세미나에서 강연하면서 나는 이런 이야기를 한다. "커다란 회의실에 있는 테이블에 당신의 광고가 놓여 있다고 상상해 보세요. 종이로 인쇄되어 있거나 스크린으로 보여준다고 해보죠. 한 행인이 길을 걷다가 테이블을 지나치면서 광고를 흘끗 쳐다봅니다. 그런데 회의실 한쪽에 있던 사람이 그에게 이렇게 질문한다고 해봅시다. '혹시 방금 지나가면서 본 저 광고는 무엇을 파는 거죠?' 과연 행인은 지나치면서 흘끗 본 광고에 대해 말해줄 수 있을까요?"

사람들이 당신의 제품이나 서비스를 알고 있을까? 당신의 제안을 알고 있을까? 혹시 그저 막연하게만 알고 있지는 않을까? 금연 광고의 헤드라인에서는 종종 흡연으로 인한 질병을 언급한다. 병에 걸린 살벌한 통계를 제시하며 금연을 고려하게 만들지도 모른다. 그런데 그런 광고가 금연을 시도하려는 사람의 발길을 잡을 수 있을까? 아니면 '30일 안에 끔찍한 흡연 습관을 완전히 없애주겠다. 담배를 끊지 못하면 환불이 가능하다.'는 약속이 흡연자의 발길을 잡을까? 당신은 답을 알고 있다.

상품 웨딩 사진 서비스

현재 카피 "사진으로 당신의 러브스토리를 담아드립니다."와 "찾아라. 만나라. 사랑하라."

키포인트 진부하다. 아무 의미도 없는 카피다. 회사나 서비스에 대해 알려주는 게 전혀 없다. 어떠한 정보도 제공하지 않으며 설득하지도 않는다. 이 광고문에서 느껴지는 것은 단 하나. 광고문을 작성한 사람이 나름 꾀를 부릴 줄 안다는 것이다. 적어도 쿠폰은 지급하니까.

MyWeddingShotz, Inc.
Sponsored ·

악! 평생 남을 웨딩 사진이 엉망이라면?

결혼하시나요? 완벽한 순간을 망치는
최악의 웨딩 사진 8가지, 지금 확인하세요!
인생에서 가장 중요한 날,
후회 없이 기록할 수 있습니다.

최악의 웨딩 사진 8가지

MyWeddingshotz.co

수정된 광고 사회적 인정(LF-8)과 타인에 대한 의존, 탁월한 자질(SW-6)을 활용해 수정

수정된 카피 "악! 평생 남을 웨딩 사진이 엉망이라면?"과 "결혼하시나요? 완벽한 순간을 망치는 최악의 웨딩 사진 8가지, 지금 확인하세요! 인생에서 가장 중요한 날, 후회 없이 기록할 수 있습니다."

키포인트 감정적 표현인 '악'을 사용해 광고를 시작한다. 감정을

> 강렬하게 표현하는 것은 소셜 미디어에서 언제나 효과적이다. 그런 다음 수천 개의 형편없는 사진 서비스 업체가 인생에서 가장 중요한 날인 결혼식을 어떻게 망칠 수 있는지 확인할 정보를 제공해 잠재고객을 위기에서 구해준다.

광고를 수정하면서 내가 한 거라고는 8가지 생명력과 9가지 2차 욕구 중 하나를 활용해 헤드라인 문구로 작성한 것밖에 없다. 이 방법으로 인간의 두 가지 강력한 욕망을 자연스럽게 이용했다. 사람들이 무언가를 원하도록 조장하거나 새로운 욕망을 만들 필요도 없었다. 나는 '이미 존재하는' 보트에 뛰어올라 '이미 존재하는' 강가를 따라 내려갔다. 게다가 아무것도 추측하지 않아도 된다. '흠, 사람들이 다른 사람의 인정을 원할까? 사람들이 탁월한 품질을 좋아하고 다른 사람에게 의존하려고 할까?' 등의 질문은 필요 없었다. 만일 이러한 질문들이 생명력 항목에 있었다면, 사람들이 원하는 것이라고 확신할 수 있다.

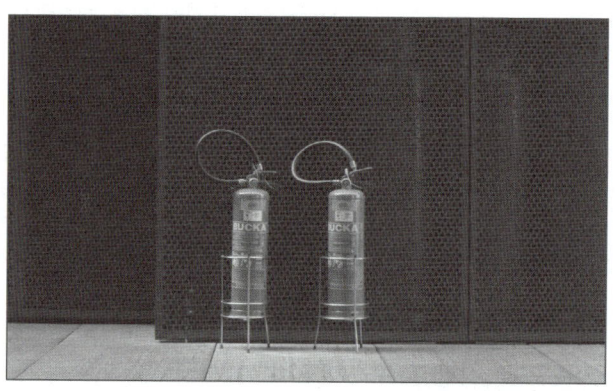

상품 가정용 소화기

현재 광고 소화기 사진

현재 카피 "화재는 예상하지 못한 순간에 발생할 수 있다!"와 "소화기 2개 세트 – 최대 40달러!"

키포인트 이 광고에는 수혈이 필요하다. 따분하고 밋밋하고 활기가 없다. 헤드라인의 내용은 사실이지만 하품만 난다! 진부하기 짝이 없다.

수정된 광고 사랑하는 사람을 돌보고 보호하기(LF-7)를 활용해 수정

수정된 카피 "불길은 단 3분 30초 만에 1100도의 온도로 집을 집어삼킵니다. 당신의 가족은 안전한가요?"와 "화재는 예고 없이 찾아오지만, 대비는 가능합니다. 단 29달러의 최고 등급 소화기로 사랑하는 가족과 소중한 집을 지킬 수 있습니다."

키포인트 사람들은 소화기를 원하지 않는다. 그들의 목적은 화재 발생 시 가족을 구하고 집을 지키는 것이다. 첫 번째 광고는 제품에 초점을 맞추고 있다. 반면에 두 번째 광고는 사람들이 실제로 원하는 것에 초점을 맞춘다. 어떻게 광고해야 하는지 명확하지 않은가? 한 발 더 나아가 현지 소방관을 모델로 고용하면 더욱 좋다. 소방복을 입은 소방관이 소화기를 들고 불을 끄는 모습을 찍어라. 그 사진을 광고에 쓰면 개성과 신뢰성을 모두 잡을 수 있다. 사람 얼굴을 등장시켜도 좋다. 사람들의 이목을 끌어 광고를 읽고 반응하게 해 판매로 이어질 수 있는 모든 요소를 투입하라. 광고에 사람의 얼굴을 넣는 대신, 이모티콘으로 감정을 전달하고 개성을 표현할 수도 있다.

상품 집 청소 서비스

현재 광고 한 여성이 무릎을 꿇고 앉아서 분무기와 천을 들고 웃고 있는 사진

현재 카피 "우리 동네 청소 업체를 구하세요"와 "아만다의 집 청소. 집, 정원, 사무실을 무료로 견적 받아보세요."

키포인트 나는 이런 광고를 명함 광고라고 부른다. 이 광고는 아만다가 청소 사업을 하고 있다는 것만 알려준다. 아무것도 판매하지 않으며 경쟁자와 차별화된 요소도 없다. 소비자가 집 청소를 위해 왜 아만다를 선택해야 하는지 아무런 동기부여도 하지 않는다. 아만다가 더 나은 이유를 알려주지 않는 광고다.

수정된 광고 안락한 삶(LF-5)과 편리함(SW-5), 청결한 몸과 깨끗한 환경(SW-3)을 활용해 수정

수정된 카피 "완벽한 청소, 단 한 번의 클릭으로 편하게!"와 "고객들이 극찬하는 웨스트버러 최고의 청소 전문가! 여러 후기가 인증

소셜 미디어는 디지털 슬롯머신이다

합니다. 지금 예약하고 완벽한 청소를 경험하세요."

아만다는 거기서 끝내지 않는다. 그녀는 진심을 담아 이렇게 덧붙인다. "전문적인 장비를 통한 청소 & 꼼꼼한 마무리, 친절하고 믿을 수 있는 서비스, 엄청난 만족 보장: 마음에 들지 않으면 100% 환불! 당신의 집이 반짝일 때까지 제 청소는 멈추지 않습니다!"

키포인트 와, 정말 놀라운 차이다! 두 광고가 얼마나 다른지 느껴지는가? 첫 번째 광고에서 아만다는 사진만 보여주며 간단한 정보만 제공했다. 반면 두 번째 광고에서는 서비스의 혜택을 직접적으로 알리며 광고 전문가처럼 홍보하고 있다. 그녀는 이것저것 많은 정보를 닥치는 대로 쏟아낸 게 아니라 돈다발이 쏟아지게 하는 정보를 말했다. 사람들이 듣고 싶어 하는 내용을 말한 것이다. 사회적 인정(LF-8)과 유리한 거래(SW-9)를 추가로 활용했다. 제공되는 서비스의 특징만 언급하고 끝난 게 아니다. 자신이 어떻게 할 것이고 그 서비스가 소비자에게 얼마나 유익한지 말했다. 또 무엇을 표현했을까? (당신도 해야 하는 일이다) 자신과 서비스에 대한 자신감을 보여주었다. 해당 지역의 청소 서비스는 본인이 최고라고 하는 많은 소비자의 반응을 전했다(사회적 증거를 제시하는 방법은 매우 효과적이다. 실제 후기를 보여주지 않더라도 소비자를 설득할 수 있다). '#1등'이라는 해시태그 옆에 그녀가 최고라고 말하는 소비자의 후기 하나를 적어두는 것도 좋다.

이 짧고 간단한 광고가 전달하는 주제는 다음과 같다. ① 아만다는 자신감이 넘친다. ② 아만다는 전문가다. ③ 아만다의 서비스를 좋아하고 만족하는 고객이 많다. ④ 아만다가 청소하면 내 집은 매우 깨끗해질 것이다. ⑤ 아만다가 최고라고 생각하는 사람이 많다. ⑥ 마음에 들지 않으면 환불해 주겠다고 보장하니 내가 감수해야 할 위험은 거의 없다. 이러한 전략이 바로 판매다.

질문 이 광고를 보고 어떤 느낌이 드는가? 그렇다. '느낌' 말이다! 제발 광고를 단순히 정보 제공 도구로 생각하지 마라. 정보 제공은 광고의 한 가지 역할일 뿐이다. 가장 효과적인 광고는 '감정을 동요시키는' 광고다(이 문장을 다시 읽어보라). 광고는 사람들의 생각뿐만 아니라 감정도 자극해야 한다.

『캐시버타이징』에서 나는 이렇게 말했다.

'사람들은 감정이 동요되어 구매한다. 그리고 돈을 지출한 행위를 정당화할 이유를 찾는다.'

하버드대 경영대학원 교수 제럴드 잘트만(Gerald Zaltman)에 따르면 구매 결정의 95%는 잠재의식이 결정한다. 의식적으로 추론하고 비교하고 후기를 살피고 사실을 꼼꼼히 따지기보다 감정의 영향을 받은 잠재의식에 의해 구매 결정이 이루어진다는 것이다.

이 주장에 대해 신경외과 의사들은 놀라지 않는다. 그들은 감정을 일으키는 대뇌변연계가 손상된 사람들이 실제로 이성적인

의사결정을 하지 못하는 모습을 관찰했다.

정말 흥미로운 사실 아닌가? 이 사실이 당신과 나 같은 광고인에게는 무슨 의미일까?

답은 간단하다. 강렬한 '감정'을 자극하는 단어가 아니라 '데이터'로만 광고를 가득 채운다면 잠재고객이 구매할 가능성이 급격히 감소한다. 그들의 감정이 전혀 동요되지 않기 때문이다.

따라서 당신이 다음 광고를 만들 때는 그저 상품을 설명하는 것 이상으로 더 많은 일을 해야 한다. 어떻게든 잠재고객의 감정을 움직이게 만들어야 한다. 그들을 설레고 행복하게 하라. 희망을 주어라. 공포감과 분노를 유발하라. 잠재고객의 마음에서 피어날 감정은 얼마든지 있다. '지금 당장 저 상품을 사야겠어'라는 생각이 들도록 감정을 자극하라.

> 사람들을 상대할 때 그들이 논리적 존재가 아님을 기억하라.
> 우리가 상대하는 사람들은 감정적 존재다.
> – 데일 카네기(Dale Carnegie)

결론: 스테이크를 팔지 말고 지글지글 굽는 소리를 팔아라. 상품의 특징을 설명하되 설렘과 혜택을 강조해야 한다. 물론 소비자가 구매를 합리화하려면 상품의 특징을 알아야 한다. 하지만 그보다 먼저 그들의 구매 욕구를 일으켜야 하는데 그러려면 상품 구매

시 어떤 혜택이 있는지 다채롭고 시각적인 방식으로 충분히 보여주어야 한다.

CHAPTER 3

성공은 단서를 남긴다
성공한 소셜 미디어 광고, 무엇이 성공 요인이며
어떻게 성공 공식을 따라 할 것인가

이 장에서는 페이스북에서 가장 성공한 광고 6개를 살펴보고 그 광고들이 어떻게 입소문이 났는지 그 요소를 밝히고 분석할 것이다. 무지개 똥을 싸는 유니콘을 등장시킨 스쿼티 포티(Squatty Potty)의 색다른 광고부터 구매하지 않고는 못 배길 것 같은 전자기기 광고까지, 성공한 광고에는 수천 달러의 가치가 있는 성공 교훈으로 가득 차 있다. 거기에 녹아 있는 공식을 당신의 광고에 적용하라. 그러면 막대한 수익을 올릴 가능성이 극적으로 높아질 것이다.

우선 성공적인 광고란 무엇인지 정의해 보자. 내가 내린 정의는 다음과 같다.

성공적인 광고는 최대한 많은 수의 타깃 고객이 일정 기간 내에 특정한 욕구를 충족시키는 행동을 하도록 설득하는 홍보 메시지다. 성공적인 광고는 확실한 판매를 끌어내거나 잠재고객의 마음을 구매하는 방향으로 유도한다.

이제 성공한 광고들이 어떻게 입소문이 났는지 살펴보며 광고의 성공 공식을 알아보자. 소셜 미디어 광고에 이미 제품이나 서비스 판매에 필요한 기본적 요소가 들어 있다면, 이를 성공시키는 방법은 최대한 널리 확산시키는 것이다. 폭발적으로 많은 구독자가 광고를 시청해 광고에 투입된 비용 이상의 효과가 생긴다면 성공이다. 구독자가 많을수록 판매 가능성이 증가한다.

공유와 확산을 기반으로 하는 소셜 미디어 광고는 원래 의도와 달리 특정 고객을 겨냥하지 않는다. 즉, 잠재고객의 통계를 활용해 특정 대상을 겨냥한 광고를 제작했어도 사용자들이 광고를 공유할 때는 '모든 사람'과 공유한다는 말이다. 그들은 당신이 겨냥한 시장과 상관없이 공유한다. 그래서 누군가는 당신이 판매하는 상품에 관심을 갖겠지만 또 다른 누군가는 전혀 관심이 없다. 그럼에도 불구하고 바이럴 광고(viral ad)는 당신의 캠페인을 최대한 많은 사람에게 전달시키고 대중 침투력을 강화한다. 또한 캠페인을 전달받은 다수의 사용자를 당신의 시장으로 만들 가능성을 높인다.

성공한 광고를 보고 성공적인 광고를 제작하는 방법을 배울 수 있을까? 첫 번째 대답은 '그렇다'이다. 당신은 성공한 광고를 통해 배울 수 있다. 광고를 성공시킨 모든 요소가 지금 눈앞에 있기 때문이다!

하지만 두 번째 대답은 '아니다'이다. 그 차이를 알지 못하면, 즉 성공한 광고에 담긴 요소를 인식하지 못하고 무엇을 찾아야 하는지 모른다면 당신은 배울 수 없다.

나는 성공한 광고에서 무슨 일이 벌어졌길래 입소문이 났는지 당신이 정확히 이해할 수 있도록 도울 것이다. 성공한 광고에 삽입된 심리적 요소와, 이러한 요소가 어떻게 광고를 성공시켰는지 알려주겠다.

어떤 광고는 황당하고 어떤 광고는 충격적이다. '미친 거 아니야?'라는 생각이 드는 광고나 정곡을 찌르는 광고도 있다. 이제 무엇을 배울 수 있는지 본격적으로 알아보자.

광고 #1 스쿼티 포티(Squatty Potty)

통계

조회수 1억 3,500만 회, 공유 150만 회
댓글 46만 3,000개, 좋아요 68만 3,000개

 스쿼티 포티가 유니콘 영상을 게시했습니다.

유니콘이 나의 배변 습관을 바꿔주었습니다.
#스쿼티포티 #유니콘똥
온라인 주문: http://www.sample-ur-123.com
유튜브 주문: http://youtube/ybyWdLO43Q

    이 광고는 샤크 탱크(Shark Tank, 미국 ABC에서 2009년부터 방송 중인 사업 오디션. 사업가들이 자신의 사업 아이템을 선보이면 '샤크'라 불리는 심사위원들이 투자하는 형식으로 진행됨 -옮긴이)에서 첫선을 보였다. 그리고 샤크인 로리 그레이너(Lori Greiner)로부터 35만 달러의 투자금을 확보하면

서 1억 7,500만 달러가 넘는 어마어마한 매출액을 기록했다. 현재 이 회사는 상품의 종류를 20개 이상으로 확장했고 배변으로 힘들어하는 사람들에게 돌풍을 일으키고 있다. 스쿼티 포티처럼 당신의 광고도 조회수나 공유가 늘어나면 성공할 수 있을까? 시청자의 상당수가 당신이 겨냥한 잠재고객이 아니더라도 그럴까? 내 대답은 확실히 그렇다.

스쿼티 포티 광고의 탁월한 요소는 무엇일까? 그 요소를 당신의 광고에도 적용할 수 있을까? 스쿼티 포티 광고의 판매력은 광고 자체에 있는 게 아니라 영상에 있다. 영상이 걸작이다. 영상 자체가 광고. 사실 많은 소셜 미디어 광고가 그저 별나고 터무니없다는 이유로 입소문이 난다. 사용자는 재미있는 영상을 친구들에게 전달한다. 이 방식이 무조건 판매로 이어진다는 의미는 아니다. 다만 소셜 미디어의 독특한 특징이 공유가 쉽다는 것이다. 그저 클릭만 하면 된다.

그런데 우리는 왜 공유하는 걸까? 「뉴욕타임스」의 조사에 따르면 사용자가 영상을 공유하는 데는 5가지 주요 동기가 있다.

① **94%**는 다른 사람의 삶을 더 나아지게 하기 위해 공유한다.
② **84%**는 자신이 믿고 있는 내용을 보면 퍼뜨리고 싶어서 공유한다.
③ **81%**는 다른 사람이 댓글을 달아주거나 '좋아요'를 눌러주는 게 좋아서 공유한다.

④ **80%**는 인간관계를 더욱 발전시키고 돈독하게 만들기 위해 공유한다.

⑤ **68%**는 해당 콘텐츠가 자신을 잘 설명한다고 생각해 자신의 정체성을 알리거나 정체성 확립을 위해 공유한다.

어떤 종류의 글에 조회와 공유가 가장 많을까? 작가 조나 버거(Jonah Berger)와 케이티 밀크먼(Katy Milkman)이 그 비밀을 알아내기로 했다. 그들은 「뉴욕타임스」에 실린 기사를 칠천 개 넘게 조사해 수치를 분석했다. 그들의 연구에 따르면 기사 내용이 분노, 공포, 불안, 경외심, 감탄, 유머, 슬픔 등의 감정을 크게 자극할수록 더 많이 공유되고 입소문이 날 가능성이 커졌다.

여기서 핵심은 무엇일까? 그렇다. 바로 감정이다! 매우 흥미롭게도 구매를 밀어붙이는 것 역시 감정이다. 구매하고 나서는 '성인다운 추론력'을 발휘해 구매를 합리화한다. 그래서 훌륭한 소비를 했다고 생각한다. 이렇듯 우리는 감정이 움직여 구매하고 감정 때문에 공유한다.

기이한 유니콘 광고로 돌아가자. 이 광고에 '좋아요'가 왜 그렇게 많이 눌렸을까? 엄청난 수의 공유와 조회수를 기록한 이유는 무엇일까? 바로 다양한 감정을 크게 자극했기 때문이다. 이 광고는 화려한 뷔페에 다양한 음식을 차려놓은 것처럼 온갖 감정을 자극했다. 광고는 충격적인 동시에 재미있고 당황스럽고 흥미롭다.

이러한 요인이 인기와 공유를 이끈 엔진이다. 이 엔진이 견고한 기반이 되어 많은 판매를 촉진하고 '과학적' 사실이 이를 뒷받침한다. 스쿼티 포티 영상의 자막과 그림은 시청자의 감정을 다양하게 자극했고 결국 놀라운 매출로 이어졌다.

질문: 당신의 광고에는 감정을 자극하는 어떤 요소가 들어 있는가? 그 요소가 사용자의 참여를 부추길 정도로 감정을 크게 자극하는가? 헤드라인부터 시작해야 한다. 당신이 작성한 단어를 보면 어떤 느낌이 드는가? 생각하지 마라. 느껴라! 훌륭한 광고를 만들어 그 광고가 입소문이 나기를 원한다면 사용자가 그것을 보고 어떤 식으로든 느끼게 해야 한다. 당신의 광고가 "저기, 다른 설명은 없나요?"라는 단조로운 반응을 끌어내는가, 아니면 "맙소사, 정말 놀라워/끔찍해/환상적이야/무시무시해/행복해/슬퍼/소름 끼쳐"와 같은 반응을 끌어내는가? 두 반응에는 엄청난 차이가 있다. 다른 설명을 원하는 첫 번째 반응을 생각해 보자. 이 경우 광고를 잘 제작했다면 잠재고객의 관심을 끌어 더 많은 정보를 보도록 유도할 수 있다. 두 번째 반응이 나타나는 광고도 마찬가지다. 그런데 거기에 더해 그 광고를 본 사람은 친구나 가족, 동료에게 공유하고 싶은 마음이 커진다. 다른 사람도 자신처럼 도파민이 솟구치는 즐거운 경험을 하길 바라기 때문이다.

"하지만 드류, 내 상품은 스쿼티 포티처럼 획기적이지 않아요! 도대체 어떻게 하라는 거죠?"라고 말하고 싶은가? 감정을 자극하기 위해 약간의 창의성을 발휘하기만 하면 된다.

네 가지 예를 살펴보자.

- 웹디자이너 광고
- ❌ **이렇게 말하지 마라:** "우리는 스타트업이나 기업을 위한 맞춤형 웹사이트를 제작합니다."
- ✅ **이렇게 말하라:** "고객이 머물고 싶어 하는 웹사이트, 단 495달러로 하루 만에 완성해 드립니다. 매출을 극대화할 수 있는 웹사이트를 지금 만나보세요!"

- 수제 초콜릿 쿠키 판매
- ❌ **이렇게 말하지 마라:** "신선한 쿠키는 커피에 적셔 먹어도, 그냥 먹어도 커피의 맛을 더욱 풍부하게 만들어줍니다."
- ✅ **이렇게 말하라:** "커피에 쿠키를 적셔보세요. 그리고 한입 베어 물어보세요. 입안에서 사르르 녹아내리는 초콜릿과 고소한 쿠키가 달콤한 시간을 선사합니다. 갓 구운 수제 초콜릿 쿠키, 새벽 배송으로 만나보세요!"

- 반려동물 미용 서비스
- ❌ **이렇게 말하지 마라:** "벳 밸리 모바일 펫 그루밍(Vet Valley Mobile Pet Grooming)은 모든 종류의 미용 서비스를 제공합니다."

- ✅ **이렇게 말하라**: "잠깐! 소중한 강아지에게 스트레스를 주는 입마개 없이도 안전하고 편안한 미용이 가능합니다! 그 이유는…"

- 식물 및 씨앗 판매
- ❌ **이렇게 말하지 마라**: "올봄, 완벽한 정원을 가꾸기 위한 씨앗을 준비하세요. 우리에게 모든 게 다 있습니다!"
- ✅ **이렇게 말하라**: "와, 믿기지 않을 만큼 풍성한 수확! 이 놀라운 씨앗을 심었더니 토마토와 오이가 마당 가득 자라서 가족 모두 깜짝 놀랐어요!"

솔직히 말해서 광고가 강력하고 효과적이라면 매출 유발을 위해 굳이 감정을 크게 자극할 필요는 없다. 검증된 공식인 AIDPA[Attention(관심), Interest(흥미), Desire(욕구), Persuasion(설득), Action(행동)]를 따르면 돈을 긁어모을 수 있다. 하지만 소셜 미디어에 광고할 때는 보는 사람의 감정을 자극하는 게 좋다. 그래야 최대한 많이 공유되어 돈을 들이지 않고 광고를 노출시킬 수 있기 때문이다. 인쇄물 광고도 공유할 수 있다면 감정을 자극해서 최대한 많이 노출되어야 한다고 말하겠지만 사실 그건 좀 어렵다. 신문이나 잡지에 실린 광고를 공유하는 사람은 거의 없다. 자기 집 우편함에 있는 전단지를 다른 사람에게 전달하는 사람도 거의 없다. 거기에는 클릭해서 공유하는 기능이 없으니까.

따라서 『캐시버타이징』에서 내가 가르쳐 준 대표적인 카피 공식과 원칙을(어떤 미디어에서든 훌륭한 광고를 만드는 방법이다) 사용해 광고를 제작해야 하지만 그와 동시에 소셜 미디어에서 광고하려면 감정을 자극해야 한다. 좀 더 인간적이고 개인적으로 친밀한 느낌이 들게 만들면 좋다. 대명사나 감탄사, 감정을 일으키는 단어나 문장을 더 많이 사용하라. 회사의 시각으로 카피를 작성하지 말고 대변인을 써서(당신이 1인 사업가라면 직접 광고에 등장해도 좋다) 그가 말하는 것처럼 카피를 작성해 보라. 그리고 그를 광고에 등장시켜라. 다음 세 가지 예를 더 검토해 보자.

- ❌ **이렇게 말하지 마라:** "말에게 먹이를 줄 사람을 구합니다."
- ✅ **이렇게 말하라:** "도와주세요! 사랑스러운 조랑말들이 당신의 도움을 기다리고 있어요! 농장의 작은 친구들에게 먹이를 주며 따뜻한 시간을 보내실 분을 찾고 있습니다. 함께해 주실래요?"
- ❌ **이렇게 말하지 마라:** "이 변호인단이 당신의 권리를 보호해 줄 겁니다."
- ✅ **이렇게 말하라:** "우리는 당신을 위해 싸울 강한 법률팀입니다. 최고의 변호사들이 법정에서 당신의 권리를 지켜내겠습니다."

- ❌ **이렇게 말하지 마라:** "샌디에이고에 있는 베스트 리틀 코지 카페(Best Little Cozy Cafe)를 방문하세요."
- ✅ **이렇게 말하라:** "신선하게 구운 쿠키의 달콤한 향, 장인이 만든 깊고 진한 커피 한 잔. 부드러운 소파에 몸을 맡겨 여유롭고 편안한 순간을 즐겨보세요. 자바플로우 카페(JavaFlow Cafe)에서 완벽한 휴식을 경험하세요."

'개인적으로 친밀한 느낌이 들게 만드는 광고'는 무슨 의미일까? 광고에 상업적인 느낌을 주지 않으려고 의도적으로 틀린 문법이나 잘못된 단어를 선택한 광고를 본 적이 있을 것이다. 상식에 벗어나는 행동처럼 보이지 않는가? 어째서 회사는 자사에 대한 이미지를 언어를 망치는 존재로 만들려고 할까? 그럴만한 가치가 있을까? 스퀴티 포티 관계자들은 '유니콘이 나의 배변 습관을 바꿔주었습니다'라는 내용이 격식에 맞지 않는 문장이라는 걸 알았지만 그 광고를 계속 내보냈다. 이유가 뭘까? 효과가 있었기 때문이다. 그들이 문법적으로 정확한 버전을 테스트해 보았을까? 어쩌면 그랬을지도 모른다. 어쨌든 영상 제작과 카피 작성이 너무 순식간에 진행되어 관계자가 모르는 사이에 광고에 잘못된 단어가 들어갔을 가능성은 상상할 수 없다. 스퀴티 포티 영상은 여러 번 테스트해보고 게재한 광고임이 틀림없다.

지금 우리는 거대한 벽의 벽돌 하나를 살피듯 대규모 프로젝트의 한 부분을 자세히 들여다보고 있다. 나의 추측대로라면 의도적인 문법적 오류는 사람들이 성공한 대기업에 기대하는 세련미를 전달하지 못한다. 그리고 그 기대에 어긋나면 당황한다. 즉, 감정이 동요되는 것이다. "하지만 드류, 단순한 문법적 실수가 광고를 성공시키지는 않아요. 컨셉, 상품, 영상 등 다른 요소들이 더 중요하죠!"라고 말하고 싶은가? 나도 안다. 당연히 그렇다. 성공적인 광고에는 일반적으로 많은 요소가 혼합되어 있다. 겨냥하는 고객층, 헤드라인, 제안, 본문 카피(body copy), 전체적인 포지셔닝, 신뢰성·증거, 행동 촉구(CTA), 가격 등 다양한 요소가 혼합되어 광고의 성공에 영향을 미친다. 이 책에서 우리가 논의하는 내용은 모두 레시피의 한 부분일 뿐이다. 베이킹소다 더미에 생일 양초를 꽂는 사람은 없다. 한 가지 재료만 놓고 케이크라고 할 수는 없으니 말이다.

다시 인간적으로 보이게 하는 광고 이야기로 돌아가 보자. AI 카피라이팅 앱이 아니라 사람이 작성한 카피처럼 보여주려면 어떻게 하면 될까? 간단한 예를 살펴보자. 다음 중 어떤 문구가 더 인간적으로 보이는가?

❌ 비포:

"훈련된 전문 청소팀이 적은 비용으로 당신의 집을 반짝거리게 해줍니다."

✅ 애프터:

"당신의 집이 햇살처럼 빛나도록 완벽하게 청소해 드립니다. 아주 합리적인 비용으로 가능합니다!"

❌ 비포:

"이 훈련사는 당신의 반려견을 올바르게 훈련할 준비가 되어 있습니다."

✅ 애프터:

"반려견 훈련, 어디서부터 시작해야 할지 막막하신가요? 걱정 마세요! 저는 5일 만에 변화를 만들어내는 개 훈련 전문가, 조입니다."

❌ 비포:

"부드럽고 윤기나는 머릿결을 원하시나요? 이 케라틴 트리트먼트가 손상된 모발을 매끄럽고 건강하게 가꿔줍니다."

✅ 애프터:

"푸석한 머릿결은 이제 안녕! 이 케라틴 트리트먼트는 실크처럼 매끄럽고 윤기나는 머릿결을 선물합니다. 그 효과를 직접 경험해 보세요!"

소셜 미디어에서는 친구, 가족, 동료와의 관계가 절대적이다. 게다가 모르는 사람과도 새로운 관계를 만든다. 그래서 격식 없고 현실적인 언어를 사용해야 효과적이다. 얼굴 없는 차가운 회사를 내세우기보다 '진짜 사람'인 '너와 나'를 이야기해야 한다. 그러면 개인적으로 더 가깝게 연결되는 효과가 생긴다. 신뢰성도 한층 더 커진다. 물론 당신의 업종이 금융 서비스업이거나 비즈니스 컨설턴트처럼 위엄과 교양 있는 모습을 보여주어야 하는 분야라면 틀린 글자나 평상시에 하는 말을 광고에 쓰면 안 된다.

광고 #2 완벽한 샐러드와 과일 절단기

| 통계 |

조회수 8,000만 회, 공유 75만 4,000회,
댓글 15만 1,000개

어떤 기구 안에 채소를 넣고 자르는 플라스틱 기구가 있다. 이런 기구에 사람들이 열광할 것이라고 생각해 본 적이 있는가? 카피는 단순하다. "이렇게 천재적인 아이디어가 있다니!(채소와 과일

이모티콘) 단 60초 만에 신선한 샐러드 완성! 필요한 사람들에게 태그하세요! 이 링크에서 지금 바로 주문하세요. ➡ URL"

정말 간단한 카피 아닌가? 그런데 왜 그렇게 인기가 많았을까? 정답은 바로 새로움, 독특함, 특이함이 있었기 때문이다. 이 3가지가 소셜 미디어 광고를 성공시키는 중요한 요소다. 그리고 이 영상에서는 이 요소들을 조화롭게 활용했다.

이 광고는 전형적인 심야 정보광고의 공식을 따르고 있다. 한 여성이 얼굴을 찡그리고 우왕좌왕 힘들게 샐러드를 만들고 있다. 물론 이 장면은 흑백으로 제작됐다. 긴장감이 도는 음악이 흐르고 여성은 짜증스럽게 채소의 껍질을 벗기며 썰고 있다. 그런데 갑자기 경쾌한 음악으로 바뀐다. 컬러 화면이 나오고 상품(해법)이 소개된다. 비포와 애프터의 차이를 눈치챘는가? 이 공식은 광고가 출현한 이래 항상 효과적이었다. 여성은 여기저기 나뒹굴던 채소를 모두 플라스틱 기구에 넣고 여러 개의 칸막이 사이로 칼질을 해 채소를 자른다. 그리고 샐러드가 기적처럼 먹기 좋게 완성된다. (어떻게 에디슨이 이렇게 삶을 바꾸는 경이로운 발명품을 놓칠 수 있었을까?)

이 포지셔닝은 단순하지만 영리하다. 단순히 샐러드를 준비하는 데 도움이 되는 플라스틱 기구를 소개한 게 아니다. '60초 샐러드 메이커'라는 슬로건을 내걸었다. 이 하나의 슬로건이 해당 상품을 갖고 싶다는 생각을 촉발한다. 그리고 그 제품을 사면 어떤 유익이 있을지 구체적으로 알려준다.

사람들은 이 특별한 광고가 독특하고 재미있어서 친구나 가족에게 공유할 수도 있다. 중요한 사실은 공유한다고 해서 그 제품을 '구매'하고 싶다는 뜻은 아니다. 영상을 공유 받는 사람들도 마찬가지일 것이다. 하지만 그래도 괜찮다. 영상을 다른 사람에게 공유함으로써 광고는 더 많은 사람에게 전달되고 '실제' 구매자의 눈앞까지 도달할 가능성이 커진다.

결론: 판매 상품을 영상을 통해 효과적으로 보여줄 수 있다면 영상 광고를 만들어라. 이는 가장 강력한 판매 무기가 된다. 상품의 효과가 눈으로 확인되면 구매자의 수많은 의심은 즉각 사라진다.

광고 #3 이불속 침대 선풍기

> **통계**
> 조회수 6,100만 회, 공유 100만 회 이상
> 댓글 20만 개, 좋아요 15만 2,000개

독특한 제품을 하나 더 살펴보자. 이 상품은 침대 이불 아래에서 바람을 일으켜 시원하게 해주는 선풍기다. 이 상품을 쓰면 에어컨 전기료를 줄일 수 있다는 이점이 있다. 카피는 이렇다. "여름

에 에어컨을 켜지 않을 사람들을 위해 태그하세요(울고 있는 이모티콘)" 이어서 이런 카피가 나온다. "뜨거운 여름밤을 견디려면 이 침대 선풍기가 있어야 해"

조회수 6,100만 회와 공유 100만 회 이상을 기록한 이 광고는 강력한 전염성을 보여주었다. 샐러드 절단기처럼 참신함과 독특함이 광고의 호소력을 높인 주요 요인이다. 우리 인간은 새 물건이라면 사족을 못 쓰고 좋아한다. 왜 그럴까? 연구 결과에 따르면 우리의 뇌는 새로운 것을 보면 기분이 좋아지는 호르몬인 도파민이 생성되기 때문이다. 이 화학물질은 뇌의 보상 시스템에서 중요한 역할을 하며 기분과 감정, 동기부여에 영향을 준다. 그래서 도파민이 샘솟는 경험을 하면 다시 비슷한 경험을 찾는다. "오, 정말 멋져!"라는 반응은 화학반응이다. 이 반응이 생기면 기분이 좋아진다. 그래서 새로운 것을 더 원한다. 광고인은 말 그대로 사람들의 뇌 화학반응을 주무른다. 당신의 상품이 새롭지도 않고 참신하지도 않은가? 그렇다면 사람들의 관심을 사로잡는 '매력'을 창의적으로 개발해야 한다.

이 침대 선풍기는 영상으로 효과를 보여주기 때문에 강력한 힘을 얻는다. 영상에서는 한 여성이 침대 옆에 선풍기를 두고 이불 아래로 선풍기에 달린 굽은 모양의 얇은 판을 넣는다. 스위치를 켜면 이불이 펄럭인다. 바람이 나오는 모습을 시청자가 눈으로 직접 확인하는 것이다. 그리고 얼마나 시원할지 상상하게 된다!

프로 세일즈맨은 시연의 힘을 잘 안다. 시연은 V-A-K-O-G를 활용한다. 시각(Visual, 효과를 본다), 청각(Auditory, 소리를 듣는다), 감각(Kinesthetic, 느낀다), 후각(Olfactory, 냄새를 맡는다), 미각(Gustatory, 맛본다)이 자극될 때 구매에 대한 욕구가 생긴다.

코스트코에 가보라. (주말에 가는 게 가장 좋다) 요리 영상, 음식과 음료의 시식, 진공청소기 테스트 등 온갖 종류의 상품을 전문적으로 시연하는 현장을 마주하게 될 것이다. 판매자들은 바이타믹스 블렌더의 성능을 보여주고 곱게 갈린 스무디를 시식해 보라고 권한다. 다른 매대에서는 음식이 들러붙지 않는 프라이팬을 보여준다. 회사는 그렇게 상품을 시연하는 사람을 따로 고용한다. 직원에게 시연을 가르치고, 파견을 보내는 회사도 있다. 왜 이렇게까지 할까? 이유는 간단하다. 효과가 있기 때문이다! 한 가지 예로 홈쇼핑 광고를 생각해 보자. 이 광고에는 무엇이 있을까? 바로 시연이다. 시연은 효과를 생생하게 전달하는 아주 유능한 판매자다. 시연은 그 장면을 보는 사람에게 이렇게 말하는 셈이다. "이건 정말 효과적이에요. 내가 보여줄 테니 당신의 눈으로 직접 확인하세요."

당신의 상품을 영상으로 시연할 수 있는가? 큰 비용을 들여 화려하게 제작할 필요는 없다. 아주 간단하게 해도 된다. 그저 상품을 사용하는 모습을 담아라. 당신이 주장하는 효과가 실현되는 장면을 보여주면 된다. 다른 사람이 사용하는 모습도 함께 담아라. 그들이 상품의 효과를 직접 경험하며 보이는 자연스러운 반응을 포착하는 것도 중요하다. 이러한 다각도 시선은 사회적 증거와 밴드왜건 효과(Bandwagan Effect, 유행에 따라 상품을 구매하는 소비 현상 -옮긴이)를 결합한 강력한 형태의 기법이다.

 시연을 성공적으로 했더라도 카피를 개선할 수 있다면 개선하는 게 좋다. '여름에 에어컨을 켜지 않을 사람을 위한 링크'라는 카피가 직관적으로 이해되는가? 어쩌면 그 의미를 파악하기 위해 한참 동안 생각해야 할 수 있다. 즉, 메시지가 즉각적으로 전달되지 않을 수도 있다는 말이다. '그게 무슨 상품이지?'라는 의문이 들지도 모른다. 물론 영상에는 침대와 알 수 없는 기계가 등장해 시각적으로 보여주지만, '저게 뭐지?'라는 의문이 남아있다. 침대용 선풍기라고 말 못 할 이유라도 있는가? 당신이 판매하는 상품을 사람들에게 이야기해도 아무런 위험이 없다. 오히려 이점만 있을 뿐이다. 어떤 이점이냐고? 당신이 무엇을 판매하는지 사람들이 알게 된다.

 대다수의 사람은 광고를 자세히 보지 않는다는 사실을 기억하라. 광고의 대가 데이비드 오길비(David Ogilvy)의 말에 따르면 광고를 보는 사람의 83%가 헤드라인만 보고 더는 읽지 않는다고 했다. 그래서 많은 사람이 카피를 보고도 그 내용을 이해하지 못하며, 다른 데로 시선을 옮긴다. 그들이 완벽한 잠재고객이어도 그렇다.

광고 #4 정글 스피커 선글라스

> **통계**
> 조회수 1억 3,500만 회, 공유 49만 1,000회
> 댓글 2억 4,100만 개, 좋아요 38만 9,000개

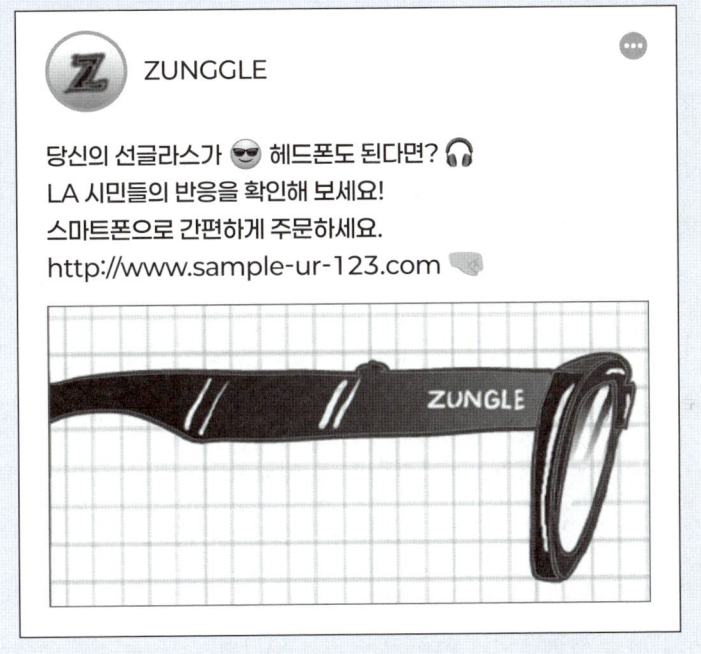

사회적 증거의 힘을 제대로 이용하고 싶은가? 이 광고처럼 카피를 질문 형태로 작성하고 그 질문에 대한 반응을 담은 영상을 제작하라. "당신의 선글라스가 (선글라스 이모티콘) 헤드폰도 된다면? (헤드폰 이모티콘) LA 시민들의 반응을 확인해 보세요! 스마트폰

성공은 단서를 남긴다 **91**

으로 간편하게 주문하세요. (URL) (주먹 인사 이모티콘)"

이 선글라스는 골전도를 통해 소리를 전달한다. 즉, 진동이 외이도가 아니라 두개골에 전도되어 직접 내이에 전달된다. 이어폰을 귀에 직접 삽입하지 않고 머리나 양쪽 귀 뒤에 위치시켜도 소리를 인식할 수 있다. 이 상품을 거리에서 무작위로 만난 젊은 사람에게 소개한 다음 반응을 확인하면 정말 다양한 반응이 나온다. "와, 당장 사야겠어"부터 "맙소사, 끝내주는데"라는 반응도 나온다. 옆에 있는 친구에게 "귀에 꽂지도 않았는데 들려? 설마!"라고 말하며 흥분한 나머지 '삐' 소리로 처리된 욕설까지 등장한다.

빠르게 진행되는 2분 50초 분량의 영상에서 사람들의 반응은 이런 질문으로 끝난다. "무슨 브랜드야? 이름이 뭐야?" 영상은 자연스럽게 이어지다가 34초를 남겨두고 멋진 선글라스를 보여준다. 그리고 남자 성우가 자신감 있게 대답한다. "정글입니다" 다음 장면에서는 삶의 단면을 촘촘하게 편집해 보여준다. 젊은 청년이 자전거를 타고 여자친구의 집으로 가는 모습이 등장한다. 선글라스를 끼고 그래피티로 꾸며진 거리를 지나는 그는 선글라스 헤드폰에서 흘러나오는 아날로그 챔피언(Analog Champion)의 「당신을 사랑하기만 하면 돼요(Just Want to Love You)」라는 노래를 듣고 있다.

반응 영상은 기본적으로 '최초 사용자의 다양한 사례'를 담은 후기다. 이 영상은 아주 영리한 도구다. 신용카드를 꺼내기 직전에 구매자들은 잠깐 이런 생각을 한다. '괜찮을까? 내 마음에 들까? 정말 효과가 있을까?' 이때 최초 사용자의 반응은 결제를 주저하는 잠재고객에게 이런 생각을 심어준다. '나도 그 제품을 사용하면 저런 기분이겠구나' 이 강력한 힘을 알겠는가? 영상에서 배우를 등장시키든 행인의 반응을 묻든 이 힘의 본질적 요소는 강렬한 감정이다. 사람들은 최초 사용자가 제품을 써보고 놀라며 흥분하는 모습을 본다. 그리고 그 제품에 마음을 빼앗긴다. 감정이 전염되기 때문이다.

이제 당신의 이야기를 해보자. 상품에 대한 반응 영상을 제작하려는 생각을 해본 적이 있는가? 당신의 제품이나 서비스를 처음으로 사용하는 사람들의 반응을 확인할 수 있는가? 정글 광고에서 짧은 영상을 여러 개 편집해서 보여준 것처럼 2~3개가 아니라 7개, 10개, 아니 그 이상의 영상을 단 몇 초로 짧게 압축해 반응 영상을 제작하라. 거기에 상품의 특징과 강점을 모두 담아라. 사용자의 반응을 보여줘야 한다. 광고의 전체적인 면은 어떻게 개선할 수 있을까? 나라면 선글라스의 옆모습 사진을 짧게 보여주는 대신 스토리를 입힌 이미지를 더 많이 보여주겠다. 매력적인 남성이나 여성의 얼굴을 보여주거나 아니면 남녀 모두의 얼굴을 보여주며 그들이 선글라스를 끼고 반응 영상에 나온 사람들처럼 깜짝 놀라며 즐거워하는 장면을 광고에 담겠다. 충격과 흥분에 입을 가리는 모습도 좋다. 이러한 장면이 더 많은 내용을 전달한다. 광고에서 가장 시선을 사로잡는 이미지가 바로 사람의 얼굴이니까.

광고 #5 카부스트(KABOOST)

|통계|
조회수 4,400만 회, 공유 75만 2,000회
댓글 3만 2,000개, 좋아요 23만 2,000개

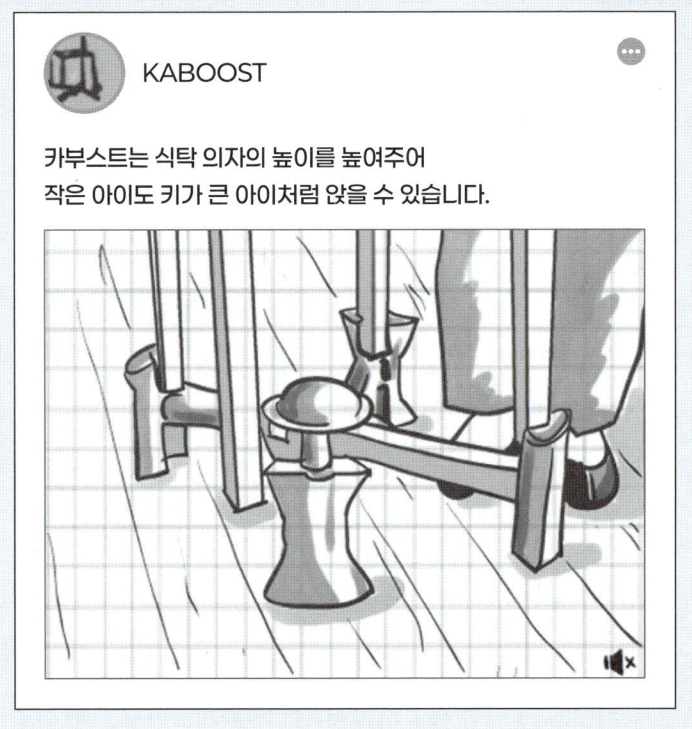

KABOOST

카부스트는 식탁 의자의 높이를 높여주어 작은 아이도 키가 큰 아이처럼 앉을 수 있습니다.

쉽게 시연할 수 있는 흥미로운 상품을 하나 더 살펴보자. 카부스트는 의자의 높이를 높여주는 기구다. 가벼워서 여기저기 옮기기도 수월하다. 기구의 팔을 펴서 의자 다리 4개를 구멍에 맞춰 딸

깍 소리가 나게 끼면 된다.

　이 광고 카피는 명확하고 간결하며 직접적이다. 어떤 상품인지 직관적으로 전달한다. 의문이 들지도 않고, 무슨 뜻인지 파악할 필요도 없다. 침대 선풍기 광고에서 "에어컨을 켜지 않을 사람들을 위해 태그하세요."라는 카피와 다르다. 카부스트 광고는 상품 이름만으로 어떤 용도인지 알려준다. 그리고 "작은 아이도 키가 큰 아이처럼 앉을 수 있습니다."라는 짧은 문장만으로 상품의 강점을 명확하게 표현한다. 상품의 세련된 디자인 역시 광고의 성공을 뒷받침하는 중요한 요소가 되었다. 영상 또한 명확하고 직접적이다. 훌륭한 상품이라면 과장된 광고는 필요 없다. 용도만 간단하게 설명해도 충분하다. "와, 근사해!"라는 반응을 이끌어내는 소셜 미디어 광고에는 기폭제 같은 강력한 요소가 반드시 있다. 이러한 요소는 영상의 급속한 확산을 가능하게 한다.

광고 #6 팬케이크 플리퍼(PANCAKE FLIPPER)

> 통계

조회수 4,000만 회, 공유 30만 9,000회
댓글 12만 7,000개, 좋아요 82만 7,000개

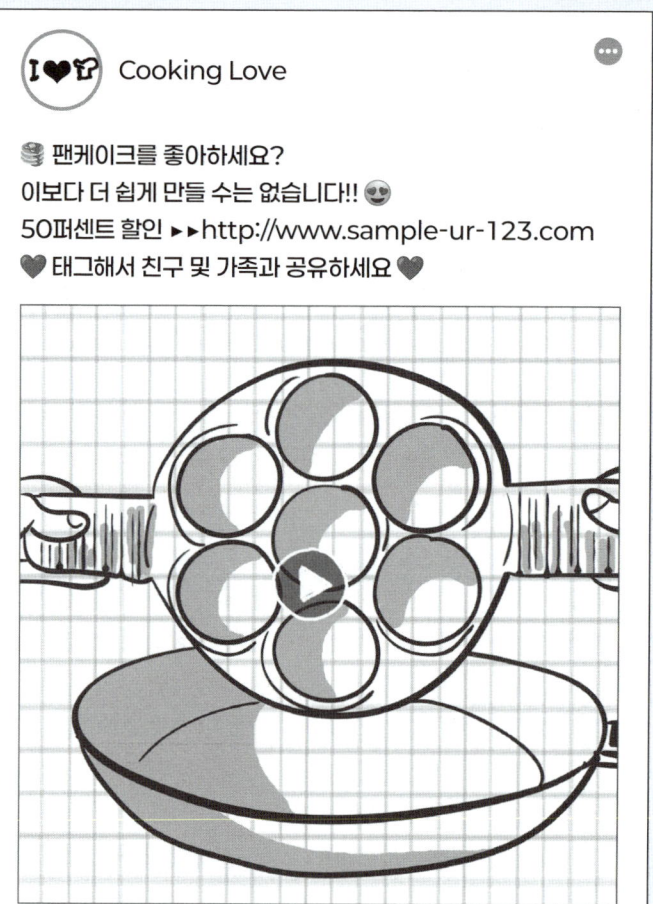

Cooking Love

🥞 팬케이크를 좋아하세요?
이보다 더 쉽게 만들 수는 없습니다!! 😍
50퍼센트 할인 ▶▶http://www.sample-ur-123.com
🖤 태그해서 친구 및 가족과 공유하세요 🖤

"팬케이크를 좋아하세요?" 이모티콘이 곳곳에 삽입된 문장이 '먹고 마시는 즐거움(LF-2)'을 어떻게 활용하여 특정 고객층을 겨냥하는지 살펴보라. 프라이팬 위에 낯설어 보이는 빨간색 물체가 시청자의 눈길을 사로잡는다. 누가 이 영상을 클릭해서 볼 것 같은가? 틀림없이 팬케이크를 좋아하는 사람이나 음식과 주방 도구에 관심이 있는 사람일 것이다. 그렇지 않은가? '초콜릿을 좋아하나요?'라는 헤드라인은 어떨까? 누가 그 영상을 볼 가능성이 가장 클까? 또는 '애견인들은 주목하세요!', '축구팬은 주목하세요!', '거미를 싫어합니까?'라는 헤드라인은 누가 볼까? 이런 헤드라인은 특정 고객층을 타기팅하는 것이다. 이 기법은 머리를 써야 하는 전략이 아니다. 어렵지 않다. 그러나 대단히 효과적이다.

광고는 "이보다 더 쉽게 만들 수는 없습니다!!"로 이어진다. 광고에 단순함과 사용의 용이성을 강조할 수 있다면 반드시 포함하라. 누구나 쉽고 간편한 방식을 원한다. 그렇지 않은가? 편리함은 9가지 2차 욕구 중 다섯 번째 욕구다. 사람들은 기다리는 것을 싫어하며, 빠르고 즉각적인 결과를 원한다.

예를 들어보자.

- ❌ **잘못된 방법:** "아이들에게 싸우지 않는 법을 가르치세요! 이 방법의 효과를 100% 보장합니다."
- ✅ **잘된 방법:** "아이들이 싸움을 그만하도록 가르치는 가장 빠

르고 쉬운 방법을 알려드립니다! 23일 안에 100%의 효과를 보장합니다. 효과가 없으면 환불해 드립니다."

같은 상품의 같은 보장 카피다. 그런데 어느 카피가 더 호소력이 있는가? 답은 분명하다.

팬케이크 플리퍼 광고는 50% 할인을 내세운다. 그리고 페이스북에서 성공한 다른 광고들처럼 "태그해서 친구 및 가족과 공유하세요"라는 문구를 활용한다. 영상을 클릭하면 단 2초 만에 상품의 사용법을 명확하게 알 수 있다. 영상에서는 여러 개의 틀로 구성된 제품을 보여주어 가치를 극대화한다. 이 광고가 공유되는 이유는 단순히 '팬케이크를 만드는 최고의 도구'라고 생각해서가 아니다. 영상이 재미있고, 시각적으로 매력적이며, 흥미를 끌기 때문이다.

카피에 강력한 메시지를 담은 후 최대한 많이 공유되게 하려면 영상에 재미와 정보를 더해야 한다. 이는 반드시 혁신적인 발명품이어야만 가능한 것이 아니다. 호신술 과정을 판매한다고 해보자. 호신술 교육은 원래부터 존재했다. 그렇다면 어떻게 차별화시킬 수 있을까? 아이가 납치범의 손에서 벗어나는 기술 10가지를 보여주면 어떨까? 그러면 영상이 열광적으로 공유될 것이다. 덩치가 크고 무시무시한 폭력배의 손아귀에서 탈출하는 남녀가 위험한 상황에서 벗어날 수 있는 7가지의 검증된 방법을 극적인 영상으로 보여주는 것은 어떨까? 상황이 극적일수록 감정이 고조되며 몰입도가 높아진다. 이러한 방법이 소셜 미디어 광고를 성공시키는 한 가지 핵심 열쇠 중 하나다. 극적인 드라마는 조회수, 클릭, 공유, 좋아요, 댓글 등의 높은 참여율을 유도한다. 사람들은 본능적으로 갈등과 극적인 스토리에 끌린다. 이 원리를 광고에 활용해보라. 단 하나의 강력하고 극적인 요소만으로도 광고는 빠르게 퍼져나가며, 결국 매출 상승으로 이어질 것이다.

    페이스북에는 큰 성공을 거둔 광고 사례가 많다. 제한된 지면으로 인해 사례를 다 다루지 못하는 게 아쉽다. DrewEricWhitman.com/Cashvertising2/Ads에는 앞서 다룬 광고들의 QR코드 영상이 있다. 영상을 시청하면 대성공을 거둔 광고가 어떻게 제작됐는지 확인할 수 있다. 앞으로도 나는 3장의 효력이 영원하도록 이 사이트에 새로운 영상을 계속해서 추가할 것이다.

심리적 예방 접종 리마케팅의 힘

매력적인 광고 카피로 경쟁자보다 먼저
우선순위를 차지하는 심리 전략

이 장에서는 적용할 수만 있다면 매우 유익한 개념을 소개하려고 한다. 이 중요한 개념을 통해 다음 세 가지를 달성할 수 있다.

- ▶ 회사의 신뢰성이 **높아질 것이다**. 즉, 더 많은 잠재고객이 당신을 신뢰하므로 편안한 마음으로 상품을 구매할 것이다.
- ▶ 당신에 대한 호감이 크게 **상승할 것이다**. 고객은 당신이 고객의 최대 이익을 추구한다고 느낄 것이다.
- ▶ 많은 구경꾼을 구매자로 **바꿔줄 것이며** 사이트의 트래픽(traffic, 사이트 방문자 수 -옮긴이)이 치솟을 것이다. 그리고 당신의 지갑은 두둑해

지기 시작할 것이다.

주목: 이 장은 하나의 세미나다. 끝까지 잘 따라오면 소비자를 당신의 팬으로 만드는 강력한 방법 한 가지를 배울 수 있다. 이 방법을 활용하면 소비자가 경쟁자의 상품이 아닌 당신의 상품을 적극적으로 선호하도록 만들 수 있다. 하지만 극도로 은밀하게 감춰져 있어서 온라인 마케터 100명 중 단 1명도 제대로 활용하지 못한다. 그러니 당장 시작하라. 경쟁자들도 이 책을 읽고 당신을 상대로 그 방법을 써먹기 전에 말이다.

'심리적 예방 접종 리마케팅(Psychological Inoculation Remarketing, PIR)'은 놀라운 힘을 가지고 있다. 이 방법은 접종이론(Inoculation Theory)을 바탕으로 한다. 접종이론은 『캐시버타이징』에서 다룬 소비자 심리 원칙으로, 광고에도 적용된다.

우선 요즘에는 소비자, 즉 잠재고객이 별로 노력하지 않아도 경쟁자들을 확인할 수 있다는 사실을 이해해야 한다. 구글이나 아마존이 있기 전에는 무언가를 구매하려면 사려는 상품에 대한 다른 사람들의 생각을 묻거나(해당 상품을 구매했거나 잘 알고 있는 사람들의 생각을 물었다) '컨슈머 리포트(Consumer Reports)'를 읽었다. 아니면 우연한 기회에 구매하기도 했다(이런 경우라면 영수증을 가지고 있다가 물건이 형편없으면 환불받았다).

그러나 요즘은 상황이 아주 다르다. 파격 할인이나 당장 사야 하는 게 아니라면 구매하기 전에 최소한의 조사를 한다. 다른 사람의 생각과 상관없이 어느 정도 직접 조사한 다음 돈을 지출한다. 그렇지 않은가?

많은 사람은 자세하게 조사한다. 나도 그렇다. 솔직히 나는 훌륭한 구매 결정을 하고 싶다. 최고 품질의 물건을 사서 어떤 식으로든 나의 욕구를 만족시키려고 그러는 게 아니다. 형편없는 물건을 사서 귀찮게 교환하러 가는 번거로운 일을 피하고 싶기 때문이다.

실제 사례를 보자. 당신이 커피를 좋아한다고 치자. 매일 혹은 일주일에 몇 번 스타벅스(Starbucks), 코스타 커피(Costa Coffee), 커피 빈 앤 티 리프(Coffee Bean & Tea Leaf) 등 좋아하는 카페에 들른다. 그리고 카페를 오가며 커피에 상당한 금액을 지출한다(커피를 좋아한다면 그 정도 돈을 써도 얼마든지 합리화할 수 있다).

그러다가 어느 날 신용카드 대금고지서나 각종 공과금 고지서로 가득한 우편함을 확인하고 커피 한 잔에 지출한 금액이 생각보다 크다는 사실을 깨닫는다. 몇 푼만 들이면 직접 만들어 마실 수 있는데, 불필요하게 많은 돈을 쓰고 있다는 생각이 스친다. 그 순간, '이제부터 커피를 직접 만들어 마셔야겠어'라는 생각이 자리 잡기 시작한다.

생각의 씨앗이 심어졌다. 이제, 이 작은 생각의 씨앗이 어떻게 자연스럽게 성장하고, 물을 주듯 점점 더 확신으로 바뀌어 열매를 맺어가는지 집중해 보자.

당신은 이렇게 생각한다. '집에서 커피를 만들어 마시면 힘들게 주차장을 찾거나 줄을 서지 않아도 돼. 내가 원하는 커피를 설명한 다음 커피가 나올 때까지 기다릴 필요가 없을 거야. 터무니없는 가격을 지불하지 않아도 돼. 카페에는 2시간 전에 커피를 다 마셨는데도 자리에 앉아 페이스북에 자신의 뚱뚱한 고양이 사진을 올리는 사람들만 있어. 그들 사이에서 자리를 찾으려고 돌아다닐 필요도 없을 거야.'

잠재고객은 언제나 더 나은 상품을 갈망하지 않던가? 당신 역시 자신의 욕구를 더 좋은 방법으로 색다르게 충족시키는 방법을 생각하기 시작한다.

이제 카페에 가서 커피를 마시는 걸 좋아하는 사람이 나라고 해보겠다. 나라면 '어떻게 커피를 직접 만들 수 있을까? 내게는 어떤 선택지가 있지?'라는 질문으로 시작할 것이다.

내가 몇 가지 정보를 알고 있다고 가정한다면 즉시 선택지가 생긴다.

- ▶ 인스턴트커피를 살 수 있다(사실 이것은 이름만 커피다).
- ▶ 일리(ILLY)와 같은 대표적인 드립 커피를 살 수 있다.
- ▶ 커피를 끓이는 전통적 기구인 1800년대 스타일의 퍼컬레이터(per-colator)를 살 수 있다(지금도 그 기구를 이용하는 사람이 있다).

- ▶ 큐리그(Keurig) 커피머신과 대량의 포드(pod)를 살 수 있다.
- ▶ 간단한 프렌치 프레스(French press)를 살 수 있다.
- ▶ 에어로프레스(AeroPress), 케멕스(Chemex), 칼리타 웨이브(Kalita Wave)를 살 수 있다.
- ▶ 증기압으로 에스프레소를 추출하는 모카포트(Moka pot)를 살 수 있다.
- ▶ 진정한 커피 마니아라면 커피콩 분쇄기와 우유 스팀 기능이 있는 커피머신을 살 수 있다.

휴, '커피 한 잔'을 만드는 일에 선택지가 너무 많다. 그래서 많은 사람은 다른 사람이 만든 커피를 마신다. 그저 주문해서 결제하고 마시면 되니까. 아주 쉽다.

지금이 바로 흥미로운 지점이다. 경쟁자의 허를 찌르고 싶은 사업가라면 심리적 '트림탭(trim tab, 배의 방향을 잡는 큰 방향타를 돌리는 작은 방향타 -옮긴이)'을 통제할 수 있다. 다시 말해 잠재고객이 당신의 상품을 만족하는 방향으로 움직이도록 아주 작은 요소를 조정하는 것이다.

잠재고객이 늘 그렇듯 나 역시 수많은 선택지 앞에서 고민하며 구글에 '집에서 최고의 커피를 만드는 방법'을 검색한다.

여기서 잠깐, 이쯤에서 짚고 넘어가야 할 부분이 있다. 세미나에서도 항상 강조하는 점이다. 버지니아주에서 열린 경제인 모임에서 연설하든 독일 베를린의 대규모 회의장에서 연설하든 이쯤에서 항상 제기되는 의문이 있다. 어쩌면 당신도 같은 의문이 들 것이다. "드류, 저는 커피를 팔지 않아요. 그 예는 저와 관련이 없는 것 같아요."

그렇다면 내가 예로 든 상품은 무시하라. 이 책 전체에 나온 제품과 서비스는 신경 쓰지 않아도 된다. 이 예시들은 그저 설명을 위한 수단이다. 광고할 제품이나 서비스가 무엇이든 어디에나 적용되는 원칙을 보여주려고 선택한 상품일 뿐이다. 상품의 '유형' 때문에 집중력을 잃어서는 안 된다. 상품의 유형은 무시하고 우리가 활용할 수 있는 근본적인 심리 원칙에 주의를 기울여라. 하던 이야기로 다시 돌아가자.

나는 '집에서 최고의 커피를 만드는 방법'에 대한 답을 찾기 위해 구글 검색을 하고 있다. 이 행동은 욕구를 충족시키기 위해 다양한 선택지를 탐험하는 것이다(잠재고객도 당신의 회사에 연락하기 전에 같은 행동을 한다).

잠시 기억해 보자. LF-2는 '먹고 마시는 즐거움'이다. 지금 고려되는 상황에서는 SW-8인 '경제적 이익 또는 절약의 욕구'를 추가해야 한다.

기억하라. 소비자에게 상품은 '필요악'이다. 안 좋게 들리겠지만 대부분 그렇다. 솔직히 말하면 잠재고객은 상품을 사지 않고도 그 상품이 제공하는 혜택을 누릴 수 있다면 무조건 그렇게 할 것이다. 듣기 좋은 소리는 아니지만 사실이다.

당신의 잠재고객이 다음과 같은 번거로운 과정을 거치지 않고도 욕구를 충족할 수 있다고 가정해 보자.

- ▶ 조사 및 비교
- ▶ 비용 지출
- ▶ 상품을 꼼꼼히 살펴보기
- ▶ 보증서 관리
- ▶ 고장으로 인한 불편함
- ▶ 배터리 충전 또는 교체
- ▶ 추가 부속품 구매로 인한 지출 증가
- ▶ 교체 부품 구매
- ▶ 상품 수명이 다하면 다시 같은 과정을 반복해야 하는 번거로움

불행히도 상품을 구매하면 이러한 행동들이 수반된다. 이 행동을 하지 않고도 욕구를 충족시킬 수 있다면 잠재고객은 주저하지 않고 그쪽을 선택할 것이다.

즉, 손가락 한 번 튕기는 것만으로 매일 아침 신선하고 맛있는 커피를 손에 넣을 수 있다면 굳이 물을 끓이고, 커피콩을 갈고, 추출을 기다리고, 커피 머신을 청소하는 번거로운 과정을 거칠 필요가 없다는 뜻이다.

매일 아침 일어나서 샤워하고 옷을 입은 뒤 손가락을 튕기면

갓 추출된 신선한 커피가 손에 들어온다고 상상해 보자. 근사하지 않은가? 하지만 현실에서는 이런 마법 같은 일이 일어나지 않는다. 그래서 우리에게는 욕구를 제대로 충족시켜 줄 제품이나 서비스가 필요한 것이다.

나는 세미나에서 이렇게 말한다.

- ▶ 우리가 원하는 것은 드릴이 **아니라** 구멍이다!
- ▶ 우리가 원하는 것은 오븐이 **아니라** 따끈하게 요리된 음식이다!
- ▶ 우리는 광고, 이메일, 웹사이트 등 마케팅 수단을 **원하는 게 아니다**!
- ▶ **우리는 사람들이 우리에게 돈을 쓰기를 원한다!**

커피 이야기로 다시 돌아가자. 나는 커피를 좋아하는 사람이고 카페에서 커피에 많은 돈을 쓰며 비싼 금액을 내는 일을 그만둘 방법을 찾고 있다. 그래서 조사를 했고 프렌치 프레스를 고르는 선택지가 집에서 맛있는 커피를 만들 수 있는 가장 좋은 방법이라고 판단했다. 간단하고 빠르고 저렴하고 믿을 수 있는 커피 머신을 고른 것이다.

또한, 커피콩을 직접 가는 것이 가장 향기로운 커피를 만드는 최고의 방법이라는 사실을 알게 된다. 칼날에 대해서도 배운다. 견과류 믹서기처럼 내용물을 자르는 방식이 아니라 으깨는 방식의 버(burr) 칼날이 '진정한 커피 전문가'의 선택이라는 사실을 깨닫는다.

무슨 일이 일어나고 있는지 이해했는가? 나는 조사를 시작했고, 이는 당신의 잠재고객이 하는 행동과 동일하다.

8가지 생명력을 기억하는가? 사람들의 뇌가 작동하는 정신적 경로는 어떻게 흘러갔는가?

긴장 → 욕구 → 행동

- ▶ **1단계:** 긴장한다(음식, 안락함, 사랑하는 사람을 보호, 사회적 인정 등 내가 앞에서 설명한 욕구를 충족시키지 못할까 봐 긴장한다).
- ▶ **2단계:** 긴장을 풀고 싶은 욕구로 이어진다.
- ▶ **3단계:** 욕구를 채우는 행동으로 이어진다.

무슨 일이 일어나는가? 이 사이클을 성공적으로 완수하려면 먼저 욕구를 충족시키는 방법을 찾아야 한다. 그러려면 조사가 필요하다. 그리고 자신의 욕구를 충족시켜줄 상품에 아직 익숙하지 않다면 관련된 내용을 배워야 한다. 그 이후에 선택지를 줄여나가는 것이다.

나는 모든 조사를 마치고 프렌치 프레스와 버 칼날을 선택한다. 기억하라. 이 모든 내용은 전에는 몰랐던 새로운 정보다.

다음 단계는 그 두 가지 조건에 맞는 상품을 찾는 것이다. 이 과정이 바로 잠재고객이 실제로 하는 행동이다. 당신의 상품이 시장에서 유일한 것이 아니라면 말이다. 다시 말해 잠재고객이 원하는 상품이 당신의 판매하는 상품 외에도 존재한다면 그들은 반드시 조사를 한다. 주말 데이트를 위한 전자책을 판매하든, 온라인 서비스를 제공하든 혹은 다른 어떤 제품이나 서비스를 팔든 관계없다. 잠재고객이 구매를 고려하는 순간, 경쟁 상품이 존재한다면 대부분은 주문 버튼을 누르기 전에 당신과 경쟁자의 상품을 비교할 것이다. 그 상품이 무엇이든 말이다.

자, 이제부터 구체적인 상품을 살펴보자. 특정 상품을 조사할 때는 아마존 검색이 가장 좋은 방법이라고 가정하자. 특히 아마존의 우수 회원이며 욕구를 빨리 충족시키고 싶을 때는 아마존 검색만큼 좋은 게 없다(욕구가 빠르게 충족되기를 원하는 인간에게 가장 중요한 두 가지가 '속도'와 '용이함'이라는 사실을 기억하라).

이제 나는 스마트폰을 들고 아마존에 접속해 검색창에 '프렌치 프레스 커피 메이커'를 입력한다.

그러면 무슨 일이 일어날까? 수많은 제조사가 만든 프렌치 프레스 메이커가 화면을 가득 채운다. 무엇이 보일까? 각 브랜드가 내세운 다양한 카피와 사진들이 보인다. 이제부터, 그들이 어떤 방식으로 제품을 표현하고 있는지 분석해 보자.

카피라이터들의 전쟁

이 세상에 24개의 다양한 프렌치 프레스 커피 메이커가 있다고 상상해 보자. 또 어디에선가 책상에 앉아 있는 24명의 카피라이터를 떠올려 보라. 그들 각자는 자사의 프렌치 프레스를 돋보이게 하기 위해 수많은 광고 문구를 고민하며 만들어내고 있다.

그들의 광고 문구는 다른 카피라이터의 광고 문구를 상대로 전쟁을 벌이고 있다. 가장 강력한 광고문이 대개 전쟁에서 승리한다. 여기서 승리는 당연히 판매를 의미한다.

그렇다. 광고는 카피라이터들의 전쟁이다! 물론 대부분의 카피라이터에게는 팀이 존재한다. 그러나 잠재고객의 구매 결정을 좌우하는 핵심 요소는 결국 광고 문구 자체다.

서버에 광고문을 업로드하는 순간 비슷한 상품을 파는 카피라이터를 상대로 하는 전쟁에 정식으로 참여하는 것이다.

프로 카피라이터는 광고문 게재를 전쟁 돌입으로 생각한다. 따라서 당신도 그렇게 생각해야 한다!

이제 본론으로 들어가 보자. 누군가가 당신의 카피를 봤다. 하지만 경쟁 상품도 함께 존재한다. 요즘 소비자들은 하나의 광고만 보고 즉시 구매를 결정하지 않는다. 대부분은 다른 선택지를 조사하고 비교한 후 결정을 내린다.

사람들이 당신의 카피를 보고 어느 정도 인상적인 느낌을 받을 수 있다. 하지만 그들이 아직 조사가 부족하다고 느끼면 당신의 상품을 바로 구매하지는 않는다.

그들은 곧 다른 카피라이터의 광고도 살펴본다. 즉, 경쟁 상품의 광고를 함께 비교한다. 그다음 당신의 카피와 경쟁 카피가 자신의 뇌에서 어떤 논리적, 감정적 반응을 일으키는지 비교한다.

검색, 조사, 추가 검색

그들은 계속해서 다른 제품의 카피를 조사하며 비교해 나간다. 그 과정에서 각 광고가 주는 논리적, 감정적 느낌을 분석하고, 결국 당신의 카피와 비교하게 된다.

여러 가지 다양한 상품을 조사해 많은 정보를 얻었다. 단점이라면, 조사 후 혼란에 빠질 가능성도 커진다! 조사를 마친 후, 그들이 처음에 봤던 당신의 광고나 웹페이지에서 본 광고 문구를 기억할 수 있을까? 그 누구도 모를 일이다. 아무리 공들여 카피를 작성하고 사진을 올렸어도 인간의 기억은 쉽게 흐려진다. 당신의 광고 문구는 이미 그들의 기억에서 말끔히 사라졌을지도 모른다.

잠재고객은 단지 자신의 욕구를 충족시키려고 했을 뿐이지만, 어느새 이런 생각에 빠진다. '너무 많은 상품을 봤어. 이제 지쳤고 뭐가 뭔지 모르겠어. 너무 많은 정보에 짓눌린 기분이야.'

당신의 첫 번째 목표는 잠재고객이 당신의 제안을 기억하고 다시 돌아오도록 만드는 것이다. 그리고 이상적으로는, 경쟁 상품을 충분히 비교한 후 다시 당신의 광고 페이지에서 주문 버튼을 클릭해 구매하도록 유도하는 것이다.

그런데 그들을 어떻게 돌아오게 할까? 바로 리마케팅을 활용하면 된다. "드류, 나도 리마케팅은 잘 알아요"라고 말할지도 모르겠다. 그러나 이는 일반적인 리마케팅, 즉 사용자가 다양한 사이트를 방문할 때 팝업 광고로 노출되는 기존의 리마케팅 방식을 뜻하는 것이 아니다. 그런 광고 방식은 이미 익숙할 것이다. 여기서 내가 말하는 리마케팅은 신경학적 관점에서 소비자에게 훨씬 더 강력한 영향을 미치는 형태의 리마케팅이다.

이것이 바로 '심리적 예방 접종 리마케팅(PIR)'인데, 기존 방식과는 완전히 다른 차원의 전략이다. 그 효과가 너무 강력해서 사용할 때 미안한 마음이 들 정도지만, 100% 합법적이고, 정직하며, 윤리적인 방법이다. 그 이유를 지금부터 살펴보자.

PIR 전략은 잠재고객이 경쟁자의 광고에 불만을 가지도록 유도하는 방법을 가르치는 것이다.

무슨 말이냐고? 다시 설명하겠다. 잠재고객이 경쟁자가 파는 상품과 서비스에 불만을 품는 '방법'을 당신이 가르쳐야 한다는 말이다. 이 전략은 경쟁자의 주장이나 주장하지 않는 부분에 대해 말 그대로 심리적 '예방 주사'를 놓는 것이다. 잠재고객이 당신의 카피를 본 후 비슷한 상품의 카피를 접했을 때 그 정보를 비판적으로 바라보도록 그들 머리에 입력하는 전략이다. 그렇게 해서 경쟁자의 사이트에서 구매 결정을 망설이게 만들고, '내면의 비판 목소리'가 그들을 따라다니게 만들 수 있다. 잠재고객이 어떤 사이트를 방문하든, 경쟁사의 광고를 접할 때마다 의심과 비판적인 시각이 떠오르도록 만드는 것이 핵심이다.

"알겠어요, 드류. 그래서 당신이 말하려는 게 도대체 무엇인가요?"

구체적인 예를 몇 가지 보여주겠다. 당신이 프렌치 프레스 커피 메이커를 광고하는 카피라이터라고 해보자. 카피를 작성할 때 상품이 제공하는 놀라운 장점과 특징을 설명해야 하는데, 거기서 그치면 안 된다. 잠재고객이 경쟁사의 상품을 검색할 때 어떤 점에 주의해야 하는지도 알려주어야 한다.

즉, 당신은 일개 판매자에서 철저한 '소비자 대변인'으로 둔갑해야 한다. 그래서 잠재고객이 어떤 상품을 구매하든 훌륭한 구매 결정을 하도록 정보를 제공해 도와야 한다(물론 당신은 본인의 상품을 사기를 원한다).

먼저 다른 판매자들과 차별화된 모습을 보여주어야 한다. '나는 다른 판매자와는 다릅니다. 소비자가 최고의 결정을 내릴 수 있도록 돕는 데 전념하고 있습니다. 소비자의 돈을 챙기려는 속셈은 전혀 없습니다.'

차이를 알겠는가? 이러한 포지셔닝에는 어마어마한 강점이 있다. 이 전략을 쉽게 사용하는 방법을 알려주겠다.

우선 아마존, 옐프, 구글로 들어가 경쟁 상품의 후기를 살펴보라. 이 예를 위해 경쟁 상품이 아마존에서 판매된다고 가정하자. 경쟁 상품의 후기 중 별 1~3개짜리 후기를 분석하여 소비자가 경쟁 상품의 어떤 점에 불만을 품는지 파악하라. 그런 다음 당신의 카피를 활용해(당신의 웹사이트, 이메일, 페이스북, X 등 다양한 소셜 미디어 플랫폼이나 아마존에서) 잠재고객에게 그런 문제를 조심하도록 알려주어야 한다!

예를 들어 당신이 고급 프렌치 프레스 커피 메이커를 판매한다면, 다음과 같은 내용을 잠재고객에게 알려야 한다.

- ▶ 일부 제조사는 금이 잘 가는 하위 등급의 유리를 사용한다(당신은 이 정보를 불만이 가득한 후기를 통해 알게 됐다. 따라서 100% 진실이며, 잠재고객이 조사한 내용을 비교하면서 알게 될 부정적 정보와 일치한다! 이로써 즉시 당신의 광고에 대한 신뢰가 생기며 당신의 다른 주장도 더 쉽게 받아들여진다).
- ▶ 당신이 판매하는 상품은 강화유리가 사용되어 금이 가거나 유리 조각이 생기지 않는다.
- ▶ 당신의 프렌치 프레스는 내열성을 가진 붕규산 유리로 제조되었다. 붕규산 유리는 이산화규소와 산화붕소가 함유된 유리다(이제 잠재고객은 전에는 몰랐던 '붕규산'이라는 단어가 경쟁 상품의 카피에 있는지 확인한

다. 만약 이 단어가 없다면 경쟁 상품에 의심을 품게 된다. 그렇다면 다음에는 어떤 일이 벌어질까?).

▶ 당신의 상품에 사용된 특수 유리는 열팽창 계수가 매우 낮아 일반 유리에 비해 열 충격에 훨씬 강하다(과학적 설명이 신뢰성을 높인다).

이러한 우수한 유리는 열응력을 덜 받는다. 그래서 전문 실험실에서 사용하는 독한 화학물질을 담는 시약병처럼 엄격한 기준에 맞춰 두껍고 튼튼한 병을 제작하는 데 주로 쓰인다.

잠재고객에게 무엇을 가르쳐야 하는지 알겠는가? 그들이 조사하지 않았다면 이러한 내용을 모를 것이다.

조언: 시장은 혼란스러우며 99%의 판매자들이 소비자의 돈만 노린다. 이러한 상황에서 유익한 정보를 가르쳐주는 판매자가 있다면 소비자는 그 판매자를 호의적으로 생각한다.

당신은 잠재고객이 상품 조사를 영리하게 하도록 준비시킨다. 그들이 다른 제품을 비교할 때 어떤 정보를 확인해야 하는지 미리 알려주고, 자연스럽게 당신의 상품과 비교할 수 있도록 유도한다. 잠재고객이 다른 사이트에서 당신이 경고했던 문제점을 직접 보게 되면 무슨 일이 일어날까? 즉시 당신에 대한 신뢰와 믿음이 더 커진다.

여기서 주의해야 할 점이 있다. 유의해야 할 사항을 알려주는 데서 그치면 안 된다. 거기서 멈추지 마라. 다음과 같은 질문을 해서 그들의 마음에 합리적인 의심과 불신을 심어주어야 한다.

"왜 그렇게 많은 제조사가 깨지고 금 가기 쉬운 하위 등급의 유리를 사용할까? 과연 누가 번거롭게 수리받아야 하는 제품을 원할까? 어째서 그들은 당신에게 유리와 관련된 정보를 알려주지 않을까? 그들은 왜 질 낮은 재료를 사용할까? 그들은 왜 우리처럼 당신에게 정확한 정보를 가르쳐주지 않을까?"

가장 효과적인 질문 형식은 '어째서 그들은 ~하지 않을까?', '그들의 제품은 왜 ~하지 않을까?', '그들은 왜 ~할까?'이다.

의심스러운 문제를 폭로하라. 경쟁 상품의 부정적인 정보를 하나둘 언급하며, 왜 단점을 솔직하게 알리지 않는지 의문을 제기하라. 이러한 의심은 강력한 파괴력을 가진다.

"우리 회사의 프렌치 프레스는 비스페놀A가 검출되지 않는 특수 플라스틱 부품을 사용하여 가열된 뚜껑으로 인한 화상을 방지합니다"

"대부분의 제조사는 플라스틱과 고무로 부품을 제작하지만 우리 회사는 스테인리스 부품만 사용합니다"

"이게 그렇게 중요할까요? 네, 그렇습니다! 플라스틱과 고무 부품은 커피 맛을 변질시킬 수 있기 때문입니다. 우리 제품처럼 100% 스테인리스와 유리로 제작된 프렌치 프레스만이 최고의 커피 맛을 보장합니다."

"왜 많은 제조사가 중간 등급의 필터 한 개만 사용하는 걸까요?

우리 제품은 3중 필터 시스템을 적용하여 커피 찌꺼기를 효과적으로 걸러내고, 최고의 풍미와 신선함이 살아있는 커피를 제공합니다."

이러한 질문에 담긴 힘이 보이는가? 놀라울 정도로 강력한 힘이다.

"그들은 왜 스테인리스 필터를 사용하지 않을까요? 값싼 필터는 쉽게 녹슬어 몇 개월마다 평균 100달러의 비용을 들여 교체해야 한다는 사실을 왜 알려주지 않을까요?"

"부품들을 식기 세척기를 사용하면 안 되고 직접 손으로 세척해 건조해야 한다는 사실을 왜 말하지 않을까요? 하나하나 손으로 씻어야 한다면 너무 번거로운 일 아닙니까?"

지금 당신은 엄청나게 큰 도끼로 경쟁 상품을 베어버리고 있다. 이해되는가? 판매를 가장 효과적으로 하려면 상품의 좋은 점을 말하는 데서 멈추면 안 된다. 당신의 사업이 망하길 바라는 경쟁자에게서 잠재고객을 떼어놓는 일도 해야 한다! 지금까지 우리가 무엇을 한 건지 이해되는가?

우리는 잠재고객의 마음에 프레임을 설정했다. 이때부터는 그들이 경쟁자의 카피를 볼 때 일반적인 상품 설명에 만족하지 않는다. 더 중요한 의미가 담긴 정보를 찾기 시작한다. 당신의 카피가 '소비자 도움'이라는 프레임으로 설정되었기 때문이다.

당신이 제공한 정보를 토대로 잠재고객은 앞으로 보게 될 모든 광고의 정보를 판단한다!

실제로 당신은 그들에게 새로운 맥락의 판단 자료를 제공했다. 그 자료를 준 사람이 바로 '당신'이다! 그 순간부터 잠재고객에게는 다른 광고의 주장을 판단할 정신적 프레임이 설정되었다. 100% 정직하고 사실에 근거한 정보만 사용한다면 놀라울 정도로 지혜로우면서 윤리적으로도 전혀 흠이 없는 이 전략을 사용하지 않을 이유가 없다.

기억하라. 당신 상품의 우수한 특징과 혜택만 말해서는 안 된다(이는 기본적으로 해야 하는 말이다). 혜택을 말하는 것에 더해 '의도적인 경쟁'을 하며 판매해야 한다.

당신의 상품이 얼마나 훌륭한지 말하는 것에서 그치지 마라. 당신이 제공하는 혜택을 '많은 경쟁자'는 제공하지 않는다는 사실을 의도적으로 말하라. 그 차이를 알겠는가? 단순한 판매자가 아니라 소비자의 대변인처럼 행동하며, 그들이 조심해야 할 문제를 알려주어야 한다. 그렇게 하면 다음과 같은 장점이 생긴다.

▶ 잠재고객에게 가치 있는 구매 서비스를 제공하게 된다.
▶ 비유하자면 잠재고객에게 예방 주사를 놓는 것과 같다. 그들은 경쟁자의 사이트에서 접하는 주장에 의문을 품고 당신의 상품을 더 신뢰하고 선택할 준비가 되어 있다.
▶ 누구도 말하지 않는 '업계 내부'의 정보를 알려주는 것이다.

- ▶ 이러한 정보를 제공함으로 잠재고객의 마음에 프레임을 설정한다. 그러면 그들은 다른 판매자들의 주장을 비판적 시각으로 보게 된다.
- ▶ 물건을 구매한 후 구매자의 후회가 생길 가능성을 줄여준다. 구매 결정을 하는 데 사용하던 필터가 완전히 바뀌었고 그래서 상품에 대한 기준이 생겼기 때문이다. "뭐가 좋고 뭐가 나쁜지 모르겠어"라고 말하던 소비자가 "이건 A와 B, C 때문에 더 우수해. 다른 상품에는 그 특징이 없지. 그래서 나는 좋은 결정을 내렸어."라고 말할 수 있게 된다.

궁극적인 결과로는 잠재고객은 당신을 자신의 편이라고 느낀다. 구매 결정에 도움을 준 사람이 당신이기 때문이다.

경쟁자는 소비자에게 본인의 물건을 사라는 말밖에 안 한다. 하지만 당신은 이렇게 말한다. "우리 제품이 더 우수합니다. 왜냐하면 ~하기 때문이죠. 그리고 조심해야 하는 문제들이 있습니다. 시장에는 형편없는 상품이 너무 많아 실망과 불만을 초래할 수 있기 때문입니다. 우리는 자사 상품이 최고라고 생각합니다. 하지만 당신이 어떤 회사의 프렌치 프레스를 구매하든 최고의 선택을 하려면 반드시 기억해야 할 중요한 사항이 있습니다. 그것은…"

따라서 잠재고객이 당신의 광고를 기억하기를 가만히 앉아서 기다리지 말고 비판적 의문을 품을 정보를 제공해야 한다. 이는 곧 잠재고객이 경쟁자의 광고를 볼 때 비판적으로 생각하도록 그들의 뇌를 훈련시키는 것이다. 이 전략은 잠재고객이 경쟁자의 카피를 보면서 불만을 품게 유도한다. 즉, 경쟁자의 주장에 잠재고객이 넘어가지 않도록 예방 주사를 놓는 것이다.

이 전략의 본질은 경쟁자가 자신의 판매 사이트에 기재하지 않은 부정적 정보를 모두 알려주는 것이다. 이제 새로운 정보로 무장한 소비자는 당신의 상품과 다른 상품을 더욱 비판적으로 비교할 수 있다. 물론 이때 그들의 마음에는 당신의 상품이나 서비스를 더 호의적으로 보려는 의도가 있다. 당신이 그들을 돌보고 보호하며 더 나은 소비자가 되도록 가르치고 있기 때문이다. 그러면 당신에 대한 소비자의 인식은 어떻게 변할까?

매우 긍정적인 인상으로 바뀐다. 소비자는 당신 덕분에 미처 생각하지 못했던 문제를 깨달았기 때문이다. 그들이 몰랐다면 현명하지 못한 구매 결정을 내려 실망하고 돈만 낭비했을지도 모른다. 당신이 그 위험에서 그들을 구해준 셈이다. 최종 결과는 과연 어떻게 될까? 당신을 '엄청나게 신뢰'하게 된다!

소비자가 당신을 신뢰하면 당신의 주장과 카피 역시 신뢰하게 된다. 이것이야말로 광고를 믿게 만드는 가장 이상적인 방법이다. 물론 경쟁 상품보다 더 나은 혜택을 제공해야 한다. 판매하는 상품이 우수하다면 그 장점을 명확하고 효과적으로 전달해야 한다.

다른 예를 들어 설명하겠다. 이번에는 당신이 웹디자이너라고 해보자. 당신은 다양한 사업자를 위한 랜딩 페이지와 웹사이트를 제작한다. 대부분의 웹디자이너는 웹사이트를 판매할 때 어떻게 만들었는지에만 집중한다. 이 사이트는 이렇고, 저 사이트는 저렇고 등의 말만 하는 것이다. 아, 물론 어떤 사이트에 대해서는 매우 빠르고 전문적이라고 말하며 고객의 만족을 장담할지 모른다. 하지만 그런 사이트가 경쟁 상품을 물리치고 판매되는 경우는 극히 드물다.

도대체 왜 못 파는 걸까? 왜 그렇게 어리석은가! 당신의 잠재고객은 곧 경쟁자의 카피에 노출되고 만다. 그들이 그 카피를 보기 전에 예방 주사를 놓지 않는 행동은 완전히 미친 짓이다!

웹디자이너의 입장이 되어서 생각해 보자. 당신이 웹디자이너라면 무슨 말을 해야 할까?

당신이 설계한 웹페이지가 미적으로 얼마나 뛰어나고 어떤 효율적인 기능을 갖췄는지 말해야 한다. 거기에 더해 '예방 주사'도 필수로 놓아야 한다! 많은 웹디자이너가 진부하고 촌스러운 템플릿(template, 홈페이지에 매번 반복되는 이미지나 구조를 저장한 양식 -옮긴이)을 사용해 수많은 사이트가 비슷한 수준으로 보인다는 사실을 알려주어야 한다. 그들이 48시간 만에 하나의 웹페이지 제작을 끝내고 다른 웹페이지 제작을 시작하는 것은 놀라운 일이 아니다. 대부분의 웹디자이너는 그저 텍스트와 이미지를 붙여 넣는다. 독창적인 작업은 전혀 하지 않는다!

또한 영어를 모국어로 사용하지 않는 사람들이 웹페이지를 제작하는 경우가 흔한데, 많은 사람이 그들에게 웹페이지 제작을 맡긴다. 따라서 당신이 어떤 언어를 모국어로 사용하든, 영어를 완벽하게 구사한다는 사실을 강조해야 한다. 영어가 유창하지 않은 웹디자이너는 실수를 많이 하고 의사소통이 어렵지만 당신은 다르다는 점을 분명히 알려야 한다.

경력 역시 매우 중요한 요소다. 10년 혹은 20년의 경력을 가지고 있다면, 반드시 이를 강조하라. 많은 웹디자이너가 최근에서야 디자인 소프트웨어를 구매했다는 점, 일부 웹디자이너는 첫 고객 수십 명을 연습 대상으로 삼고 있다는 점을 말해주어야 한다.

이런 질문을 던져라. '그들이 웹디자인에 대한 심리학적 지식을 깊이 알고 있을까? 어떤 색상이 구매자에게 영향을 미치는지 알고 있을까? 어떤 글씨체가 가장 가독성이 좋은지 알까? 글씨체에 관한 많은 연구 내용을 들어본 적이 있을까? 연구 결과를 바탕으로 글씨체를 선택할까 아니면 단순히 가장 마음에 드는 글씨체(혹은 어린 딸이 좋아하는 글씨체)를 사용할까? 혹시 템플릿 제작만 알고 글씨체에 대한 깊은 이해 없이 단순히 익숙한 글씨체를 사용하는 것은 아닐까?'

지금 우리가 무엇을 하고 있는지 알겠는가? 그렇다. 예방 주사를 놓고 있다.

우리는 판매자 대부분이 절대 쓰지 않는 전략을 펴고 있다. 즉, 경쟁자에게 불리한 정보를 소비자에게 알려주며 판매하는 것이다. 무엇을 조심해야 하는지 사람들에게 가르쳐야 한다. 잠재고객이 경쟁자의 카피를 보기 전에 어떤 문제를 비판적으로 보아야 하는지 가르쳐라.

다른 예도 살펴보자. 당신이 온라인과 오프라인에서 호신술 학원을 운영한다고 가정하자. 그럴 때 그저 무엇을 가르치는지, 강사가 얼마나 훌륭한지, 한 달 수강료가 얼마인지, 신규회원은 줌(Zoom)을 통해 어떻게 무료 테스트를 받는지 정도만 말하는가?

영리한 광고인은 그런 방식으로 광고하지 않는다. 그리고 이 책을 읽은 사람이라면, 같은 실수를 반복하지 않고 다음과 같이 실행할 것이다.

예방 주사를 놓는다! 잠재고객(즉 잠재 신규 회원)에게 당신이 가르치는 방식을 알려줌으로써 예방 주사를 놓을 것이다.

① 가장 실용적인 호신술만 **가르친다**.
② 위험한 상황에서 빠져나갈 수 있는 기술 십여 개를 **가르친다**.
③ 자녀가 괴롭힘을 피할 수 있는 검증된 비법을 **가르친다**.
④ 우위를 확보하는 전술을 **가르친다**. 우스꽝스러운 하이킥을 날리는 현란한 할리우드 액션과는 다른 전술을 훈련한다. 복잡한 발동작으로 상대를 교란하다가는 본인만 심각한 부상을 입거나 더 치명적인 해를 입을 수 있기 때문이다.

여기서 멈춰야 할까? 아니다. 강사의 이력을 얼마나 철저히 검토한 후 채용했는지 말하며 그들의 평균 경력이 22년임을 알려준다(다른 호신술 학원은 강사의 이력을 전혀 검토하지 않고 종종 학생들을 고용해 가르친다. 비용 절감과 이윤 증가를 위해 실제로 그렇게 한다. 당신이 운영하는 호신술 학원은 그런 곳과 다르다는 점을 알려주어야 한다).

이러한 광고가 얼마나 차별화되는지 알겠는가? '다중 접종' 전략이 경쟁자의 주장으로부터 당신의 사업을 어떻게 보호하는지 이해하였는가?

여기서 우리는 USP(Unique Selling Proposition), 즉 차별화된 요소를 간략하게 설명하고 있다. 잠재 신규 회원이 당신의 학원에 등록하기 전 다른 학원을 둘러볼 때 무엇을 비판적으로 봐야 하는지 알려주는 것이다.

그렇다면 이제 멈춰야 할까? 절대 안 된다! 지금부터 시작이다.

이제 체육관에서 직접 훈련하는 이야기를 하면서 학원을 얼마나 자주 청소하는지, 얼마나 깔끔한 상태를 고집하는지도 말해야 한다. 바닥, 장비, 화장실 어느 부분에도 더러움을 용납하지 않는다는 것을 알려주어라! 다른 호신술 학원은 왜 청결함을 언급하지 않을까? 아마 호신술 학원 대부분이 아주 심하게 더럽기 때문일 것이다.

그리고 다른 호신술 학원과는 달리 수강생들에게 '훈련의 일환'이라며 청소를 시키지 않는다는 것도 이야기하라. 실제로 학생들에게 청소를 시키는 호신술 학원이 있다. 수강생에게 청소를 시키다니 정말 어처구니없는 일이다. 당신은 이렇게 말하면 된다.

"우리는 많은 호신술 학원처럼 학생들에게 대걸레질을 시키지 않습니다. 여러분은 호신술을 배우러 오는 것이지, 청소를 하러 오는 것이 아닙니다. 수강생에게 청소를 시키는 것은 매우 잘못된 관행이며, 우리 학원은 그런 짓을 절대 하지 않습니다."

이처럼 수강생들을 존중하기에 전문 청소업체를 고용했다는 점을 알려주어야 한다. 전문 청소업체가 학원을 정기적으로 방문해 쓸고 닦고 오염을 제거한다. 항균 세정제로 화장실과 체육관 바닥을 소독해 무좀과 질병 확산을 막는다. 다른 학원은 청소를 자주 하지 않아 바닥에 머리카락 뭉텅이가 나뒹굴고 먼지가 수북하게 쌓여 발가락 사이에 끼는 경우가 많다. 수업이 끝나면 정체불명의 더러운 물질이 발을 뒤덮어 아주 더러워진다!

당신을 웃기려고 이런 예를 든 게 아니다. 실제로 광고에서 이런 식으로 말해야 한다!

아직 끝나지 않았다. 호신술 학원들은 승급 테스트를 돈벌이 수단으로 삼으니 조심하라고 알려주어야 한다. 저렴한 수강료로 회원을 유인하려고 쓰는 방법임을 알려주어라. 귀찮게 자꾸 내라고 하는 테스트 비용을 반드시 언급하라! 그리고 학원에 대한 만족도와 상관없이 최소한 1년 동안 계약 해제를 금지하는 합법적 약정이 얼마나 터무니없는 조건인지도 꼭 말해야 한다!

당신이 이런 내용을 다 말할 때쯤이면 잠재 신규 회원이 경쟁 학원을 둘러보기로 했을 때는 이미 완전히 무장된 상태일 것이다! 그리고 당신의 말이 전부 사실이기에 경쟁자는 당신을 미워할 것이다.

일부 사람은 당신이 해준 말이 무척 마음에 들어서 그 자리에서 바로 등록할지도 모른다. 당신이 그들의 마음을 안심시켰기 때문이다. 경쟁자를 물리치고 판매할 수 있다! 상품에 대해 그저 '말'만 하는 게 아니라 경쟁자의 상품과 비교해 알려줌으로써 이 전략을 강력하게 활용할 수 있다. 당신의 학원이 얼마나 더 나은지, 당신은 무엇을 제공하며 경쟁자가 제공하지 않는 요소가 무엇인지 보여주는 것이다. 이러한 전략은 『캐시버타이징』의 '소비자 심리학의 원칙 17 휴리스틱 - 길수록 강하다' 파트와 '주변 경로(주변 경로 대 중심 경로)' 과정에서 논의한 점을 활용한다.

기억을 되새겨보자. 휴리스틱(heuristics)은 구매 결정을 할 때 정신적 노력을 많이 할 필요가 없도록 단서와 지름길을 제공해준다. 인간은 일반적으로 쉬운 길, 즉 지름길을 좋아한다. 그래서 비교표가 제공해 주는 내용을 잘 받아들인다. 잠재고객이 여러 선택지를 살펴보면서 어떤 게 더 나은지 알 수 있도록 상품 차이를 설명한 사용 후기를 골라 보여주어야 한다.

예를 들어 다음과 같은 막연한 후기는 사용하지 말아야 한다.

"이 학원은 훌륭한 강사가 있는 좋은 학원이에요. 정말 많은 점을 배웠습니다. 놀라운 일이에요! 우리 아이들도 이 학원을 좋아해요. 지금 등록하세요. 후회하지 않을 겁니다!"

이런 후기는 예방 주사를 놓지 못한다!

물론 나쁘지 않은 후기처럼 보인다. 그렇지 않은가? 하지만 이런 후기로는 목표를 달성하지 못한다. 즉, 잠재고객이 경쟁 학원에 '불만'을 품는 법을 가르치지 못한다. 또 주요 목표인 학원의 강점을 전달하지 못한다.

따라서 그런 막연한 후기 말고 더 강력하고 구체적인 후기를 사용해야 한다. 다음과 같은 방식이다.

"와, 정말 다릅니다! 이 학원의 강사들은 참을성이 있어요. 그들은 장사꾼이 아닙니다. 이 학원은 훈련 자체에 집중하며, 수강생들에게 실용적인 기술을 쉽고 효과적으로 가르쳐줍니다. 그리고 학원 내부는 늘 깨끗하게 유지되고 있어요. 또한 학원에서 번거로운 계약이나 불필요한 승급 테스트 비용을 요구하지 않아 더욱 신뢰할 수 있습니다. 강력 추천합니다!"

구매자의 목소리가 경쟁자를 이긴다

당신의 상품에 만족한 고객에게 후기를 요청하라. 또는 특정 문제에 대해 그들의 의견을 듣고 싶다고 말하라.

이렇게 질문하면 된다. "우리 학원에 대해 어떻게 생각하십니까? 강사나 학원 청결도는 어떤가요? 등록하라며 귀찮게 설득하지 않고 승급 테스트에 지나친 비용을 청구하지 않는 점에 대해 어떻게 생각하는지 의견을 듣고 싶습니다."

그들은 당신이 원하는 바로 그 대답을 자신의 말로 전해줄 것이다! 그러면 당신은 시장에서 사용할 수 있는 성능이 탁월한 총알을 얻은 셈이다. 이제 경쟁자를 해치울 수 있다. 여기서 멈추지 마라! 전력을 다해 '무료 보고서'를 만들어 광고하라. 이 보고서를 통해 잠재 회원에게 좋은 학원을 선택하는 방법을 가르쳐라.

무료 보고서에 다음과 같이 소비자 대변인의 호소로 제목을 달아라.

"무료 보고서는 자녀가 호신술 학원에 등록할 때 조심해야 하는 12가지 충격적인 사실을 알려준다"

보고서를 통해 무엇을 조심해야 하는지 정확히 알려주어라. 그러면 '당신의 경쟁자에게 불만을 품는 방법'을 알려주는 안내서를 잠재고객의 손에 쥐어주는 셈이 된다. 이 전략은 당신의 사업에도 도움이 된다. 경쟁자는 당신을 미워하겠지만 당신은 경쟁자가 예상하지 못한 전략을 쓰며 많은 돈을 벌게 될 것이다. 어떻게 기쁘지 않겠는가.

당신의 상품과 서비스만 말하는 것은 마력을 절반으로 줄이고 차를 모는 거나 마찬가지다. 당신의 임무가 경쟁자를 쉽게 승리하게 해주는 게 아니지 않는가! 당신은 판매하는 상품에 대해 알려야 할 뿐 아니라 경쟁자가 고객을 낚아채는 일을 최대한 어렵게 만들어야 한다.

그렇게 할 수 있는 한 번의 기회가 있는데, 바로 잠재고객이 당신의 카피를 읽을 때다! 따라서 혜택만 나열하는 카피를 작성해서는 안 된다. 그런 식의 카피로는 잠재고객이 당신의 사이트나 광고를 떠난 후에 다시 돌아오기를 바랄 수 없다. 잠재고객이 당신의 사이트에 머물며 카피를 읽는 동안 경쟁자의 사이트에 있는 카피가 힘을 잃게 하라. 그렇게 해서 잠재고객이 당신에게 확실히 돌아오도록 해라.

소비자의 마음을 훔치는 온라인 광고의 비밀

고객의 마음을 사로잡아 클릭을 돈으로 바꾸는
확실한 심리 마케팅 공식 27가지

온라인 광고 비밀 #1
동료 추천에 담긴 심리학

팩트: 구매는 겁나는 일이다. 사람들은 당신의 상품을 쉽게 사지 못한다. 몇 시간 동안 힘들게 조사하고 고민한 다음에야 물건을 산다. 게다가 당신이 판매하는 상품은 의식주나 약처럼 반드시 구매해야 하는 생필품이 아니다. 당신의 상품이 과연 필수품일까? 사실 대부분에게 있어도 그만 없어도 그만인 상품일 것이다.

이제 소비력을 생각해 보자. 미국 연방준비제도의 「2019 소비자 금융조사(Federal Reserve's 2019 Survey of Consumer Finances)」에 따르면 평범한 미국 소비자의 평균 은행 예금 잔고는 5,300달러에 불과했다.

미국 금융 회사인 뱅크레이트(Bankrate)에 따르면 의료 비용이나 자동차 수리, 집수리 등 예상치 못한 비용으로 1,000달러 정도를 지출할 수 있는 가정은 미국 가정의 절반도 되지 않았다.

생활비, 대출, 자동차 할부, 가스비, 자동차 수리 및 유지비, 식료품비, 주택 유지비, 의류비, 건강보험, 그 밖에 많은 금융 문제들이 생활비를 차지한다. 미국의 평균 신용카드 빚은 5,221달러다. 경제적 여유가 없는 상황에서 빚의 이자가 계속해서 빠져나가니, 소비할 돈이 더 없다. 1986년 세제 개혁법이 미국 의회를 통과하면서 신용카드 이자가 소득공제 항목에서 빠진 것도 한몫한다.

이렇게 열악한 상황에서 광고인은 소비자들에게 지갑을 열라고 요구하고 있다. 그들이 과거에 얼마나 많은 상품에 속았는지 잊지 마라. 많은 소비자가 과거의 사기꾼들에게 '고마움'을 느끼며 광고를 경계한다. 우리의 일이 얼마나 더 어려워졌겠는가.

한숨이 나오지 않는가? 사람들은 광고를 본다고 해서 쉽게 돈을 쓰지 않는다. 따라서 매우 설득력 있게 호소해야 한다. 그들의 진짜 필요나 욕구를 자극하는 요소를 활용해야 한다. 경계심 없이 신용카드를 꺼내고 구매 버튼을 누르게 만들어야 한다.

적당한 가격과 훌륭한 혜택이 있는 상품을 통해 소비력이 있는 소비자의 흥미를 자극했는가? 그 상품을 쉽게 주문할 수 있게 했는가? 그렇다면 그다음 직면하는 가장 큰 장애물은 다음 두 가지에 대해 소비자를 설득하는 것이다. 먼저, 당신의 주장은 사실이다. 두 번째로, 소비자의 주문을 이행할 것이다. 또한 상품이 소비자의 마음에 들지 않으면 고객 서비스를 통해 해결할 것이다.

그렇다면 어떻게 설득해야 할까? 가장 좋은 방법이 있다. '위험을 감수하고 먼저 구매한' 고객의 긍정적 후기를 사용하는 것이다. 망가진 신호등의 빨간불 앞에 멈춰 선 자동차 행렬을 생각해 보라. 모두가 먼저 출발하는 것을 두려워한다. 하지만 신호등이 망가져 녹색불로 바뀌지 않는다는 사실을 알고 있다. 이 심리가 바로 잠재고객의 마음일 수 있다. 그들의 머리에는 '만약 ~라면'이라는 무서운 생각이 가득 차 있다.

사실 그들은 다른 사람이 먼저 출발하기를 바란다. 자신 말고 누구라도 먼저 해보기를 바라는 것이다. 용감한 영혼의 소유자가 먼저 나아가면 무슨 일이 생길까? 나머지가 다 따라간다! 그 이유는 용감한 사람이 먼저 출발했는데도 아무 문제가 없는 상황을 지켜봤기 때문이다. 사고를 당하거나 체포당하거나 죽지 않았다. 용감한 사람의 행동은 전진해도 좋다는 사회적 증거를 제시했다. 불안은 줄어들고 새로운 확신이 생기면서 나머지 사람들도 모두 안도감을 느끼며 따라간다.

● **먼저 하고 싶지 않아. 당신이 먼저 해!**

몇 년 전 '공포에 맞서기'라는 모험에 참여한 적이 있다. 나는 캘리포니아주 산타로사의 가파른 절벽 꼭대기에 섰다. 절벽 끝에는 나무판자가 연결되어 있었다. 그 판자 끝에는 훨씬 더 좁은 나무판자가 못으로 이어졌다. 바로 아래로는 커다란 소나무가 빼곡하게 들어차 있는 협곡이었다. 좁은 나무판자 끝에는 X라는 글자가 빨간색으로 대충 적혀 있었다. 내가 해야 할 일은 집라인 장치를 착용한 후(살면서 그렇게 긴 집라인은 본 적이 없었다) 그 나무판자를 걸어가서 빨간색 X 표식 위에 서는 것이었다. 반대편 땅에는 안내원이 있었지만 너무 멀어 육안으로는 잘 보이지 않았다.

운이 좋게도 나는 나보다 먼저 출발한 십여 명의 참가자들을 보았다. 모두가 목이 찢어지게 비명을 지르며 수십 미터 아래로 빼곡한 나무가 있는 협곡을 빠른 속도로 날아갔다. 그리고 반대편 땅 어딘가로 사라졌다.

결론: 나도 했다. 여기서 질문을 하나 하고 싶다. 당신이 나처럼 위험한 모험을 해야 하는데 당신보다 먼저 뛰어내린 사람을 보지 못했다면, 즉 당신이 그 모험을 하는 유일한 사람이거나, 맨 처음 하는 사람이라면 집라인 바를 잡고 좁은 나무판자에서 뛰어내릴 가능성이 과연 얼마나 될까?

고장 난 신호등 앞에 선 차량이나 좁은 나무판자에서 뛰어내려야 하는 상황, 이 두 가지 시나리오에서 생기는 두려움이 '구매 버튼'을 클릭하기 전에 잠재고객의 머리를 휩쓸고 소용돌이를 일으키는 고민이나 두려움과 크게 다르다고 생각하는가? 다르지 않다. 두 상황의 핵심은 두려움이다. 어떤 종류의 두려움이건 그 감정은 잠재고객의 사고를 마비시킨다. 그리고 '행동하지 않음'이라는 한 가지 행동을 하게 한다. 아무리 잘 만들어진 광고라도 잠재고객이 행동하지 않으면 실패할 수밖에 없다.

> 이 세상에서 사람을 가장 많이 무너뜨리는 것은 두려움이다.
> – 랄프 왈도 에머슨(Ralph Waldo Emerson)

연구자들이 조사한 바에 따르면 소비자의 92%가 동료의 추천을 신뢰한다. 또 70%는 전혀 모르는 사람의 추천도 믿는다. 그래서 후기와 추천이 매우 효과적이다. 상품의 실제 후기나 사용자 경험, 비교표 등 이 모든 요소들을 광고에 포함해야 한다. '당신의 광고에 이런 요소들이 들어 있는가?' 정말 중요한 질문이다.

의뢰인과 상담하다 보면 그들은 사회적 증거의 중요성을 이해하지만 이를 전혀 사용하지 않는다고 말한다. 이는 잠재고객에게 절벽에서 먼저 뛰어내리라고 하는 거나 마찬가지다. (그러면 어떤 불상사가 일어날까?) 따라서 두려움을 제거해주고 행동을 촉구하는 가장 강력한 후기나 사례를 광고에 포함해야 한다. 어디에 사는 누구의 후기인지 구체적으로 밝혀라. 해외 구매 상품이라면 구매자가 어느 국가인지까지 알려라. 당연히 영상 후기가 가장 좋다. 영상 후기를 당신의 웹사이트에 포함하라. 잠재고객이 더 많은 정보를 얻으려고 당신의 광고를 클릭할 때 바로 볼 수 있게 설계하라.

대규모의 팔로워가 있는가? 그 수치를 광고에 넣어라! '14만 5,000명이 넘는 팔로워가 있으며 그 수는 점점 늘어나고 있다!'고 알려라. 첫 매출이 아직 이루어지지 않았더라도 인기를 자랑하면 당신의 주장에 신뢰성이 더해진다. 인기가 있다는 것은 많은 사람이 당신의 말을 믿는다는 뜻이다. 이는 사람들이 당신의 상품을 괜찮게 생각한다는 것을 암시한다. 구경꾼에서 구매자로 바뀌는 데는 생각보다 오래 걸리지 않는다. 양팔 저울을 생각해 보라. 왼편에는 '회의론'이 있고 오른편에는 '믿고 싶은 열망'이 있다. 회의론을 잠잠하게 만들려면 오른편의 무게를 무겁게 해야 할 필요가 있다. 어떻게 하면 될까? 이제 그 방법을 알려주겠다. 그대로 따라하라.

1. **전문가의 생각을 알려주어라.** 높은 안목을 지닌 전문가가 당신의 상품을 평가한다면 구매자는 그들의 의견을 신뢰한다. 구매자는 "이봐, 전문가들은 판매자의 설명을 잘 알고 있어. 그들이 인정하는 상품이라면 괜찮을 거야."라고 말한다.
2. **당신의 상품을 구매한 고객들의 생각을 알려주어라.** 당신의 고객은 이미 '위험한' 단계를 거쳐 구매하고 상품을 받아 사

용하고 있다.

3. **인플루언서의 생각을 알려주어라.** 이유는 모르겠지만 많은 팔로워가 인플루언서나 유명 인사의 의견을 따른다. 그들이 평범한 사람들보다 더 똑똑하거나 현명하지는 않지만 팔로워들은 "카다시안 가족(Kardashians)이 좋아한다면 멋진 상품일 거야!"라고 말한다. 필요하다면 '온라인 광고 비밀 4: 인플루언서의 답장을 받는 방법'을 살펴보라. 판매에 도움이 된다면 그들에게 연락해 당신의 상품을 사용하게 만들 수 있다.

4. **언론의 생각을 알려주어라.** 많은 사람이 '신문에 기사로 보도되는 내용은 틀림없는 사실일 거야'라고 생각한다. (사실은 그렇지 않다!) 당신의 상품이나 서비스와 관련해 뉴스거리가 되는 요소는 무엇인가? 언론에서 관심을 갖고 기사로 다룰 만한 특징을 찾아내야 한다! 기자들은 기삿거리를 끊임없이 찾고 있다. '뉴스'를 만드는 탁월한 아이디어 한 가지는 당신이 판매하는 상품과 관련된 설문조사를 하는 것이다. 아니면 기존 조사나 통계를 활용하는 것도 좋은 방법이다.

예: 당신이 어린이용 중저가 디지털카메라를 위탁 판매한다고 해보자. (부모들은 자녀가 값비싼 스마트폰을 박살 내거나 스마트폰으로 호두를 까는 상황을 원하지 않는다) 구글에서 20초 만에 찾은 훌륭한 통계를 소개하겠다. '2022년, 53억 개의 스마트폰이 쓰레기가 된다' 믿을 수

있는가? 망가진 스마트폰이 그렇게 많다니! 액정이 깨지는 건 또 어떤가? 아이폰의 액정 수리비는 미국 기준 130~300달러 사이다. 안드로이드폰의 액정도 80~480달러의 수리비가 든다. 이러한 충격적인 수치가 광고의 헤드라인을 멋지게 장식할 것이다. 거기에 부모를 위한 정보를 함께 제공하면 된다. '자라나는 새싹인 미래의 사진사에게 줄 창의적인 장난감을 찾으시나요? 저렴한 키드캠(Kiddcam)(원하는 대로 이름을 지어도 좋다)이 현명한 선택입니다'라는 정보를 부모에게 알려주는 것이다.

　스마트폰 파손에 대한 통계와 정보를 모두 알려준 다음 친절하게 말하라. "부모가 선택할 수 있는 현명한 대안 중 하나는 (회사 이름)에서 제작한 튼튼한 키드캠처럼 저렴한 디지털카메라를 자녀에게 사주는 겁니다. 단 29.95달러의 비용으로 꼬마 사진사는 약 1,000장의 선명하고 아름다운 사진을 찍을 수 있습니다." 이제 이해됐을 것이다. 당신은 상품이나 서비스 판매에 도움이 되는 뉴스를 만들 수 있다.

　온라인에서 커피 원두를 판매하는가? 비싼 카페에서는 마트에서 파는 원두와 비슷한 원두를 사용해 커피 한 잔을 팔아 엄청난 수익을 챙기고 있다는 사실을 폭로하는 기사는 어떤가? 사실 4달러짜리 커피를 집에서는 단돈 25센트에 만들어 마실 수 있다. 직장인 심리를 연구하는 심리학자 빌 디먼트(Bill Dyment)는 「포브스(Forbes)」에 이런 말을 썼다. '계산기를 두들겨보면 하루 한 번씩 커피를 사마시는 대신 그 돈을 평균 이자를 주는 저축에 투자한다면 30년 동안 13만 3,000달러를 모을 수 있다는 계산이 나온다. 이 금액으로 사파리 투어를 25번이나 할 수 있고 근사한 유럽 여행도 할 수 있다. 또 아주 멋진 자동차를 구매하거나 은퇴 후 필요한 비용에 충당할 수도 있다.' 이처럼 충격적인 통계를 사용해 보도자료를 작성해 보라.

프리미엄 면 기저귀를 판매하는가? 미국 소아과협회의 말을 인용하라. '아기가 태어난 가정에서는 첫해에만 일회용 기저귀 구매에 936달러 가까이 쓴다. 처음 2년 동안은 6,000개의 기저귀를 구매한다. 이 중 92%가 쓰레기 매립지에 묻힌다. 땅에 묻힌 일회용 기저귀가 분해되는 데는 500년이 걸린다. 하지만 면 기저귀는 50번에서 200번까지 재사용할 수 있다.'

이러한 통계를 사용해 눈길을 사로잡는 자료를 작성할 수 있다고 생각하는가? 장담하는데 당연히 그렇게 할 수 있다. 한마디로 당신은 수많은 광고 자료를 공짜로 얻을 수 있다는 말이다.

간단한 공식은 이렇다. ① 뉴스거리가 되는 강력한 헤드라인을 만들어라. ② 헤드라인을 설명하는 첫 문단을 설득력 있게 작성하라. ③ 문제의식을 일으켜라. ④ 해결책을 소개하라. ⑤ '일부 사람이' 당신의 상품을 유용한 해법이라고 생각한다는 사실을 말하라. 이 과정에서 상업적인 느낌은 지워야 한다.

5. 당신의 상품 광고에 공유와 '좋아요'가 얼마나 많은지 알려라. 이 방법은 '밴드왜건 효과'를 활용하는 것이다. 인간은 사회적 존재라 어딘가에 소속되기를 원한다. 그 심리를 이용하는 방법이다. 여기서 당신이 이용할 수 있는 3가지 유형의 집단을 간단히 살펴보자.

▶ **동경 집단** - 구성원으로 '속하고 싶은' 집단
▶ **연합 집단** - 이상과 가치를 '공유하는' 집단
▶ **기피 집단** - 구성원으로 '속하고 싶지 않은' 집단

당신의 상품이나 서비스를 이 세 집단 중 한 집단과 연결하라. 그러면 자신이 속한 집단 또는 속하고 싶지 않은 집단만 생각하며 구매를 결정하도록 구매자를 설득할 수 있다. 이 방법은 구매자가 상품에 대해 적극적이고 깊게 분석하는 행동을 방해한다.

'사람들이 모두 그 회사를 좋아한다면 분명히 좋은 이유가 있을 거야!' 이러한 생각이 들면 전혀 모르는 사람의 후기를 보고도 상품을 구매할 가능성이 크다. 다른 사람의 생각을 듣는 것은 좋은 방법이다. 혹시 누가 아는가, 그들도 나와 같은 기준을 가지고 있을지. 특정 브랜드의 냉동 피자를 좋아하는 100명은 어쩌면 그보

다 더 맛있는 피자를 먹어본 적이 없어서 그 피자가 최고라고 말할지 모른다. 하지만 그런 후기도 다른 사람의 심리에 영향을 미친다. 경쟁자는 열매를 따고 있는데 당신은 뿌리를 연구하고 있을 것인가? 부끄러워하지 마라. 당신의 인기를 자랑하고 검증된 방법을 이용하라.

● **어떤 사회적 증거가 가장 믿을 만한가?**

이제 우리는 사회적 증거가 강력한 효과를 가진다는 사실을 확인했다. 그렇다면 어떤 유형의 사회적 증거가 가장 효과적일까? 이를 알아보기 위해 몇 가지 중요한 통계를 살펴보자.

▶ **소비자의 88%**는 지인의 추천만큼 사용자 후기를 신뢰한다.

▶ **평균적으로 소비자**는 구매 결정을 하기 전에 10개의 온라인 후기를 읽는다.

▶ **소비자의 57%**는 최소한 별 4개 등급을 받은 상품만 구매한다. (조언: 당신이 후기를 모았다고 해보자. 비록 후기가 10개뿐이더라도, 평균 등급이 별 4개 이상이라면 그 사실을 반드시 강조해야 한다. 이렇게 말하라. "100% 평균 별 4개 후기!")

▶ **소비자의 13%만** 별 2개 이하 등급을 받은 회사와 거래한다고 말한다.

▶ **소비자의 80%**는 별 4개나 4개 반, 5개를 받은 상품을 가장 신뢰한다고 말한다.

> 훌륭한 광고는 단순히 정보만 전달하는 게 아니라
> 욕망을 자극하고 신뢰를 전달해 대중의 마음에 침투한다.
> – 레오 버넷(Leo Burnett)

브라이트로컬(Brightlocal, 미국의 마케팅 관련 회사 -옮긴이)의 한 전문가 말에 따르면 소비자들은 지역에서 생산되는 상품 및 서비스를 구매할 때 전보다 더 적극적으로 후기를 읽는다. 예를 들어 지역 업체에서 상품을 구매할 때 '항상' 또는 '자주' 후기를 읽는다고 한 사람이 2021년에 77%였다. 이는 전년도 60%에서 크게 증가한 수치다.

- **구매자의 67%는** 상품을 써보고 긍정적인 경험을 하면 **후기를 남길 생각을 한다.** 한편 40%는 부정적인 경험을 했을 때 후기를 쓰려고 한다. 따라서 화난 구매자의 마음을 달래주어야 한다. 이런 구매자들은 불만 후기를 여러 곳에 게시할 가능성이 높으며, 그로 인해 환불 비용보다 더 큰 판매 손실이 발생할 수 있다. 기분 좋게 환불해 주는 것이 장기적으로 봤을 때 훨씬 낫다. 화난 구매자를 그대로 방치하는 것은 아무런 가치가 없다.
- **소비자의 89%는** 온라인 후기에 일일이 댓글을 다는 회사의 상품을 구매할 확률이 **'매우' 높다.** 회사가 긍정적인 후기나 부정적인 후기에 모두 답변할 만큼 고객에게 관심을 갖는다는 사실을 알려라. 이 방법

은 대단히 효과적이다. 그러나 안타깝게도 내가 관찰한 대부분의 회사는 그렇게 하지 않는다. 이런 행동은 '그래, 상관없어. 우리는 30초의 시간을 들여 답변할 만큼 당신의 의견을 중요하게 생각하지 않아.'라는 메시지를 은연중에 전달한다.

▶ **소비자의 57%는** 후기, 특히 부정적인 후기에 전혀 답변하지 않는 회사의 상품을 '웬만해서는' 혹은 '절대' 사지 않겠다고 말한다. '당신이 어떤 생각을 하든 관심 없다'는 태도는 ① 물건을 구매한 사람과 ② 다시 구매할 가능성이 있는 사람을 완전히 무시하는 거나 다름없다.

▶ **모든 후기에 답변하는 것을 전략으로 삼아라.** 나는 종종 상품을 헐뜯는 후기를 보지만, 사업자나 관리자의 성의 있는 답변을 읽고 나면 오히려 신뢰가 생겨 거래를 하게 되는 경우가 많다. 당신이 멕시코 레스토랑을 운영하고 있는데 온라인에 이런 후기가 올라왔다고 해보자. '웩! 이 식당의 과카몰리는 정말 끔찍해요! 마치 투탕카멘 무덤에서 꺼낸 썩은 아보카도로 만든 맛 같아요! 고대 역사를 배우고 싶다면 박물관에 가고 말지, 이 식당에는 두 번 다시 안 갈 거예요!' 이런 상황에서 다른 손님들이 과카몰리가 맛있다는 댓글을 남기지 않는다면, 결국 그 음식은 부정적인 느낌으로 남고 만다.

🔽 **이렇게 하라:** 언제나, 항상, 매번 답변을 달아라. 단 한 문장을 남기더라도 답변을 해야 한다. 앞의 상황이라면 사장이

나 관리자, 주방장이 3분 정도 투자해 이렇게 진실한 답변을 해야 한다. '과카몰리에 대해 솔직한 생각을 전해주셔서 대단히 감사합니다. 주방장으로서 고객님께 사과드리고 싶습니다. 우리는 소중한 고객님들께 언제나 최고의 요리를 제공하려고 노력합니다. 그런데 그런 음식을 드셨다니 마음이 매우 좋지 않습니다. 고객님의 의견을 알려주셔서 대단히 감사합니다. 우리 식당은 납품받는 모든 아보카도를 검사합니다. 매달 수천 상자의 아보카도를 검사하고 있습니다. 그런데 이 과정에서 지나치게 숙성된 아보카도들을 걸러내지 못한 것 같습니다. 부디 사과를 받아주시고 제 초대에 응해주시길 바랍니다. 방문해 주신다면 식사를 무료로 제공해 드릴 테니 맛있는 요리를 즐기시면 좋겠습니다.' 이렇게 답변하면 불만을 쏟아내며 두 번 다시 안 가겠다던 손님이 빠른 시일 내에 다시 식당을 방문하는 모습을 볼 수 있을 것이다.

이것이 바로 진정한 고객 서비스다. 그리고 이는 고객을 다시 만족시키는 것 이상으로 큰 효과가 있다. 잠재고객에게 그 식당이 고객 만족에 진정한 관심이 있다는 사실을 보여주기 때문이다. 또한 책임자가 주저하지 않고 상황을 바로잡으려고 하는 것도 알게 된다. 이해했는가? 답변 자체가 광고다! 사람들은 리뷰에 대한 답변을 광고라고 인식하지 않지만, 사실 잘 작성된 답변은 강력한 광고 효과를 낸다는 사실을 기억하라. 호의가 효과를 발휘하는 것이다. 이제 앞의 답변과 대조되는 형편없는 답변을 보자. '우리 식당의 과카몰리를 불평하는 사람은 손님이 처음입니다. 날마다 수십 건의 음식을 제공하지만 누구도 그런 식으로 불평하지 않습니다. 오히려 맛있다고 극찬을 하죠. 정말 우리 식당을 방문한 게 맞습니까?'

너무 비현실적이라고 생각할까 봐 확실히 말해두는데, 100% 현실적인 이야기다. 관리자가 고객이 실제 방문한 사람인지 의심하며 비난하는 답변을 본 것이 이번이 처음이 아니다. 사실 나도 불만을 제기했을 때 그런 답변을 받았다. 많은 사업가와 관리자는 부정적인 피드백을 자신의 자존심에 대한 공격이라고 생각한다. 제발 그렇게 행동하지 마라. 부정적인 반응을 무료 소비자 조사로 보아라. 이러한 피드백을 통해 운영 방식을 수정하고 더 많은 수익을 창출하는 데 도움을 받을 수 있다고 생각해야 한다.

▶ **소비자의 81%**는 구매하기 전에 검색을 통해 회사를 확인한다. 이는 2020년 63%에서 상승한 수치다. 오래전에는 구매자의 의견이 입에서 입으로만 전해졌다. 노인들은 사업을 하는 아들에게 이렇게 말했을 것이다. "아들아, 네가 이 마을에서 사업을 계속하려면 사람들

보기에 옳은 행동을 하는 게 좋단다" 입으로 전해지는 말도 이동한다. 하지만 그렇게 빠르지는 않다. 오늘날 우리는 컴퓨터, 스마트폰, 인터넷으로 연결되어 있다. 단 몇 초 만에 다른 사람의 의견을 확인할 수 있고 여러 회사의 제안을 비교할 수 있다.

- **이렇게 하라:** 광고에 사회적 증거를 항상 충분히 제시하라. 증거를 제시하지 않거나 충분한 증거를 보여주지 않으면 증거를 찾고 있는 사람들을 의도치 않게 다른 곳으로 몰아낼 수 있다. 후기, 사례, 영상, 사진, 비교표, 보증표시 등의 사회적 증거를 보여주면 잠재고객의 시선을 계속 머무르게 할 수 있다. 그들이 당신의 사이트, 이메일, 광고를 떠나면 무엇을 찾게 될까? 바로 경쟁자들이 자신의 사이트, 이메일, 광고에 게시한 사회적 증거다. 이렇게 되면 경쟁자들이 당신을 제치고 매출을 올릴 게 뻔하다. 그 동력을 제공한 사람은 바로 당신이다.

▶ **소비자의 67%**는 전년도에 지역 업체에 대한 **가짜 후기를 본 적이 있다고 생각한다.** 미국의 소비자들은 가짜 후기가 주로 아마존, 구글, 페이스북에 있다고 말한다. 사실 소비자의 93%가 페이스북의 후기를 의심한다. '무슨 의미일까?' 믿을 수 있는 후기를 게시해야 한다는 뜻이다. '이럴 수가! 이게 내 삶을 바꿨어요! 당신도 꼭 사용하세요!'

라는 후기는 '정말 좋은 제품이에요. 다른 제품도 4개 써봤는데 이게 가장 좋아요.'라는 후기보다 신뢰성이 떨어진다. 후자는 현란한 문장이 아니지만 훨씬 더 신뢰를 준다.

과장 광고는 사회적 증거로 효과가 없다. 소비자의 의심을 살 수밖에 없기 때문이다. 사람들은 과장된 광고를 내세우는 상품에 돈을 쓰는 것을 꺼린다. 또한 '망설이지 말고 당장 구매하세요!' 같은 공격적인 광고는 당신도 원하지 않을 것이다. 친절하게 구매로 유도하고 싶지 않은가? 과장 광고를 통해 억지로 구매를 부추기려고 하는 행위는 겁에 질린 아이를 강제로 롤러코스터에 태우려고 하는 셈이다. 롤러코스터 대기 줄에 아이를 밀어붙일수록 더 심하게 저항할 것이다.

잠재고객이 '두려움을 느껴도 일단 저지르는' 유형이 아니라면 구매의 전 과정에서 그들의 마음을 편안하게 해줘야 한다. 예를 들어 롤러코스터를 타게 하려면 아이에게 튼튼한 안전장치와 안전띠를 보여주고 그 놀이기구가 얼마나 오랜 기간 동안 안정적으로 운영되었는지 설명하면 된다. 또 매년 수많은 사람이 타는 기구이며 미국 최고의 롤러코스터 중 하나로 평가받는다고 알려줄 수도 있다. 그리고 신나게 웃으며 롤러코스터를 타고 있는 같은 나이의 많은 어린이를 보여준다. 이러한 방법이 아이의 마음을 바꿔 롤러코스터를 타게 할 수도 있고 그렇지 않을 수도 있다. 하지만 강제로 팔을 끌어당겨 롤러코스터에 앉히려고 할 때보다는 아이의 마음을 바꿀 가능성이 훨씬 크다.

명심하라: 사면 도움이 될 것 같은 상품을 구매하지 않는 이유는 하나다. '두려움' 때문이다. 속을 것 같은 두려움, 기대만큼 좋지 않을 거라는 두려움, 전혀 효과가 없을 거라는 두려움, 배송이 오래 걸릴 거라는 두려움, 배송받지 못할 거라는 두려움, 지출에 대한 두려움, 바가지요금에 대한 두려움, 잘못된 구매 결정에 대한 두려움, 그 상품을 사서 바보처럼 보일 수 있다는 두려움, 충분한 고객 서비스를 받지 못할 거라는 두려움, A/S를 받지 못할 거라는 두려움, 교환이나 환불 불가에 대한 두려움 등 여러 가지가 존재한다.

'사회적 증거'는 한 마디로 다른 사람들도 똑같은 위험을 감수했지만 '결과가 좋았다'는 사실을 사람들에게 알려주는 방식이다. 이것이 사회적 증거의 유일한 기능이다. 사회적 증거를 '소비자 안전의 밴드왜건 효과'라고 생각하라. 다른 사람들이 당신의 상품이나 서비스를 구매한 후 무사히 살아남았다면 그리고 상품을 잘 사용하고 좋은 결과를 경험했다면 그 내용을 크게 강조하라! 이는 광고의 가장 강력한 무기다. 이 무기를 활용하면 구매자가 돈을 지출하기 전에 세우는 방어벽을 무너뜨릴 수 있을 것이다.

❌ **절대 이렇게 하지 마라:** 사회적 증거를 다른 페이지로 옮기지 마라. 잠재고객이 그 증거를 볼 가능성이 줄어든다. 고객이 상품에 감동하여 쓴 멋진 후기가 많은데도, 잠재고객이 클릭하지 않으면 그 후기들을 읽지 못한다고 상상해 보라. 제발 이렇게 말하지 마라. "좋아요. 후기로 연결되는 탭을 따로 만들어 사이트를 깔끔하고 멋지게 관리할게요. 후기를 읽고 싶은 분은 탭을 클릭하면 돼요."

별도의 페이지가 있어도 괜찮다. 하지만 홈페이지의 첫 화면에는 가장 강력한 후기 몇 개를 반드시 보여주어야 한다. 후기들이 단순히 '선택해서 읽을 수 있는 추가 자료'가 되어서는 안 된다. 강력한 후기를 매출 증가의 지렛대로 삼아야 한다.

기억하라: 너무 많은 사회적 증거를 광고에 다 담을 수는 없다. 따라서 긴 후기를 게시해 '긴 것이 강력하다'라는 휴리스틱을 활용하라. 긴 내용의 후기는 '많으면 무언가 있는 게 틀림없어'라는 메시지를 전달한다.

몇 년 전 '패럴라이저(Paralyzer)'라는 호신용 가스 스프레이 광고를 본 적이 있다. 이 상품은 일반적인 고춧가루 스프레이가 아니었다. 군사용 CS 가스 스프레이였다. CS 가스는 화생방 가스로 알려져 있는데, 미군이 폭동 진압과 전투 훈련을 위해 개발한 치명적이고 강력한 화학물질이다.

광고에는 만족한 구매자들(공격으로부터 자신을 보호하는 데 사용한 사람)과 행복한 판매자들(가스 스프레이를 마치 핫케이크처럼 대량으로 판매한 사람)이 보내온 편지 복사본이 30페이지 분량으로 들어 있었다. 편지 내용에는 이 상품을 테스트한 사람들의 생생한 설명이 담겨 있었다. 가스 스프레이를 뿌리면 상대가 겪는 큰 고통에 대해 이렇게 묘사했다. '마치 얼굴에 강한 산을 뒤집어쓴 것처럼 고통스러워해요. 그리고 죽은 피부를 무딘 면도칼로 벗겨내는 통증을 느끼죠.'

후기 대부분은 구매자가 수기로 작성하거나 판매자가 타자로 입력했다. 확실히 믿을 수 있는 후기들이다! 페이지마다 상품의 효과를 칭찬하는 의견과 후기가 가득했다.

후유! 당신도 후기를 읽고 나서 완전히 설득됐다. 이처럼 수많은 긍정적인 후기를 접하다 보면, 이런 생각이 들기 시작한다. '이렇게 솔직해 보이는 후기들이 모두 거짓일 리 없어' 그러면 어떤 결과가 나타날까? 무의식적으로 '속지 않겠다'는 생각에 균열이 생기기 시작한다. 속을지 모른다는 두려움은 점차 사라지고 그 상품이 기대한 효과를 안겨줄 거라는 확신이 점점 커진다. 이제 성공했다. 속을지도 모른다는 두려움보다, 효과를 직접 경험하고 싶다는 열망이 더 강해졌다. 구매 버튼을 클릭할 순간이 다가왔다.

- **이렇게 하라:** 구매자가 상품을 구매할 때 느끼는 두려움을 덜어주는 계획적인 캠페인을 시작하라. '구매자들은 두려워한다. 나는 그들의 두려움을 덜어주고 구매 과정에서 편안함을 느끼게 해줄 것이다.' 이렇게 생각해야 '후기를 더 추가하면 돼'라는 일률적이고 반복적인 광고 방식을 바꿀 수 있다. 그리고 잠재고객이 소비를 고려할 때 무슨 문제를 겪는지 인식하게 된다. 당신이 수집할 수 있는 가장 강력하고 긴 후기를 제시해 사회적 증거를 보강하고 잠재고객의 마음을 더욱 편안하게 해주어라. 이제 곧 잠재고객의 방어벽이 무너질 일만 남았다. 그들의 마음을 편안하게만 해주면 지갑을 열기 시작할 것이다. 그리고 당신의 지갑을 두둑하게 만들어줄 것이다.

온라인 광고 비밀 #2

색상에 담긴 심리학

당신이 방문하는 웹사이트에 약 3,800개의 색상이 사용될 수 있다는 사실이 놀랍지 않은가? 아니라고? 8만 4,977개의 색상을 사용할 수 있다고 해도 놀라지 않는가? 좋다. 진짜 수치를 공개하겠다. 웹사이트에서 사용 가능한 색상은 무려 1,677만 7,216개나 된다! 이제는 깜짝 놀랐을 것이다. 인간의 눈으로는 약 700만 개의 색상만 볼 수 있기에 더더욱 놀랍다.

화면에서 1픽셀의 색을 표현하는 데 24비트가 사용되며 엄청나게 방대한 종류의 색상을 선택해 화면을 구성할 수 있다. 물론 수백만 개의 색상을 사용해 화면을 꾸미는 것은 비효율적이고 불필요한 일이다. 광고 화면의 색상을 선택할 때, 그렇게 미묘한 차이를 두며 색상을 사용할 필요는 없다. 사람들은 대부분 빨간색 헥스 코드 #ed2b2b와 #e82323의 차이나, 노란색 헥스 코드 #f4fc05와 #f3f70c를 구별하지 못하기 때문이다. 덕분에 작업이 훨씬 더 수월해진다. 우리는 시선을 가장 강력하게 사로잡는 색상을 집중적으로 사용하면 된다.

순위	색상
1	파란색
2	빨간색
3	초록색
4	보라색
5	주황색
6	노란색

색상 연구는 새롭게 등장한 게 아니다. 수천 년 전 고대 이집트에서도 다양한 색상의 효과와, 색상이 사람들의 기분과 건강에 미

치는 영향을 연구했다. 그들의 연구 결과는 다음과 같았다.

색상	혼합물	색상이 나타내는 것
빨간색	산화된 철과 빨간색 황토	활력, 에너지, 불, 피, 위험
파란색	구리와 산화철	물, 탄생, 생명, 보호
노란색	황토와 산화물	태양, 영원
초록색	공장석과 구리광물	성장
하얀색	석고와 석회암 가루	순수함, 깨끗함
검은색	숯과 탄소	죽음, 어둠, 생명, 탄생, 부활

놀랍게도 오천 년이 흐른 지금, 우리는 같은 색상을 사용해 비슷한 의미를 전달한다. 우연의 일치일까? 아니면 특정한 색상이 고유하게 전달하는 감정이나 이미지가 있는 것일까? 빨간색이 위험을, 파란색이 시원함을, 노란색이 햇빛을, 초록색이 자연을 나타내는 것을 누가 따지겠는가.

최근 연구 결과들을 일일이 읽으려면 수년이 걸릴 수 있으니 특정한 연구 사례를 골라 살펴보겠다. 요즘 웹디자이너들이 사용하는 원색이 어떤 감정을 일으키는지 탐구한 연구가 있다. 2003년, 핼록 연구(Hallock study)에서는 설문 대상자들에게 고급 품질, 신기술, 신뢰, 믿음, 속도, 저렴함, 안전, 용기, 두려움, 재미와 관련된 색상을 선택해달라고 요청했다. 결과는 다음과 같다.

● **핼록의 색상 연구 결과**

색상	일어나는 감정
파란색	믿음, 용기, 안전, 신뢰
노란색과 주황색	재미, 저렴함
빨간색	두려움, 공포, 속도
검은색	두려움, 공포, 신기술, 고품질

광고에 사용할 색상을 선택하는 작업은 어렵고 스트레스를 받을 때도 있지만 재미가 있다. 광고인은 광고를 통해 잠재고객의 심리를 조종하려고 하는데 이때 색상 선택이 아주 중요하다. 우리는 이렇게 말하지 않는다. "좋아. 판매 페이지가 완성됐어. 이제 파란색과 노란색을 예쁘게 배치하고, 초록색도 조금 넣어볼까? 그러면 완벽하겠지!" 물론 일부 광고인은 그렇게 디자인할지도 모른다. 그러나 모든 요소를 활용해 강력한 호소력을 가진 광고를 만들려는 광고인은 절대 이렇게 하지 않는다.

2006년, 위니펙 대학교 마케팅 및 국제경영학 교수 사티엔드라 싱(Satyendra Singh)은 '색상이 마케팅에 미치는 영향'이라는 주제로 연구했다. 이 연구에서 그는 특정 색상이 소비자에게 미치는 영향을 조사했다.

연구 결과에 따르면 대개 사람들은 사람이나 상품을 처음 접하면 90초 안에 첫인상을 결정한다. 싱 교수는 이러한 판단의 약

62~90%가 색상만으로 좌우된다고 말했다. 광고인은 온갖 다양한 요소를 고려해 시간을 쏟고 공을 들여 광고를 제작한다. 그런데 색상이 절대적 역할을 한다니, 매우 흥미로운 이야기다. 또한 관리자는 색상을 활용해 식욕을 돋우거나 가라앉힐 수 있고 기분을 좋게 할 수도 있으며 고객을 진정시킬 수도 있다. 무엇보다 색상을 사용해 고객이 기다리는 시간을 인지하지 못 하게 할 수 있다.

놀라운 결과다. 우리는 '적절한' 색상만 사용하면 원하는 반응을 얻을 수 있지 않을까? 조바심 내지 마라. 싱 교수는 색상 선택을 더욱 복잡한 문제로 만들며 광고인들을 난관에 빠뜨렸다. "색상에 대한 경험은 개인마다 다르다. 누군가가 특정 색상을 보고 어떤 감정을 느꼈는지 아는 것은 불가능하다. 빨간색조차도 사람마다 다르게 받아들일 수 있다."

어쩌면 더 많은 연구가 필요할지도 모르겠다. 당신이 시간이 많고 참을성이 있다면 영국 카디프 경영대학교의 보텀리(Botttomley)와 도일(Doyle)이 수행한 「색상과 상품의 상호작용이 브랜드 로고 적절성의 인식에 미치는 효과(The Interactive Effects of Colors and Products on Perception of Brand Logo Appropriateness)」라는 제목의 연구 논문을 읽어봐도 좋다. 심층 분석, 다양한 표, 자세한 설명을 통해 색상이 소비자 인식에 미치는 영향을 구체적으로 다루는 그 논문을 간신히 끝까지 읽고 나면 우리는 이러한 결론에 이른다. '색상은 그 색상의 고유한 의미가 브랜드에 부여되어 브랜드 형상화에

기여하는 한 요소일 뿐이다'

더 많은 연구 결과를 원하는가? 좋다. 한 연구에 따르면 소비자의 84.7%가 자신이 특정 상품을 구매하는 데는 색상이 주요 이유라고 보고했다. 또한 80%는 색상이 없는 이미지와 비교하면 색상이 있는 이미지가 브랜드 인지도를 높이는 데 도움이 된다고 생각했다.

나아가 소비자의 93%는 상품의 성능뿐만 아니라 외관도 고려하며, 6%는 제품의 질감까지 살핀다. 1%는 제품의 소리나 냄새로 구매 결정을 내린다.

여기서 분명하게 짚고 넘어가야 할 점이 있다. 색상은 100% 개인적 느낌이라는 사실이다. 당신은 직장 동료의 연두색 양복을 좋아할 수도 있고 싫어할 수도 있다. 일반적으로 색상의 선호는 대화의 소재가 아니다. 색상의 호불호는 타고난 성향이다. 마치 음식과 비슷하다. 오징어 먹물 파스타를 좋아하지 않는 사람에게 억지로 좋아하라고 강요할 수 없듯이, 누군가에게 특정 색상을 좋아하라고 할 수 없다.

색상 선호도는 아래와 같이 보편적이고 절박한 문제와 다르다.

- ▶ 화재 발생 시 자녀의 생명을 구하는 상품에 대해 문제를 제기하는 것과 다르다. 그런 문제는 누구나 제기한다.
- ▶ 드릴로 두개골에 구멍을 뚫는 듯한 편두통의 고통을 줄여주겠다고 주

장하는 상품과 다르다. 편두통에 시달리는 사람은 모두 고통에서 벗어나길 바란다.

▶ 반려동물을 키우는 사람에게 다른 회사의 사료는 몸 안에서 암세포가 빠르게 퍼지게 하는 멜라민과 시아누르산이 함유되어 있다고 말하는 것과 다르다.

이러한 문제가 색상 선호도와 다른 이유는 무엇일까? 그 이유는 8가지 생명력과 관련 있기 때문이다. 우리는 이 영향력에서 벗어날 수 없다. 하지만 색상은 다르다. 색상은 다른 차원의 문제다. 색상이 삶을 바꾸지는 않는다. 1960년대 저녁 식사 요리에 뿌려진 파슬리를 떠올려보라. 음식이 더 맛있게 보이기 위한 용도로 사용되었을 뿐, 실제 맛에 큰 영향을 주지는 않았다. 색상도 마찬가지다. 7살 아이에게 스키장 여행을 약속했다고 해보자. 여행을 가기 전, 스키장에서 넘어져 대퇴골이 부러지는 사고를 막아주는 보호 장비를 발견했다. 그렇다면 당신은 상품이 보라색이든 초록색과 주황색 줄무늬가 있든 구매할 것이다.

즉, 색상만으로는 8가지 생명력에 따른 욕구에 영향을 미칠 수 없다.

▶ 주황색이 마음에 안 들 수도 있지만, 과즙이 풍부한 귤을 생각할 수도 있다.

▶ 당신은 보라색을 보면 이물질에 오염된 블루베리 파이를 떠올릴지도 모른다. 이 파이를 먹은 당신은 첫 직장의 '신입사원 환영회'에서 사장 앞에 구토했던 끔찍한 악몽이 있다. 반면 나는 펜실베이니아주 안드레아스에 있는 갈렌 글렌(Galen Glen) 양조장에서 구매한 윈터 마운틴 레드 와인(Winter Mountain Red Wine)을 떠올린다. 이 와인은 정말 환상적인 풍미를 자랑한다.

▶ 어떤 문화에서 검은색은 어둠, 신비, 죽음을 나타내지만 당신이 출시할 초콜릿 진열장으로는 최고의 색상일 수 있다. 지역 레스토랑에 디저트 메뉴로 납품할 '미드나이트 다크(Midnight Dark)' 초콜릿이라는 굉장히 맛있는 신제품을 검은색 진열장에 전시하여 홍보해야겠다는 생각이 들 수 있다.

▶ 파란색은 보통 세탁세제 같은 세제 제품에 사용되지만 트위터 팔로워를 증가시켜주는 소프트웨어 제품에 사용해도 대단히 효과적일 수 있다. 기본적인 트위터의 헥스 코드는 #1da1f2이다. 이 색상에는 빨간색 11.4%, 초록색 63.1%, 파란색 94.9%가 혼합되어 있다.

머리가 복잡한가? 광고, 로고, 웹사이트, 판매 페이지의 색채 배합, 그 밖에 다양한 온라인(또는 오프라인) 광고에 쓰일 색상을 선택해야 할 때 도대체 어떻게 하라는 말인가?

『캐시버타이징』을 읽었다면 내가 온갖 연구와 조사를 활용하여 기술한다는 사실을 알 것이다. 이 책에서도 색상에 관한 연구 결과들을 자세히 언급할 수밖에 없다. 다른 사람이 시간과 노력, 돈을 들여 내놓은 결과를 활용하지 않을 이유가 어디 있겠는가? 당연히 당신도 그렇게 해야 한다. 중요한 점은, 광고와 관련된 모든 요소들은 반드시 테스트가 필요하다. 최종 결정권을 시장에 넘겨라. 그러면 시장이 판단할 것이다.

예를 들어보자. '~하는 방법'으로 시작하는 헤드라인은 사람들의 주의를 끄는 훌륭한 방법임이 확실하게 입증되었다. 하지만 광고매체나 상품, 고객층에 따라 '엄청난(GROSS)'이라는 한 단어가 훨씬 더 효과적일 수도 있다. 흥미롭지 않은가? 그런데 '엄청난'이라는 단어를 헤드라인으로 쓸 때 과연 효과가 있는지 테스트한 연구를 나는 단 한 건도 보지 못했다.

어느 날 아침 이를 닦다가 떠올린 단순한 헤드라인이 어떻게 수십 년 동안 연구해 효과를 입증한 헤드라인을 능가할 수 있을까?

간단하다. 진실은 연구의 영역 밖에 존재하기 때문이다. 연구자들이 '엄청난'이라는 헤드라인을 수십 년 전에 광고매체, 상품, 고객층에 따라 테스트했다면 그 내용을 연구 결과에 포함시켰을 것이다. 그랬다면 오늘날 연구자들은 '엄청난'이라는 단어의 헤드라인이 '~하는 방법'만큼 효과적이라는 연구 결과를 내놓았을지도 모른다.

결론: 정보와 지침을 얻기 위해서는 연구 결과를 활용해야 한다. 그러나 이 자료들에 갇히면 안 된다. 언제나 마음을 열고 새로

운 방식을 테스트해야 한다.

색상 이야기로 돌아오자. 연구 결과를 검토하고 최고의 판단력을 발휘하라. 실적이 좋은 광고가 있다면 색상을 다양하게 변경해 두 가지 버전으로 만들어 비교해 보라. 남성용 향수에 분홍색을 사용하거나 치아미백 상품에 초록색을 사용하지는 않을 것이다. 예상을 깨는 방식이 얼마나 큰 효과가 있는지 시도해 보는 것은 충분히 가치 있는 일이다. 당신이 시도한 결과가 어느 날 '최신 연구 결과'의 근거가 되어 다른 사람이 활용하게 될지도 모른다.

온라인 광고 비밀 #3
구매를 유도하는 CTA 설계법

사람들이 광고를 보게 하거나 웹사이트를 방문하게 하는 데 성공했다고 하자. 그렇다고 그들이 구매로 이어지는 행동을 하지는 않는다. 이 두 가지는 별개다. 당신의 사이트에 있는 CTA(call to action), 즉 '사용자의 행동을 유도하는 장치'를 살펴보라. 가장 간단한 형태로는 '지금 구매하세요!'처럼 무언가 행동하라고 말하는 직관적인 문장이 있다. 이렇게 CTA는 사용자의 행동을 촉구하는 장치다. 온라인에서는 대개 하이퍼텍스트나 간단한 버튼으로 되어 있다.

CTA와 대면 판매를 비교해보면 CTA는 세일즈맨과 비슷하다. 둘 다 제품을 구매하도록 잠재고객을 설득하는 역할을 한다. 잠재고객에게 행동을 촉구하는 건 광고의 성공 공식인 AIDPA[Attention(관심), Interest(흥미), Desire(욕구), Persuasion(설득), Action(행동)]에서 마지막 단계다. 다음과 같은 상황을 생각해 보자. 세일즈맨은 잠재고객이 어떤 행동을 하도록 설득하지 않고 그저 다정한 대화를 나눈다. 그리고 대화가 끝나면 잠재고객이 스스로 다음 행동을 깨닫기를 바라며 조용히 바라본다. 이는 효과적인 방법이 아니다. 판매는 잠재고객의 손을 잡고 자연스럽게 이끄는 과정이다. 마치 번호를 따라 색을 채우는 색칠 공부처럼, 한 단계씩 안내해야 한다. 1단계를 성공적으로 마친 다음에 2단계로 유도해야 한다. 이 과정을 단계별로 이끌어가다 보면 마지막 단계인 '행동'에 이른다. 이 점을 염두에 두고 몇 가지 연구를 살펴보자.

「언바운스(Unbounce, 캐나다 밴쿠버에 본사를 둔 소프트웨어 회사 -옮긴이)」에 따르면 헤드라인을 읽은 방문자 중 90% 이상이 CTA까지 본다. 그런데 CTA의 물리적 위치에 따라, 방문자가 실제로 이를 보게 될지 아닐지 달라질 수 있다는 주장이 있다. 이것이 온라인 광고와 인쇄물 광고의 큰 차이점이다.

예를 들어 당신의 웹페이지 헤드라인이 강렬해 읽는 사람의 시선을 사로잡는다고 해보자. 그런데 헤드라인 아래의 첫 문단과 카피가 지루하고, 페이지를 한참 내려야 CTA가 나타난다면 방문자는 CTA를 절대 보지 못할 것이다. 따라서 헤드라인을 본 후 CTA까지 보는 방문자가 90%라는 통계가 신빙성이 있으려면 헤드라인과 카피(둘 다 CTA '전에' 등장하는 요소다)가 모두 효과적이어야 한다. 만약 헤드라인과 본문 카피에 설득력이 없다면 방문자는 판매 메시지를 자세히 읽지 않으며, CTA까지 스크롤을 내리지 않는다. CTA가 주로 판매 과정의 더 깊숙한 곳에서 등장한다면, 즉 상품을 구매하라고 설득하는 과정의 마지막 단계에 등장한다면 방문자는 그 내용을 못 볼 확률이 높다!

사실 많은 광고인은 홍보가 제대로 되기 전에는 CTA를 보여주지 않는다. (당신도 그런가?) 다시 말해서 방문자가 구매하고 싶은 마음이 들도록 충분히 설득했다고 확신하기 전에는 구매 요청을 하지 않는 것이다.

인쇄물 광고를 다시 생각해 보자. 인쇄된 전단지, 잡지나 신문 광고, 광고 책자를 떠올려 보라. 이러한 광고물은 눈으로 빠르게 훑으면서 주문 양식이나 다양한 형태의 CTA를 확인할 수 있다. 바로 볼 수 있다는 뜻이다. 스크롤이나 클릭을 하지 않아도 된다. 가격과 구매 방법을 즉시 확인할 수 있다. '수신자 부담 전화번호로 전화하세요, 이 양식을 작성하세요, 쿠폰을 자르세요' 등 CTA가 눈앞에 있다.

반면 온라인 광고는 그렇지 않다. 대부분의 온라인 광고, 이메일, 웹페이지에서는 스크롤이나 클릭을 해야 가격, 결제 방식, 보장 기간 등 구매에 필요한 세부 정보를 알 수 있다. 다시 말해서 구매의 전체 그림을 미리 보여주지 않는 것이다. 이는 구매자에게 부정적인 영향을 미치는데, 첫 번째로 그들이 구매를 결심했다면, 내가 '구매 영역'이라고 부르는 곳에 이르기 위해 스크롤이나 클릭을 해야 한다. (이건 더 나쁜 상황인데 광고 영상이 끝날 때까지 지켜봐야 한다) 두 번째로, 구매 의향이 없던 사람이 광고를 보다가 문득 '그래, 이건 사야 해!'라는 생각이 들 수 있다. 그런데 구매 방법에 대한 어떤 정보도 얻지 못한다.

내게는 이 문제를 해결할 수 있는 간단한 방법이 있다. 이 방법은 사용할 때마다 항상 놀라운 효과를 발휘한다.

◉ **이렇게 하라:** 방문자에게 처음에 바로 구매할 기회를 주어라. '이때가 소비자가 구매할 완벽한 타이밍이군'이라는 직감이 들 때까지 뜸을 들이지 마라. 그전에 구매할 수 있도록 유도해야 한다. 당신이 평소 구매를 유도하던 순간보다 일찍 그 기회를 주어라. 이 방법은 기존의 상식에 벗어나 보일 수도 있지만, 효과가 있다. 처음부터 방문자에게 상품을 구매하라고 제안하라.

어떻게 하라는 말인가? 본격적인 판매 메시지를 쏟아놓기 전에 '지금 구매하세요', '당장 행동하세요', '여기를 클릭하세요' 등의 버튼이나 링크를 먼저 보여주어야 한다. (또는 상황에 따라 더 적절한 표현이 있다면 그 말을 제시하라. 이와 관련한 좋은 방법을 나중에 설명할 예정이다.) 이러한 CTA를 헤드라인 바로 다음에 배치하라. 이를 나는 '빠른 구매(Quick-Buy)' 버튼이라고 부른다. 이 방법은 '긴 카피 대 짧은 카피'라는 조언을 따르는 것이다. 잘 작성된 긴 카피가 잘 작성된 짧은 카피보다 매출에 더 효과적이다. (혹시 아직도 다른 생각을 가지고 있다면 여기서 멈추고 『캐시버타이징』의 '지갑을 열게 하는 비밀 26: 긴 카피 vs 짧은 카피' 부분을 읽어보라)

'CTA를 맨 위에 배치하라'와 같은 간단한 아이디어는 두 부류의 방문자를 모두 만족시킨다. 첫 번째 부류는 설득력 있는 증거를 원하며 광고를 끝까지 읽고 나서 구매 여부를 결정하는 사람들이다. 이들은 광고를 읽으며 신중하게 판단하지만, 초반에 CTA가 보인다고해서 구매를 포기하지 않는다. "흠, 뭐 좀 확인하려고 했는데 처음부터 구매할 기회가 있군. 다른 사이트에 가봐야겠다!"와 같은 반응을 보이는 일은 없다.

두 번째 부류는 더 많은 정보가 필요하지 않거나 원하지 않는 사람들이다. 이들은 즉시 클릭해 가격, 배송, 보장 기간 등 구매에 필요한 정보를 빠르게 확인하고 싶어 한다. 굳이 광고의 설득 과정을 끝까지 읽지 않아도 된다. 실제로 이 방법을 적용한 광고인은 가격 페이지 클릭률이 47% 증가했다.

잠재고객이 구매를 거의 결정했는지 알려주는 중요한 단서는 가격 문의다. 광고를 다 읽지도 않고 가격 페이지를 클릭한 사람들은 헤드라인이 너무 강렬해 상품 가격을 알아보지 않을 수가 없다. 그래서 뒤에 이어지는 카피를 읽기도 전에 CTA를 클릭했다. 그렇다고 앞 페이지로 돌아가 나머지 광고를 읽어보지 않고 구매한다는 뜻은 당연히 아니다. 관심이 고조된 구매자를 기다리게 해서는 안 된다. 그들이 원할 때 원하는 것을 주어라. 그렇게 하지 않는다면 잠재고객이 "얼마예요?"라고 묻는데 "아직 할 말이 더 있으니 알려주지 않을래요"라고 말하는 셈이다. 일부 구매자는 정보를 당장 원한다. 그들이 원하는 정보를 주면 평소보다 쉬운 판매를 할 수 있을 것이다.

당신의 상품이나 서비스도 마찬가지다. 헤드라인이 강렬하고 임팩트가 있어 일부 방문자는 바로 구매 의향이 생겼는데 왜 그들을 기다리게 만들어야 하는가? 구매자는 사려고 생각한 상품에 돈을 쓸 준비가 되어 있다. 어쩌면 당신의 광고나 이메일, 웹페이지를 발견하기 전에 며칠이나 몇 주에 걸쳐 조사를 마쳤을 수 있다. '얼마지? 어떻게 구매하지?'라고 생각하던 중에 당신의 광고를 보게 됐을지도 모른다. 구매자를 빠르게 낚아챌 수 있는데 왜 장애물을 놓아 그들을 놓칠 위험을 무릅쓰는가? 구매자의 구매 속도를 늦추거나 구매하고 싶은 마음이 '사라지게' 해서는 안 된다. 구매하려는 그들의 마음에 불을 붙여야 한다.

나는 이 간단한 '빠른 구매' 아이디어를 인쇄물 광고에도 활용한다. 엽서, 잡지 광고, 우편 광고 등에 '지금 주문하세요'라는 말과 수신자 부담 전화번호를 부제로 넣는다. 이런 방법은 판매에 도움이 될 수는 있어도 해가 되지는 않는다.

흥미로운 연구 결과도 있다. 한 연구에서는 웹페이지 맨 위에 있는 CTA가 구매 전환율(웹페이지 방문자가 구매 행동을 한 비율 -옮긴이)을 17% 감소시켰다고 말한다. '사람들은 구매 전에 상품에 대해 알아보기를 원한다'는 게 이유다. 물론 자세한 정보를 원하겠지만 웹페이지 맨 위에 있는 CTA는 구매를 '강요'하지 않는다. 혹시라도 광고를 다 보기 전에 구매 의향이 생기면 어디에서 빠르게 주문할 수 있는지 정보를 머리에 심어주어 빨리 구매할 기회를 주는 것이다. 나아가 그건 '구매하라'는 은근한 메시지다. 버튼 하나만 클릭해도 되도록 아주 쉽게 만들어놓음으로써 구매가 쉽다는 생각을 전달한다.

다른 많은 광고 기법과 마찬가지로 CTA의 위치에 대해서도 전문가마다 의견이 천차만별이다. '맨 아래에 두어야 한다!'고 말하는 사람이 있는가 하면 'Z 패턴의 시선 흐름을 따라 두 번째 지점에 두어야 한다!'고 말하는 사람도 있다. 또 어떤 사람은 '시선이 머물 곳을 정하려면 히트맵(heatmap, 데이터 값을 색으로 변환해 열 분포 형태로 보여주어 시각적 분석을 가능하게 하는 방법 -옮긴이)을 이용하라!'라고 소리 높여 말한다.

너무 복잡하게 생각하지 말자. 광고는 세일즈맨이나 마찬가지다. 훌륭한 세일즈맨은 잠재고객에게 다양한 구매 기회를 준다. 구매하라고 요청하고 또 요청한다. 정보를 제공하고 계약 성사를 시도하라. 더 많은 정보를 주고 구매를 결정하라고 요청하라. 반박에 대응하고 구매를 요구하라. 이 과정들은 한 번에 끝나는 일이 아니라 지속적이다. 구매 버튼을 상단, 중간, 끝에 각각 하나씩 배치하라. 상품 홍보가 길어진다면 반드시 중간에 최소한 한 번은 CTA를 배치해야 한다. 클릭하여 구매할 기회를 충분히 제공하라. 내 말을 믿어라. 이 방법은 성공할 것이다.

CTA를 한 번만 써야 할까? 워드스트림(Wordstream, 미국의 온라인 광고 회사 -옮긴이)의 연구에 따르면 하나의 CTA가 들어있는 이메일은 클릭 수를 371%, 매출을 1,617% 증가시켰다. 이러한 증가에는 많은 요소가 관련되어 있다. 나는 다양한 CTA를 포함한 광고가 반응을 증가시켰다는 여러 연구를 봐왔다. 즉, 소비자의 즉각적인 반응을 유도했다는 것이다. 이러한 결과는 테스트를 해봐야 알 수 있다.

시장에 대한 이해가 부족하다면, 특히 상품이 특정 소비자층이 아닌 광범위한 소비자를 대상으로 한다면 다양한 선택지를 제시하여 어떤 것이 가장 인기 있는지 파악하는 것이 중요하다. 예를 들어 웹페이지에 무료 보고서를 제공하는 동시에, 다른 링크를 통해 영상을 보여준다고 해보자. 결과적으로 영상 조회 수가 훨씬 많아 보고서는 관심을 거의 받지 못했다. 이 경우, 보고서는 효과가 없는 전략이므로 다음에는 영상 콘텐츠에 집중해야 한다.

질문: 영상 클릭 수가 더 많지만 보고서를 다운로드한 사람의 구매 전환율이 더 높다면 어떻게 해야 할까?

답: 그렇다면 리드(lead, 상품이나 서비스에 관심을 보이는 사람, 즉 잠재고객 -옮긴이)를 확보하는 수단으로 영상을 유지하라. 영상을 시청한 잠재고객이 언제 구매자로 전환되는지 깔때기 분석을 한 후에(마케팅 깔때기 개념: 잠재고객이 충성 고객으로 전환되는 일련의 단계를 분석하는 전략 -옮긴이) 그들을 구매로 계속 유도해야 한다. 이런 사람들은 더 많은 노력이 필요하다. 어떻게 그들에게 영상을 보지 말고 보고서를 다운로드하라고 말할 수 있겠는가? 그들은 신경언어학 프로그래밍에서 '시각적 유형'으로 분류되는 사람들일 가능성이 크다. 즉, 듣거나 느끼는 것보다 보는 것에 더욱 자극을 받는다. 따라서 이미지나 시각 자료를 사용해 더 적극적으로 활용해 판매 전략을 강화해야 한다. 여기서 중요한 점은 어떤 식으로든 리드를 확보하는 것이다.

현실적으로 생각하자. 어떤 사람은 구매로 쉽게 전환되지만, 어떤 사람은 그렇지 않다. 따라서 잠재고객이 자신의 연락처를 제공할 다양한 방법을 제시하는 것이 중요하다. 누군가는 보고서를 보고 자신의 정보를 내주고, 또 다른 누군가는 무료 영상 세미나를 보고 정보를 내준다. 무료 체험을 통해 연락처를 알려주는 사람도 있다. 물론 원한다면 한 가지 수단만 사용하여 광고해도 좋다. 그러나 두 가지 이상의 선택지를 제시하는 광고와 비교하여 결과가 어떻게 다른지 확인해 보라. 일부 사람은 다양한 사람을 만족시키려고 한 가지 이상의 선택지를 제시하면 방문자의 반응이 줄어들 것이라고 주장한다. 나는 그 주장에 동의하지 않는다.

"하지만 드류! '혼란은 무행동(inaction)을 낳는다'라는 속담이 여기에 적용되지 않나요?"라고 말할지도 모르겠다. 이 말은 광고가 혼란스러울 때만 적용된다. 내가 언제 광고를 혼란스럽게 만들라고 했는가? 선택지가 다양하다고 해서 혼란스러운 것은 아니다. 모든 선택지를 다 분산시키거나, 전달하려는 메시지가 불명확하거나, 모든 선택지가 호소력이 없거나, 개인 정보를 기입하면 어떤 혜택이 있는지 명확하게 알려주지 않을 때 광고는 혼란스러워진다. 그리고 당연히 그 결과는 잠재고객의 무행동이다. 그런데 몇 가지 간단한 선택지를 깔끔하게 정리하여 웹페이지나 이메일에 명확히 제시하는 것이 그렇게 어려운 일인가?

지금 더 자세히 알아보세요! 다음 중 원하는 항목을 클릭하세요:

○ 2분 분량의 흥미로운 영상 시청하기

○ 훌륭한 무료 보고서 다운로드하기

○ 10일간 무료 체험해 보기 * 신용카드 정보 불필요

이런 상황도 고려해 보자. 이미 시장 분석이 완료되어 특정 소비자층을 정확히 겨냥해야 하는 경우가 있다. 이때는 그들에게 지

금 바로 구매하거나 앱을 다운로드하라고 직접적으로 제안해야 할 수도 있다. 또는 당신에게는 다양하게 제공할 선택지가 없을 수도 있다. 이 상황이라면 하던 대로 하라. 단, 집중적으로 해야 한다. 당신의 메시지를 한 번만 제시해서는 안 된다. 그렇게 한다면 구매 요청을 한 번만 하고 포기하는 세일즈맨과 다를 바 없다. 광고로는 잠재고객의 반응을 보고 듣는 이점을 얻을 수 없다. 다시 말해서 그들이 광고를 보고 있을 때는 실시간으로 광고를 수정할 수 없다. "좋아, 소비자가 이 말은 이해한 것 같아. 더 설명할 필요 없겠어."라고 수정할 수 없기 때문에 개괄적인 정보를 간단히 전달하는 게 아니라 판매 메시지를 '철저히' 전해야 한다. 이를 위해 모든 수단을 활용해야 한다. 상품의 혜택을 모두 꺼내놓고 모든 사회적 증거를 제시해야 한다. 구매 요청도 여러 번 해야 한다.

● 버튼 vs 링크

빨간색 신호등을 보면 무슨 생각이 드는가? 아마도 '멈춰야 한다'는 메시지가 떠오를 것이다. 반대로 초록색 신호등을 보면 '출발'이라는 단어가 자연스럽게 연상되지 않는가? 망치를 보면 못을 박는 모습이 그려지고, 사다리를 보면 높은 곳에 올라갈 때 쓰는 도구임을 떠올린다.

마찬가지로 버튼의 아이콘을 보면 '클릭'이 자연스럽게 떠오른다. 버튼의 이미지 자체가 행동하도록 만든다. 당신은 버튼이 어떤 행동을 요구하는지 직관적으로 안다. 버튼을 문자 링크와 비교해 보라. 버튼이든 링크든 동일한 웹페이지로 이동할 수 있다. 그리고 '여기를 클릭하세요!'라는 문자 링크도 버튼 아이콘처럼 무엇을 해야 하는지 알려준다.

하지만 심리학적 관점으로 볼 때 버튼이 더욱 강력하게 행동을 유발한다. 버튼의 목적이 '나를 누르세요!'라는 행동을 지시하는 것임을 전 세계 사람이 이해하고 있기 때문이다. 링크도 기본적으로 버튼이지만, 무의식에 영향을 미치는 이미지가 없다. 그래서 링크는 행동을 유도하는 요소로서 절반의 효과만 발휘한다. 게다가 다른 문자들에 묻혀 안 보이기 일쑤다. 또한, 링크는 단순한 텍스트이기 때문에 사용자가 의미를 이해하려면 직접 읽어야 하는 수고가 필요하다.

하지만 이러한 방식이 모든 사용자에게 효과적일까? 여기서 또 한 번 테스트가 필요하다. 에이웨버(AWeber, 미국의 이메일 마케팅 소프트웨어 회사 -옮긴이)의 전문가들은 자신의 블로그를 활용해 링크와 관련된 문제를 몇 달 동안 테스트했다. 그들은 이메일로 구독자에게 블로그의 최신 게시물을 보냈다. 얄밉게도 게시물 일부만 보여주고 전체를 보려면 '문자 링크'를 클릭하도록 유도했다. 어떻게 하면 더 많은 구독자가 전체 내용을 읽게 할 수 있는지 알아내기 위해 새롭게 만든 버튼과 기존 문자 링크를 사용해 테스트했다.

처음 다섯 번의 테스트에서 두 가지 버전의 클릭률을 비교한 결과, '자세히 보기' 버튼이 문자 링크보다 33% 더 많이 클릭되었다. 그들은 버튼이 완승이라고 생각했다. 그러나 추가로 20번의 테스트를 진행한 결과, 성공률은 예상과 다르게 나타났다. 버튼이 링크를 평균 17.29% 앞서는 수준으로 떨어졌다.

테스트를 마쳤을 때 그들은 링크가 버튼을 앞질러 전체 클릭의 거의 3분의 2를 차지한다는 점을 알게 됐다. 링크를 누르는 비율이 약 35% 더 높았다.

이 결과가 그렇게 놀라운 일은 아니다. 과거의 이메일에는 전부 링크만 있었다. 수신자는 메일을 받을 때마다 일주일에 두세 번 똑같은 문자 링크를 보았다. 반면 버튼은 이메일에서 거의 사용되지 않았던 새로운 요소였다. 기존 문자 링크와 달리 버튼은 새롭고 낯설었으며 시각적으로 눈에 띄었다. 그러나 버튼의 참신함은 시간이 지나자 결국 사라졌다.

에이웨버 커뮤니케이션의 교육 마케팅 책임자 저스틴 프리믹(Justin Premick)은 이렇게 말했다.

"우리는 구독자에게 버튼을 자주 노출시켰습니다. 그래서 버튼을 무시하는 속도가 더 빨라졌을 가능성이 있습니다. 이메일을 보내는 횟수를 줄이거나 강력한 제안이 있는 이메일을 보내면서 버튼만 사용한다면 버튼의 효과를 보게 될 것입니다."

평범하지 않은 것은 대부분 새로운 관심을 받는다. 날마다 상가를 지나며 길가에 늘 주차된 똑같은 낡은 자동차들을 본다면 어느 순간 그 차들이 눈에 들어오지 않는다. 하지만 지붕이 열리는 최신 스노우 쿼츠 화이트 벤틀리(Snow Quartz White Bentley)가 길 한복판에 주차되어 있으면 폭발적인 관심이 그 멋진 차로 쏟아진다. 새 것이라서 그렇다. 인간의 마음은 새로운 차이를 금방 알아차린다.

"그런데 드류, 이미 버튼으로 대체된 링크가 결국 승자가 된 이유가 도대체 무엇인가요?"라고 질문하는 사람이 있을 것이다. 그 이유는 구독자가 버튼을 너무 자주 본 탓에 링크 자체가 '새로운 것'이 되었기 때문일 수 있다. 나는 하나를 버리고 다른 하나를 선택하기보다 무엇이 더 효과적인지 확인하기 위해 두 가지 버전을 모두 사용하는 쪽을 선호한다. 무슨 말인지 알겠는가? 구독자의 절반은 링크를 클릭하고 나머지 절반은 버튼을 클릭할 가능성이 있다. 이 상태를 몇 달 동안 유지해 보라. 이렇게 하면 실험에 새로운 요소가 개입하는 것을 막을 수 있다.

이러한 실험을 통해 나는 에이웨버와는 다른 결론을 내렸다. 나의 결론, 즉 당신에게 해주는 조언은 CTA 요소를 계속해서 변경하라는 것이다. 한동안은 버튼을 사용하라. 이후에는 링크로 바꿔라. 그다음에는 새로운 문구가 삽입된 버튼으로 바꿔라. 상품이나 서비스와 관련이 있다면, 완전히 새로운 스타일의 버튼을 창의적으로 시도해 보는 것도 하나의 방법이다. 구독자의 관심을 끌기 위해 버튼 디자인을 변경하는 것이 효과적이라면 봉투 모양, 아이콘 형태 등 다양한 버튼을 활용하지 않을 이유가 없다. 이제 진부한 버튼 이미지는 그만 멈춰라! CTA를 더 신선하고 매력적으로 바꿀 때다.

이 조언은 유명한 광고 리서치 회사의 말을 생각하게 한다.

"색다르고 즉시 인지되는 광고를 만들어라.
연구에 따르면 헤드라인이나 이미지에
'새롭고 신선한 내용'이 있으면
'자세히 보기'를 클릭하는 사람이 더욱 많아진다."

– 스타치 리서치(Starch Research)

예를 들어 당신이 강아지 비타민을 판매한다면 버튼을 비타민 모양으로 만드는 것은 어떤가? 내게 이 모양이 어떠냐고 물어본다면 아주 찰떡궁합이라고 말하겠다. 근육 보충제를 판매한다면 불룩한 이두박근을 클릭하게 하라! (이러한 이미지 안에 클릭을 유도하는 문구를 삽입하라. 잠재고객을 안내할 때 저절로 되는 일은 아무것도 없다.) 큰 토마토 씨앗을 판매하는가? 그렇다면 크고 과즙이 풍부한 토마토 모양의 버튼이 가장 적절할 것이다. 마지막으로, 여러 번의 테스트를 거쳐 가장 효과적인 두 가지 CTA를 선정하라. 그리고 이 둘을 직접 경쟁하게 만들어라. 최종 승자가 당신 앞에 모습을 드러낼 것이다.

● 그 밖에 여러 가지 CTA 통계

▶ 페이스북에 CTA를 추가하면 클릭률을 285%까지 증가시킬 수 있다.

▶ 방문자가 CTA를 보기 전에 영상을 시청하게 한다면 구매 전환율이 극적으로 높아질 수 있다. 퀵스프라우트(QuickSprout, 미국의 디지털 마케팅 회사 -옮긴이)에 따르면 킴벌리 스나이더(Kimberly Snyder) 작가가 건강 및 라이프스타일 제품을 영상으로 보여줄 때 구매 전환율이 144% 증가했다.

▶ 닐 파텔(Neil Patel, 온라인 마케팅 컨설팅 기업 창업자 -옮긴이)의 키스메트릭스(Kissmetrics, 고객의 행동과 구매 패턴을 추적하여 고객 경험을 개선하고 마케팅 전략을 최적화하는 도구 -옮긴이)에 따르면 영상 안에 들어간 CTA는 평범하게 사이드바로 보여주는 CTA보다 클릭률을 380% 증가시킨다. 가장 큰 효과는 방문자를 다른 웹페이지로 이동시켜 더 많은 정보를 보게 하는 것이다.

▶ '공유하기'라는 CTA는 어떤가? '소셜 타임스(Social Times)'가 이메일에 공유 버튼을 추가하자 클릭률이 무려 158% 상승했다. CTR(클릭률)는 광고의 클릭 수를 광고가 노출된 횟수로 나눈 값이다(클릭 수 ÷ 노출 수 = CTR). 광고가 100번 노출됐는데 클릭 수가 5번이라면 CTR은 5%다.

● **페이지 배치에 따른 구매 전환율 추정치**

환영 페이지	10-25%
상품을 설명하는 페이지	3-9%
팝업	1-8%
슬라이더와 바	1-5%
일반 페이지/마지막 페이지	0.5-1.5%
내비게이션 바	변동

출처: 그로우 앤 컨버트(Grow and Convert)

웹서비스 업체 브래프톤(Brafton)의 창의적 인재들의 말에 따르면 CTA 버튼을 전략적으로 배치하면 구매 전환율을 극적으로 높이고 놀라운 매출 증가를 이룰 수 있다. 게시물에 CTA 버튼을 추가한 결과, 한 달 만에 수익이 83% 상승했고 전자상거래의 구매 전환율이 한 분기에 22% 증가했다. 또한 같은 기간에 블로그 구독자들의 주문 건수당 평균 결제금액이 49% 상승했다.

▶ 헬츠버그 다이아몬드(Helzberg Diamonds, 미국의 주얼리 회사 −옮긴이)에서는 CTA 버튼에 화살표 아이콘을 추가하니 클릭 수가 26% 증가했다. 광고에서 소비자의 행동을 유도할 때 말과 이미지를 모두 사용한다. 화살표가 바로 유도장치다. 우리는 화살표가 가리키는 곳을 보도록 길들어져 있다. 화살표를 활용해 헤드라인, 가격, 특별 이벤트, 핵심 문단, 보장 내용, CTA를 명확하게 볼 수 있도록 가리켜라. 사람

들이 '우연히' 중요한 정보를 발견할 것이라고 기대하지 마라. 그들을 직접 안내하고, 어디를 봐야 하는지 정확한 위치를 알려주어야 한다. 클릭하라고 말하고 읽어보라고 유도하라. 다른 회사의 상품을 주의 깊게 살펴보라고 조언하고, 그 이유를 설명하라. 다른 상품과 비교해보고, 많은 고객이 당신의 상품에 감명을 받아 반복 구매하고 있음을 강조하며, 안심하고 선택할 수 있도록 하라. 무엇보다 가장 중요한 것은 '구매'를 유도하는 것이다. 왜 구매해야 하는지 설득력 있는 이유를 제시하라.

허브스팟(HubSpot, 미국의 인바운드 마케팅, 판매 및 고객 서비스용 소프트웨어 상품 개발, 마케팅 기업 -옮긴이)은 아래와 같이 보고했다.

- ▶ 앵커 텍스트(Anchor text, 닻 문구, 즉 어떤 링크인지 설명이 적힌 링크 -옮긴이) CTA는 구매 전환율을 121%까지 증가시켰다.
- ▶ 잠재고객의 47~93%가 앵커 텍스트 CTA만을 통해 유입된다.
- ▶ 잠재고객의 83~93%가 앵커 텍스트 및 사이트 내의 링크를 통해 유입된다.

다양한 문구를 테스트해 본 적이 있는가? 작은 변화가 큰 차이를 가져온다. 당신의 상품에 최적화된 CTA 문구는 일반적인 CTA보다 더 효과적이다. 이런 예들이 있다.

- '여기를 클릭하면 치명적인 매력을 갖추는 비결을 알 수 있습니다'가 '여기를 클릭해서 주문하세요'보다 낫다.
- '지금 클릭하면 신선한 주스를 손쉽게 만들 수 있습니다'가 '지금 구매하세요'보다 낫다.
- '클릭 한 번으로 빠르고 깔끔하게 잔디를 정리해 드립니다'가 '클릭해서 예약하세요'보다 낫다.

혹시 더 친밀하게 접근하고 싶다면 다음과 같이 하면 된다.

- '그래, 체이스! 나를 치명적인 매력을 지닌 사람으로 만들어줘!'
- '그래, 레이드! 나는 신선한 주스를 만들고 싶어!'
- '그래, 나의 잔디를 깎아줘 스탠리!'

마지막 세 가지 예에서는 광고인의 이름 말고도 나의 또는 나, 당신 등의 인칭대명사가 지닌 힘을 이용한다. 광고 카피가 다수를 대상으로 작성된 것 같은 느낌을 주면 안 된다는 점을 기억하라. 지금 그 카피를 읽고 있는 단 한 사람을 위한 문장처럼 작성해야 한다.

나는 카피를 작성할 때 친구나 형제에게 쓴다고 상상한다. 초고에 이름을 사용해서 쓰고 카피를 작성하는 동안 그 사람을 상상한다. 이 방법은 내가 선택하는 단어와 완성된 원고의 전체 분위기에 매우 긍정적인 효과를 준다. 카피가 친구에게 말하는 것처럼 자연스럽게 들리지 않는다면 바꿔야 한다. 그런 카피는 딱딱하고 상업적이고 거리감이 있는 것처럼 느껴진다. 한번 시도해 보라. 내가 무슨 말을 하는지 알게 될 것이다.

● CTA의 성능을 강화하는 부제 활용

'여기를 클릭하세요'나 '지금 구매하세요'라는 버튼을 쓰는 것을 겁내지 마라. 이 단계에서 끝내지만 않으면 된다. 일반 휘발유가 아니라 로켓 연료를 사용하고 싶다면 CTA에 부제를 덧붙여 잠재고객이 클릭하도록 동기부여를 해야 한다. 부제는 CTA 문구 아래에 설명을 추가한 문장이다. 당신도 알다시피 이상적인 CTA 버튼은 헤드라인을 굵은 글자로 표시해 클릭하라고 알려주고 그 아래에는 상품을 효과적으로 설명하는 문장을 부제로 좀 더 작게 표시한다.

지금 클릭해 주문하세요
단돈 몇 푼으로 깨끗하고 순수한 물을 마시세요!

지금 클릭해 예약하세요
클릭 한 번으로 당신 집 앞의 눈을 신속하게 치워드립니다!

오늘 무료 체험을 시작하세요
지금 무료 체험을 신청하고, 전문가처럼 피자 굽는 방법을 배우세요!

이 '놀라운' 영상을 시청하세요!
23초 만에 개미들을 박멸하는 나만의 비법을 지금 확인하세요!

나의 초콜릿 복근 계획을 보려면 클릭하세요
나의 무료 보고서를 바로 다운로드할 수 있습니다!

이렇게 생각하면 된다. '지금 구매하세요'와 같은 CTA 문구는 헤드라인이며 부제는 추가 설명이다. 헤드라인은 잠재고객에게 해야 할 행동을 명확히 전달하고, 부제는 그 행동을 왜 해야 하는지 설명해야 한다. 왜 단순히 '등록하세요'라고만 하는가? 그렇게 해서 얻는 유익을 강조할 수 있는데도 왜 말하지 않는가? CTA는 신비로운 도구가 아니다. 당신이 이미 알고 있는 효과적인 카피 공식들이 CTA에도 적용된다.

● **CTA 관련 추가 조사 및 통계**

다음 아이디어를 직접 테스트해 보고, 어떤 방식이 당신의 상품에 가장 효과적인지 확인하라.

▶ 콘텐트버브(ContentVerve, A/B 테스트와 전환율 최적화를 통해 웹사이트의 성과를 극대화하는 컨설팅 회사 –옮긴이)는 1인칭 표현을 사용할 때 클릭률이 90% 상승하는 것을 확인했다. '당신의 30일 무료 체험을 시작하세요' 대신에 '나의 30일 무료 체험이 시작됩니다'라는 식으로 표현하면 더 효과적이다.

▶ CTA를 버튼 모양으로 만드니 크리에이트디베이트(CreateDebate, 아이디어를 공유하는 미국의 커뮤니티 –옮긴이)에서 클릭률이 45% 증가했다.

▶ 소프트웨어 기업 SAP의 연구 결과에 따르면 주황색 CTA가 구매 전환율을 32.5% 이상 높였다.

▶ 마케팅 소프트웨어 기업 퍼포머블(Performable)은 빨간색 CTA가 구매 전환율을 21% 증가시키는 것을 확인했다.

▶ 오픈마일(Open Mile, IT 서비스를 통해 차량 관리 플랫폼을 제공하는 기업 -옮긴이)은 CTA 주변의 복잡함을 줄인 결과, 구매 전환율이 232% 상승했다.

▶ 33만 개의 CTA를 분석한 결과, 친밀한 문구가 들어간 CTA가 그렇지 않은 CTA에 비해 전환율을 202% 상승시켰다.

▶ 상품의 사진을 CTA 옆에 배치해 신속한 반응을 유도해야 한다. 이는 쿠폰에 상품 이미지를 넣어 반응을 유도하는 전통적인 기법과 비슷하다. 온라인 광고 마케터들은 방문자가 CTA에 적극적으로 반응하는 것을 확인했다. CTA를 처음 사용한 테스트에서 무려 28%의 구매 전환율을 기록하기도 했다.

▶ 프렌드바이(FriendBuy, 기업을 위한 추천 및 로열티 프로그램 소프트웨어를 제공하는 플랫폼 -옮긴이)는 고객의 불안을 해소하는 콘텐츠를 추가하고, CTA 옆에 주요 혜택을 설명해 가입률을 34% 증가시켰다.

▶ 닐 파텔은 사용자들이 CTA를 클릭하기 전에 상품에 대한 더 많은 정보를 얻으려고 한다는 사실을 알게 됐다. 추가로 화면 상단에 CTA를 배치했을 때 구매 전환율이 17% 감소한다는 사실을 발견했다. 다른 테스트도 해보았다. 화면 상단에 CTA를 배치하는 경우와 스크롤을 내려야 볼 수 있는 하단에 CTA를 배치하는 경우를 비교했다. 그 결과, 후자의 경우에 구매 전환율이 304% 급증했다. 이렇게 CTA 배

치 위치에 따라 효과가 크게 달라질 수 있다. 따라서 두 가지 배치를 비교하는 테스트를 직접 해보고 당신의 광고에서는 어떤 방식이 가장 효과적인지 확인해야 한다. 나의 테스트에서는 상단 배치가 더 효과적일 수도 있지만, 당신의 경우에는 하단 배치가 더 나을 수도 있다.

개인적으로 나는 세일즈맨이 거래를 성사시키려는 시도를 절대 막지 않는다. "이봐, 나가서 내 물건을 팔아. 하지만 구매 요청을 여러 번 해서는 절대 안 돼." 이렇게 멍청한 말이 또 있을까! 구매 요청을 계속하라. CTA를 화면 상단에도 배치하고 화면 아래에도 배치하라. 나라면 다양한 문구를 넣은 많은 형식의 CTA를 긴 페이지 곳곳에 삽입하겠다. 잠재고객을 설득할 방법을 제한할 이유가 전혀 없다. 강력한 CTA를 여러 개 제시하는 광고가 승자가 된다는 데 맛있는 피자를 걸겠다(바삭한 크리스피까지 추가해서).

온라인 광고 비밀 #4
답장은 곧 기회! 인플루언서를 움직이는 설득 전략

팩트: 볼 수 없는 광고에는 반응할 수 없다. 광고 차단 프로그램을 사용하는 사람이 빠르게 증가하고 있어서 당신의 광고는 기대만큼 사용자에게 노출되지 않을 수 있다. 몇 가지 간단한 통계를 살

펴보자.

- ▶ 현재 6억 1,500만 개의 전자 기기에 광고 차단 앱이 깔려 있다.
- ▶ 전 세계 인터넷 사용자의 11%가 인터넷에서 광고를 차단했다.
- ▶ 2016년, 광고 차단 프로그램의 사용량은 30% 증가했다.
- ▶ 스마트폰 광고 차단 프로그램의 사용 건수는 1억 800만 회까지 증가해 3억 8,000만 개의 스마트폰에 광고 차단 앱이 깔려 있다.
- ▶ 컴퓨터 광고 차단 프로그램의 사용 건수는 3,400만 회까지 증가해 2억 3,600만 개의 컴퓨터에 관련 앱이 깔려 있다.
- ▶ 미국 광고 차단 앱 사용자의 74%는 유료 광고 차단 사이트를 방문하지 않는다고 응답했다.
- ▶ 미국 광고 차단 앱 사용자의 77%는 특정한 형태의 광고를 볼 용의가 있다고 응답했다.
- ▶ 광고 차단 앱은 이제 모든 연령대에서 사용되고 있다.
- ▶ 광고 차단 앱 사용자는 일반적인 디스플레이 광고를 선호한다.
- ▶ 광고 차단 앱 사용자는 평균적인 미국인보다 학사 학위를 소지했을 가능성이 더 높다.

이처럼 인터넷에서는 광고 차단이 점점 증가하고 있다. 그렇다면 이러한 현실에서 확실한 해결책은 무엇일까? 바로 '인플루언서 마케팅'이다.

그렇다. 인플루언서를 말하는 것이다. 이들은 다양한 이유로 평균 이상의 소셜 미디어 팔로워를 보유한 유명 인사다. 인플루언서는 네 가지 부류로 나뉜다.

인플루언서 종류	팔로워 수
나노(Nano) 인플루언서	1천-5천
마이크로(Micro) 인플루언서	5천-10만
매크로(Macro) 인플루언서	10만-100만
메가(Mega) 인플루언서	100만 이상

인플루언서의 의견은 대개 다른 사람의 의견보다 더 높이 평가된다. 단지 온라인 유명 인사라는 이유에서다. 당신의 상품에 대한 좋은 의견을 전할 유명한 인플루언서를 단 한 사람이라도 확보할 수 있다면 빠르게 성공할 수 있다. 인플루언서에게는 그의 말 한마디에 열광하는 엄청난 구독자가 있다. 성공으로 가는 가장 쉬운 길은 탄탄하게 만들어진 시스템에 올라타는 것이다. 이미 존재하는 수로를 이용해 물살을 타고 목적지에 도달할 것인지, 아니면 직접 수 킬로미터의 수로를 파고 보트를 만들 것인지에 대한 문제다.

일부 세계 유명 브랜드는 인플루언서 마케팅에 뛰어들고 있다. 실제로 세계적인 대기업 프록터 앤드 갬블(Procter & Gamble, 미국의 다국적 기업으로 소비재를 제조 및 판매하며 P&G로 더 많이 알려져 있음 -옮긴이)은 몇 년 전 무려 2억 달러에 달하는 디지털 마케팅 예산을 삭감했다. 그렇다고 광고 효과가 줄어들었을까? 전혀 아니다. 인플루언서 마케팅 등 다른 채널로 예산을 돌리면서 광고가 노출되는 비율이 오히려 10% 더 증가했다.

개념은 간단하다. 잠재고객에게 영향력을 미치는 인플루언서를 찾아 당신의 상품에 대해 좋은 평가를 하도록 유도하면 된다. 즉, 당신의 광고에 '권위 있는 신뢰성'을 부여하는 것이다. 그들의 팔로워는 인플루언서가 당신의 상품을 극찬하는 말을 듣고 '틀림없이 맞는 말일 거야. 나의 우상이 한 말이니까.'라고 생각한다. 재미있지 않은가? 하지만 심리학적 관점에서 보면 자연스러운 일이다. 우리는 그런 심리를 이용하기만 하면 된다.

유명인의 문화가 마음에 안 들더라도 동경할 수밖에 없다.
- 팔로마 페이스(Paloma Faith), 영국 가수 겸 작사가이자 배우

그렇다면 매우 바쁜 인플루언서들에게 어떻게 접근할 것인가? 그들이 무슨 이유로 당신과 당신의 매출에 신경을 쓰겠는가?

인플루언서가 당신의 상품을 칭찬하는 이유는 간단하다. 돈 때문이다. 충격적인가? 그들은 상품에 대한 게시물을 게시하고 높은 수수료를 받는다. 팔로워가 가장 많은 경우가 아니더라도 참여율이 제일 높은 게시물은 게시물 당 가장 높은 수수료를 받는다. 얼마나 받을까? 우선 가장 활발한 인플루언서가 활동하는 상위 5

개의 소셜 미디어 플랫폼을 살펴보자.

「2022년 인플루언서 마케팅 현황: 벤치마크 보고서(The State of Influencer Marketing 2022: Benchmark Report)」에 따르면 인플루언서 마케팅을 하는 상위 5개의 플랫폼은 다음과 같다.

소셜 미디어 플랫폼	인플루언서 비율
인스타그램	82%
유튜브	41%
틱톡, 트위터	23%
페이스북	5%

인플루언서는 게시물 당 평균 얼마를 청구할까? 다음 표를 확인해 보자.

	나노	마이크로	미드	매크로	메가	유명인
인스타그램	$10-$100	$100-$500	$500-$5,000	$5,000-$10,000	$10,000+	변동
유튜브	$20-$200	$200-$1,000	$1,000-$10,000	$10,000-$20,000	$20,000+	변동
틱톡	$5-$25	$25-$125	$125-$1,250	$1,250-$2,500	$2,500+	변동
트위터	$2-$20	$20-$100	$100-$1,000	$1,000-$2,000	$2,000	변동
페이스북	$25-$250	$250-$1,250	$1,250-$2,500	$12,500-$25,000	$25,000+	변동

이제 당신은 그들이 누구인지, 얼마를 청구하는지 알았다. 그렇다면 어떻게 인플루언서의 관심을 끌까? 인플루언서를 중개하는 마케팅 회사를 통해 그들과 접촉할 계획이 없다면(당연히 그런 회사는 수수료를 받는다) 다음과 같은 방법을 시도해 보라.

1단계: 당신의 브랜드와 어울리는 인플루언서를 찾아라. 온라인에서 유명하다고 해서 그들이 전부 당신의 상품에 어울리거나 잠재고객에게 영향력을 행사하는 건 아니다. 예를 들어 당신이 '옥토그립(OctoGrip)'이라는 신제품 집게를 판매한다면 바바라 팔빈(Barbara Palvin)이나 후다 카탄(Huda Kattan) 같은 뷰티(beauty) 인플루언서에게는 접근하지 않을 것이다. 그들에게 5,000만 명이 넘는 팔로워가 있어도 말이다. 이는 정말 엄청난 수의 팔로워다. 이보다 더 중요한 점은 그들의 게시물이 당신의 잠재고객에게 노출될 가능성이다. 지금 노출에 대해 이야기하고 있으니, 세계 상위권에 있는 인플루언서들과 그들의 현재 팔로워수를 살펴보자.

* 2023년 기준으로 작성됨

▶ 뷰티 인플루언서

- 후다 카탄(Huda Kattan) (5,010만 명)

- 베키 지(Becky G) (2,500만 명)

- 키아라 페라그니(Chiara Ferragni) (2,630만 명)

- 니키 튜토리얼(Nikkie de Jager) (1,400만 명)

▶ 패션 및 스타일 인플루언서

- 기기 하디드(Gigi Hadid) (7,310만 명)
- 벨라 하디드(Bella Hadid) (5,040만 명)
- 소마 레이(Sommer Ray) (2,670만 명)
- 키아라 페라그니(Chiara Ferragni) (2,630만 명)
- 알렉사 청(Alexa Chung) (500만 명)

▶ 음식 인플루언서

- 제이미 올리버(Jamie Oliver) (900만 명)
- 데이비드 장(David Chang) (170만 명)
- 솔트 배(Salt Bae) (4,330만 명)

▶ 라이프스타일 인플루언서

- 조안나 게인즈(Joanna Gaines) (1,350만 명)
- 로산나 판시노(Rosanna Pansino) (430만 명)
- 릴리 싱(Lilly Singh) (1,110만 명)
- 칼린호스 마이아(Carlinhos Maia) (2,470만 명)

▶ 사진 인플루언서

- 무라드 오스만(Murad Osmann) (360만 명)

▶ 헬스 인플루언서

- 케일라 잇시네스(Kayla Itsines) (1,410만 명)
- 시메온 판다(Simeon Panda) (800만 명)

▶ 여행 인플루언서

- 잭 모리스(Jack Morris) (260만 명)
- 로렌 불렌(Lauren Bullen) (200만 명)
- 무라드 오스만 (Murad Osmann) (360만 명)
- 크리스 버카드(Chris Burkard) (360만 명)
- 제시카 스테인(Jessica Stein) (230만 명)

▶ 유튜버

- 잭 킹(Zach King) (2,450만 명)
- 퓨디파이(PewDiePie) (2,180만 명)
- 데이비드 도브릭(David Dobrik) (1,230만 명)
- 오론플레이(AuronPlay) (1,750만 명)
- 캐리미나티(CarryMinati) (1,490만 명)

엄청난 숫자다. 하지만 이 점을 기억해야 한다. 당신이 엄청난 재력가라 큰 비용을 줄 수 있거나 상품이나 서비스가 어떤 극적인 방식으로 그들의 개인적 취향에 딱 들어맞는 게 아니라면 거물의 관심을 사로잡는 것은 어려운 일이다. 브랜드나 상품이 중요하지 않다는 뜻이 아니다. 이미 그들에게는 수익성 높은 거래가 너무 많기 때문이다. 그들은 끊임없이 러브콜을 받는다.

수많은 장애물을 뚫고 인플루언서와 거래할 수 있을까? 물론이다. 그렇다면 더 쉽고 좋은 방법이 있을까? 있다. 더 작은 물고기를 찾는 것이다. 팔로워의 규모는 작지만 강력한 영향력을 미치는 인플루언서는 당신의 브랜드를 현재 노출되는 수준보다 훨씬 더 널리 전파할 수 있다. 고작 10만 명의 팔로워가 있는 인플루언서 한두 명을 확보하는 것이 시시하게 느껴지는가? 그러면 안 된다. 그 이유를 생각해 보자.

와튼스쿨의 마케팅 교수 조나 버거(Jonah Berger)가 켈러페이그룹(Keller Fay Group)의 마케팅 연구자들과 함께 진행한 연구에 따르면 마이크로 인플루언서는 평균적인 소비자보다 매주 22.2배 더 많이 상품을 추천한다. 연구에서 설문조사에 응답한 소비자 중 82%는 '마이크로 인플루언서의 추천을 받고 구매할 가능성이 매우 크다'고 응답했다.

이제 완벽한 계획이 세워졌는가? 나노 인플루언서와 마이크로 인플루언서에게 먼저 접근하라. 인플루언서 마케팅으로 매출이 생기고 수익이 뒷받침된다면 한 단계 높여 매크로 인플루언서나 메가 인플루언서에게 홍보를 요청할 수 있다. 당신은 인플루언서의 활동 덕분에 꾸준하게 성장하며 재정적 이익을 얻을 수 있는 것과 동시에 그들을 상대하는 경험을 쌓게 된다. 매크로 인플루언서를 상대할 무렵에는 인플루언서에게 처음 연락할 때나 협상할 때 훨씬 더 편안한 마음으로 자신감 있게 일을 진행할 수 있을 것이다.

인플루언서를 확보하는 단계를 계속 살펴보자.

2단계: 어떻게 말할지 계획을 세워라. 전통적으로 검증된 광고 기법을 기억해 보자. AIDA를 다시 떠올려보라. 관심(Attention)을 유도하고 흥미(Interest)를 일으키고 당신의 상품을 홍보하고 싶다는 욕구(Desire)를 자극하라. 당신과 함께 일할 때 어떤 혜택을 얻는지 알려주어라. 그리고 행동(Action)하라고 말하라. (어떤 행동부터 하면 좋을지 정확하게 이야기해야 한다. 예를 들면 간단한 답장을 보내달라고 하면 좋을 것이다.)

3단계: 호소력 있는 이메일을 작성하라. 당신이 선택한 인플루언서에게 보내는 이메일은 일종의 광고 편지다. '당신의 구독자에게 나의 상품을 설명해달라'라는 아이디어를 그들에게 판매하는 것이다. 그들에게 이메일을 보내는 것은 잠재고객을 대상으로 홍보하는 것과 크게 다르지 않다. 이 경우에는 인플루언서도 당신의 잠재고객이다. 광고의 모든 규칙이 동일하게 적용된다. 그들의 관심을 유도한 후 혜택을 설명하고 답장을 보내달라고 해야 한다. 견본 이메일을 보여줄 테니 이를 참고하길 바란다. 그리고 어떻게 하면 그들이 당신의 이메일을 열어보게 할 수 있는지 잠시 이야기해 보자. 그들이 이메일을 열어보지 않는다면 아무리 엄청난 돈방석에 앉을 기회를 제시해도 그 제안을 절대 보지 못한다.

먼저 '적절한' 요일과 시간에 이메일을 보내라. 이와 관련한 조사를 한 코스케줄(CoSchedule)과 다른 다양한 연구들에 따르면 목요일, 화요일, 수요일의 순서가 좋고 시간은 오전 10시가 적당하다.

이메일을 보내면 무슨 일이 일어날지 예측해 보라. 스팸 차단 기능이나 전송 오류의 문제가 없다면 이메일이 잘 전달될 것이다. 첫 번째 장애물을 무사히 뛰어넘었다. 다음 순서로는 아날로그 우편물의 경우 봉투를 뜯어야 읽을 수 있는 것처럼 제목을 열어 본문을 읽게 해야 한다.

수신자가 이메일을 반드시 열게 하는 비법이 있다. 무척 간단하다. 이메일의 제목은 제안서의 헤드라인에 해당되는데, 그 제목에 이름만 넣는 것이다. 얼마나 간단한가. '스티브에게'나 '질에게'만 넣으면 된다. 좀 더 친근하게 접근하고 싶다면 '안녕하세요, 스티브'나 '안녕하세요, 질'이라고 하라. 딱 거기까지만 적어라. 그것만 말하면 된다. 그들의 이름을 언급했는데도 본문을 보지 않는다면, 제안의 세부적인 내용을 제목에 언급한다고 해서 나아질 게 없다. 사실 제목에 세부 내용을 담는 것은 봉투에 지나치게 자세한 티저(teaser)를 보여주는 것과 같다.

예를 들어 주택 소유자를 타깃으로 한 광고 편지를 보낸다고 해보자. 편지 봉투에 이렇게 적혀 있다. '주택 소유자 여러분! 막힘 없는 배수관 신제품을 25% 할인해 드립니다!' 그러면 무슨 일이 일어날까? 편지를 받은 사람은 그 자리에서 결정한다. 상품에 관심이 있으면 편지를 열어볼 것이고 그렇지 않으면 짧은 티저만 보고 뜯지도 않은 편지를 쓰레기통에 버릴 것이다. 후자의 경우 본문에 담긴 메시지로 수신자의 마음을 움직이게 할 기회를 완전히 놓치고 만다. 이는 좋은 방법이 아니다.

　잠재고객이 제목에 있는 몇 개의 단어만 보고 결정하게 해서는 안 된다. 본문에 담긴 혜택과 상품의 특징, 관련 사진을 보게 해 그들의 마음이 움직이게 만들어야 한다. 막힌 배수관이 얼마나 큰 피해를 일으키는지 충격적인 통계를 제시해야 한다. 배수관이 막혀 물이 넘치면 지붕 끝에서 수천 리터의 물이 흘러내려 지하실로 바로 쏟아질 수 있고 그렇게 되면 지하실은 물바다가 되고 심각한 수해가 발생할 수 있다는 점을 알려주어야 한다.

> "비가 약 25mm 내릴 때마다 약 600평의 지붕에 4,000L가 넘는 빗물이 모인다는 사실을 알고 있습니까? 한 해 평균 강수량이 635mm라는 점을 생각하면 매년 10만 리터 이상의 어마어마한 물이 배수관과 수직 홈통을 통해 강물처럼 쏟아집니다!"

　여기에 사회적 증거를 추가하라. 더 많은 정보와 수치를 삽입하라. 이게 바로 강력한 판매 도구다. 과연 이 메시지를 제목 몇 단어로 전달할 수 있을까?

　결론: 편지의 목적을 제목에 넣지 마라. 제목은 오로지 본문을 보게 만드는 역할만 해야 한다. (카피 내용을 읽게 하는 것이 카피라이터의 최우선 목표다) 편지의 목적을 한 마디로 전달하고 싶다면 본문의 첫

문장으로 그렇게 하면 된다.

4단계: 인내심을 가져라. 인플루언서들은 바쁘다. 영상을 찍으며 힘들게 고생해 번 엄청난 돈을 창의적인 방법으로 소비하고 싶어서 분주하다. 하지만 그게 아니더라도 대개 그들은 창의적인 게시물을 더 많이 만드느라 무척 바쁘다. 많은 인플루언서가 영상을 직접 제작한다. 한편 전문가에게 영상 제작을 맡기는 인플루언서도 있다. 그들은 산더미 같은 제안서를 처리한다. 마치 대부분의 출판사가 쌓여 있는 원고를 앞에 둔 것처럼, 그들의 메일함에도 읽지 않은 이메일로 가득 차 있다. 당신의 메일은 답장을 받기도 전에 다른 메일에 뒤로 밀릴 가능성이 크다.

5단계: 다수의 인플루언서를 동시에 공략하라. 다른 판매와 마찬가지로 이것도 숫자 게임이다. 그렇기 때문에 접근할 대상을 소수의 인플루언서로 제한하면 안 된다. 인플루언서의 목록을 길게 작성하고 총력을 기울여 동시에 이메일을 발송하라. '한 명에게 보내고 답장을 기다려야지'라고 생각하면 안 된다. 그들이 답장을 보내는 기간은 보통 몇 주나 몇 달이 걸린다. 이를 '달팽이 속도'라고 하는데 '스리 스투지스(Three Stooges, 20세기 초중반 미국에서 인기를 얻었던 코미디 팀 -옮긴이)'의 모(Moe)가 하던 말처럼 그런 속도로는 어디에도 빨리 갈 수 없다. 만약 운이 좋아서 한 번에 여러 개의 답장을 받을 수 있다면 (쉽지는 않지만 가능하다) 매우 대단한 일이다! 이런 경우 어떤 인플루언서와 함께 일할지 저울질할 수 있다.

그러면 유명한 인플루언서의 답장을 어떻게 받을 수 있을까? 몇 가지 방법을 소개하겠다.

1. 이메일을 짧게 작성하라. 일반적으로 그들은 매우 활발하다. 요점을 빨리 말하지 않고 너무 뜸을 들이면 끝까지 읽지 않을 것이다. 소비자의 반응을 즉각 유발하는 훌륭한 광고처럼 군더더기를 제거하고 첫 문장에서 핵심 메시지를 바로 전하라. (맞다. 그 정도로 빨리 전해야 한다.) "그런데 드류, 긴 카피가 짧은 카피를 이긴다면서요. 앞뒤가 다른 거 아니에요?"라는 질문이 나올 만하다. 이해한다. 잘 작성된 긴 카피가 잘 작성된 짧은 카피보다 더 많은 상품을 판다. 하지만 인플루언서들은 평범한 수신자가 아니다. 일주일에 당신이나 내가 수백 통의 이메일을 받는다면 이들은 수천 통을 받는다. 인플루언서가 받는 이메일 대부분은 어떤 형태로든 함께 일하자는 제안이다. 가치 있는 브랜드와 구독자를 확립했기에 다들 그들의 관심을 얻으려고 애쓴다. 만약 그들이 당신의 이메일을 열어본다면 당신에게 주어진 시간은 단 몇 초다. 그 몇 초안에 핵심을 전달해야 한다. 당신의 제안이 설득력이 있다면 답장을 받을수도 있다. 혹여 답장을 받지 못하더라도 당신의 제안이 나쁘다는 뜻은 아니다. 그들이 산더미

처럼 쌓인 제안서에 파묻혀 당신의 제안을 미처 보지 못했거나, 제안을 봤는데도 답장을 하지 않았을 가능성도 있다. 그렇다고 해서 당신의 제안이 다른 인플루언서에게도 매력적이지 않다는 뜻은 아니다. 그들에게 보내는 이메일은 일종의 홍보다. 이메일을 대량으로 발송하다 보면 반응이 있을 수도, 없을 수도 있다.

2. **개인적인 친근감을 완벽하게 나타내라.** 인플루언서에게 이메일을 보낼 때 당신이 아는 누군가에게 이메일을 보낸다고 생각하라. 그들의 이름을 불러라. 그들이 제작한 영상에 어떤 말이 있었는지 언급하고 그 영상에 '좋아요'를 눌렀다고 말하라. 또한 제안한 상품과 얼마나 잘 어울리는지 구체적으로 설명하라. 당신의 제안이 그들과 팔로워들에게 어떤 유익이 있는지 보여줘라. 유명 인플루언서들은 많은 팔로워를 보유하고 있고 매우 바쁘지만 그들도 사람이다. 다른 사람에게 영향을 미치는 요소가 그들에게도 똑같이 영향을 미친다. 제발 익명의 다수에게 쓰는 표현은 자제하라.

3. **칭찬하라!** 내가 존경하는 할아버지인 샘(Sam)은 이런 말을 자주 하셨다. '아부를 할 줄 알아야 해' 그들의 센 자존심을 어루만지면서 의견을 구하라. 그리고 자존감을 높여주어라. 물론 지나친 아부는 금물이다. '당신은 이 업계에서 존경받는 사상 선도자입니다. 제 팔로워들도 당신의 전문적 의견

을 높이 삽니다.'라는 말과 '세상에, 당신에게 정말로 이메일을 보내다니 믿기지 않아요. 당신은 신이나 마찬가지예요. 정말 미칠 것 같아요!'라는 말은 확연히 다르다.

4. **그들에게 가치 있는 제안을 해라.** 그들이 유명인이라고 해서 공짜를 좋아하지 않는 것은 아니다. 누구나 공짜를 좋아한다! 무료 샘플을 보내줘도 되는지 물어라. 팔로워를 늘리는 데 당신이 협조할 수 있다고 하라. 당신의 팔로워에게 그들을 알리고 싶으니 인터뷰하고 싶다고 말하라. 전문가의 조언이 필요하다고 말하고 그들 말고는 더 적합한 사람을 모르겠다고 말하라. (물론 알고 있겠지만)

5. **'판매하려고' 하지 마라.** 명확하게 말하겠다. 당신의 목표는 답장을 받는 것이다. 판매는 그다음이다. 자연스럽게 답장을 받는 게 먼저다. 의사소통 창구를 열어 서로 이익이 되는 관계를 구축해야 한다. 지나치게 밀어붙이지 마라. 겸손하다는 인상을 주어야 한다. 그들에게 '결정권'이 있다고 느끼게 하라. 자존심을 어루만지려면 피해야 할 행동이 있다. 값이 자그마치 1만 2,000달러에 달하는 까날리(Canali) 양복을 입고 매우 비싼 자동차인 부가티(Bugatti)를 몰고 인플루언서를 찾아가면 안 된다. 만약 당신이 그런 모습으로 나타난다면 자존심이 센 사람은 불편해하거나 당신을 경쟁자라고 생각할 수 있다. 겸손하게 행동해야 도움이 된다. 동시에 자신

감도 나타내야 한다. 그래야 그들이 자신의 시간을 투자할 만한 사람을 상대한다고 느낄 것이다.

6. 다음에 해야 할 일을 명확하게 안내하라. 최상의 시나리오는 그들이 '답장' 버튼을 눌러 긍정적인 반응을 보이거나, '더 자세히 말해달라'고 요청하는 것이다. 하지만, 전화 통화를 기대하지 마라. 그들이 당신의 웹사이트를 방문하거나, 특정 양식을 작성하거나, 화상 회의를 위해 일정을 공유할 가능성도 낮다. 절차를 최대한 간단하고 쉽게 만들어야 한다. 가능한 최소한의 노력만 요구하라. 기대했던 답장을 받지 못하더라도 '내가 절차를 어렵게 만들어서 답장을 받지 못한 것일까?'라는 생각은 하고 싶지 않을 것이다. 이메일을 보내기 전에 복잡한 문제들을 모두 제거하라. 그러면 답장을 받기 위해 최선을 다했다는 확신이 생길 것이다.

7. 명랑함, 긍정, 확신, 열정을 나타내라. 인플루언서는 야심가이자 행동가다. 그들은 대개 긍정적인 태도를 지닌다. 이러한 태도가 성공 요인이다. 그들은 자신과 비슷한 사고방식을 지닌 사람과 함께 일하는 걸 좋아한다. 그런 기회를 통해 훨씬 더 큰 영향력과 성공을 얻을 수 있다는 사실을 알기 때문이다. 당신이 확신에 차있다면 그 분위기를 느낄 것이다. 개인적이고 따뜻한 인사말을 한 뒤에는 어떻게 해야 할까?

❌ **이렇게 말하지 마라:** "이번에 립스틱 신제품을 출시했습니다. 무료 샘플을 받은 많은 사람이 후기를 작성하고 있습니다. 당신이 이 제품을 사용해볼 시간이 있는지 궁금합니다. 당신이 매우 바쁘다는 걸 알지만…"

✅ **이렇게 말하라:** "수지, 당신의 입술은 정말 아름다워요! 분명히 수많은 팔로워들이 같은 생각을 할 거예요. 그래서 나는 당신의 팔로워가 립비즈(LipBeez)에 열광하리라 확신합니다. 이 신제품은 엄청난 인기를 끌고 있는 립글로스로, 아무리 얇은 입술이라도 15초 만에 도톰하고 섹시하게 만들어 줍니다. 당신의 솔직한 후기가 궁금해서, 이미 50개의 샘플을 예쁘게 포장해 준비해두었어요."

다음과 같이 간단하게 접근해 보자.

안녕하세요. 스티브!
와, 어떻게 내가 당신의 영상을 보게 됐는지 모르겠습니다!
저는 드류 펜실베이니아 프레첼 팩토리(Drew's Pennsylvania Pretzel Factory)의 대표인 드류라고 합니다. 프레첼을 좋아하는 당신의 모습이 담긴 게시물을 재미있게 봤습니다. 정말 멋지더군요.
그래서 우리 회사에서 가장 인기 있는 부드러운 프레첼 50개가 들어 있는 대형 상자를 보내드리려고 합니다. 60cm 이상의 이

거대한 프레첼은 큰 화제를 모았습니다.

역사상 가장 커다랗고 가장 맛있고 부드러운 프레첼입니다. 바삭하고 쫄깃한 프레첼, 완전히 감동적인 맛입니다!

저는 당신이 품질에 까다로운 사람이라는 것을 알기에, 자신 있게 말씀드립니다. 우리는 펜실베이니아의 아름다운 아미쉬 지역에서 100% 유기농 재료로 만든 프레첼을 석탄 오븐에 매일 신선하게 구워 제공합니다.

스티브, 배송받을 주소를 답장으로 알려주세요. 60cm가 넘는 거대한 프레첼이 담긴 대형 상자를 보내드리겠습니다. 당신을 위해 오븐에서 갓 구워낸 제품을 24시간 이내에 보내드릴 겁니다!

대단히 감사합니다!

드류 프레첼 팩토리
드류 에릭 휘트먼 드림

이 편지에서 후기나 거래 협약을 요청하지 않았다는 사실을 눈치챘는가? 나는 그 무엇도 요구하지 않았다. 처음 보내는 이메일의 목적은 그저 '소통 수단을 마련하는 것'이다. 메일에서는 후기에 대가를 지급하겠다는 제안도 전혀 하지 않았다. 그저 무료 샘플을 보내주겠다는 제안만 했다. 만약 그들이 답장하지 않는다면 앞으로도 답장하지 않을 가능성이 크다. 당신이 후기에 대한 대가를 지급하겠다고 한다면? 그들로서는 거래할 상대가 한 명 더 생기는 것뿐이다.

물론 대가를 지급하면 인플루언서들을 빠른 방법으로 참여시킬 수 있으며, 실제로 많은 사람들이 그렇게 한다. 하지만 비용을 들이지 않고 협조를 끌어내는 게 목적이라면 샘플을 미리 제공하는 것이 가장 효과적일 수 있다. 또한, 그들의 관심을 끌어 답장을 받는 가장 쉬운 방법이기도 하다.

인플루언서도 당신과 나처럼 인간이다. 자신이 좋아하는 상품을 공짜로 주겠다고 하면 거부하기 어렵다. 그들이 답장을 보내면 일단 성공이다! 그들에게 상품을 보내고 빠르게 후속 조치를 해라. 간단한 피드백을 요청하면 된다. 상품이 마음에 들면 팔로워가 볼 수 있게 좋은 후기를 써달라고 부탁하라. 당신에게 공짜로 받았다는 사실만으로 강력한 '호혜의 법칙'이 작동할 것이다. 『캐시버타이징』에서 언급한 대로 사람들은 '균형을 맞추기 위해' 호의를 갚아야 한다고 생각한다.

다른 버전도 테스트하고 싶은가? 메가 인플루언서 몇 명이 아니라 많은 인플루언서에게 이메일을 보낼 때는 좀 더 직접적인 방식으로 접근하는 것도 나쁘지 않다. 구체적인 제안을 하고 이에 답변하는지 테스트해 보는 것도 괜찮다. (다시 한번 말하자면 유명한 인플루언서를 상대할 때 나는 앞에서 설명한 대로 무료 샘플을 제공하되, 어떠한 대가도 바라지 않는다) 참고할 수 있는 다른 버전의 이메일을 소개하겠다.

안녕하세요, 스티브!

당신의 최근 (주제를 언급하라) 게시물을 재미있게 봤습니다. 와, 놀랍더군요! 특히 '~라는 말'이 인상적이었습니다. (다수에게 보내는 이메일이 아니라는 사실을 보여주어야 한다. 개인적인 친근감이 느껴지도록 상대가 한 말을 인용하라.)

저는 드류 프레첼 팩토리의 대표인 드류라고 합니다. 우리는 세상에서 가장 크고 맛있는 프레첼을 만듭니다. 펜실베이니아의 아름다운 랭거스터에 있는 작은 벽돌집에서 모든 재료를 직접 만들어 프레첼을 굽습니다. 이 프레첼은 매스컴에 소개되었습니다. 한 번 맛 본 사람들은 모두 프레첼의 매력에 빠져듭니다!

후기를 써주실 수 있다면 60cm가 넘는 거대하고 신선한 프레첼 한 박스를 보내드리고 싶습니다. 물론 강요는 아닙니다. 하지만 당신이 우리 제품을 매우 좋아하리라 확신합니다!

스티브, 배송받을 주소를 답장으로 알려주세요. 60cm가 넘는 거대한 프레첼이 담긴 대형 상자를 보내드리겠습니다. 당신을 위해 오븐에서 갓 구워낸 제품을 24시간 이내 보내드릴 겁니다!

대단히 감사합니다!

드류 프레첼 팩토리
드류 에릭 휘트먼 드림

추신: 달콤한 머스타드 또는 쌉쌀한 머스타드 중 선택하세요

(중복 선택 가능!). 모든 재료를 직접 준비해 만든 맛있는 통곡물 머스타드 몇 병을 무료로 함께 보내드리겠습니다.

> **온라인 광고 비밀 #5**

소유 효과: 잠재고객이 당신의 상품을 사랑하게 만드는 방법

'구매자의 후회' 이 두 단어를 좋아하는 판매자는 어디에도 없다. 불만족스럽고 실망한 소비자를 의미하기 때문이다. 솔직히 말해서 광고대로 품질이 좋은 상품을 판매한다면 구매자가 후회하는 일이 생기지 않는다.

그렇다면 상품에 만족하는 사람에 대해 이야기해 보자. 어떻게 하면 상품에 대한 만족이나 선호를 '사랑'으로 바꿀 수 있을까? 즉, 구매자가 비공식적인 세일즈맨을 자청할 정도로 당신의 브랜드를 사랑하게 하는 방법이 무엇일까? 당신의 회사를 사랑하는 사람은 당신의 상품을 친구, 가족, 동료, 이웃, 심지어 인터넷에서 만나는 낯선 사람에게도 추천한다.

'소유 효과'를 생각해 보자. 이는 매우 매력적인 개념이다. 이 개념을 활용하면 판매 후 어떻게 하면 상품 가치를 상승시킬 수 있는지 통찰을 얻을 수 있다. 소유 효과에 따르면 사람들은 어떤 물건을 소유하기 '전'보다 소유한 '후'에 그 물건에 더 높은 가치를 부여한다. 여기까지 이해되는가? 좋다. 소비자의 이런 성향을 보여주는 실험을 살펴보자.

연구자들은 커피잔부터 스포츠 카드에 이르기까지 다양한 물건에 대한 소유 효과를 실험했다. 뉴욕주 이타카의 코넬 대학교 경제학과 교수 3명이 학생들을 대상으로 커피잔 소유 효과와 관련된 실험을 몰래 진행했다. 실험 대상인 학생들을 두 집단으로 나눠 한 집단의 학생에게 예쁜 코넬 커피잔을 선물했다. 다른 한 집단은 아무것도 받지 못했다. 이렇게 실험 환경을 '소유자'와 '비소유자'로 나누었다.

교수들은 "당신의 커피잔을 판다면 최소한 얼마를 받아야 합니까?"라고 질문했다. 소유자들은 평균적으로 5.25달러 아래로는 팔지 않겠다고 대답했다.

그다음으로 비소유자에게 질문했다. "코넬 커피잔을 산다면 최대 얼마까지 낼 수 있습니까?"라고 묻자, 평균적으로 최대 2.25달러에서 2.75달러까지 지급할 용의가 있다고 말했다.

펜 같은 다른 물건으로도 비슷한 실험을 진행했다. 실험마다 결과는 유사했다. 팔겠다는 평균 가격이 사겠다는 평균 가격보다 약 2배 높았다. 달리 말하면 구매자는 물건의 소유자가 팔겠다는 가격의 절반만 지급할 용의가 있는 것으로 나타났다. 이러한 현상의 배후에 있는 개념은, 소유권이 생기면 그 물건에 대한 가치를 높게 본다는 것이다. 이처럼 가격 차이가 나타나는 이유는 '손실과 획득에 대한 주관적 느낌이 불균형'하기 때문이라는 것이 기본적인 설명이다. 무슨 의미일까? 어떤 물건을 얻어서 느끼는 좋은 감정보다 잃게 되어서 느끼는 나쁜 감정이 더 크다는 뜻이다. 따라서 일반적으로 구매자가 얻고 싶어 하는 마음보다 판매자가 소유권을 내어주는 행위를 주저하는 마음이 더 크다.

흥미롭지 않은가? 이 개념이 판매자에게 어떤 의미가 있을까? 잠재고객에게 우리가 판매하는 상품에 대해 어느 정도 소유권을 느끼게 할 수 있다면 그들은 ① 그 상품에 더 높은 가치를 부여하고 ② 더 자주 구매할 것이고 ③ 소유권이 없다고 느낄 때와 비교하면 상품이 비싸지 않다고 해석할 것이다.

이런 질문이 떠오를 수 있다. "알겠어요, 드류. 그런데 아직 구매하지 않은 물건에 대해 어떻게 소유권을 느낄 수 있죠?" 훌륭한 질문이다. 이제 그 내용을 살펴보자.

● **소유권을 느끼게 하는 5가지 입증된 방법**

1. **무료 체험을 제공하라.** 어떤 물건을 직접 사용해 보고 마음에 들면, 쉽게 포기하기 어렵다. 제록스(Xerox) 복사기 영업팀은 이 원리를 활용해 탁월한 판매 전략을 펼쳤다. 그들은 '잠시 사용해보고 어떤지 알려주세요' 라는 슬로건을 내걸고 상품을 홍보했다.

필라델피아 근교의 한 광고회사에서 일할 때 나는 이 슬로건이 실제로 얼마나 효과적인지 직접 경험했다. 회사의 복사기가 고장 나자, 사장은 새로운 복사기를 알아보고 있었다. 그때 제록스의 세일즈맨이 왔다. 그는 그 자리에서 계약을 시도하지 않고 무료 체험 기계를 두고 갔다. 몇 주 동안 다 죽어가는 복사기를 붙잡고 씨름하다가 최신식 제록스 복사기가 3배나 더 빠른 속도로 용지를 찢지 않고 복사하는 모습은 매우 놀라웠다. 새로운 복사기는 페이지를 순서대로 맞춰주고, 양면으로도 인쇄되고, 다양한 패턴의 펀칭 기능으로 문서를 묶어주고, 봉투나 두꺼운 종이에도 인쇄되고, 토너 카트리지 하나로 오래 사용할 수 있는 점 등 이전 복사기로는 누리지 못한 엄청난 혜택을 제공했다.

회사에서 새 복사기를 사용한 무료 체험 기간 동안 시작 버튼을 누를 때마다 직원들은 감탄했다. 무료 체험이 끝난 다음에 어떻게 됐을까? 사장이 새 복사기를 돌려줄 리가 없었다. 일단 사용했으니 사실상 '우리 소유'가 된 것이다. 우리는 눈에 흙이 들어와도 복사기를 빼앗길 수 없었다. 그런 우리에게서 세일즈맨이 어떻게 복사기를 되찾을 수 있을까?

한 예로 동영상 스트리밍 서비스를 생각해 보자. 수백만 달러를 지원해 다양한 마케팅 방법을 테스트할 때 어떤 방법을 가장 많이 사용할까? 짐작했듯이 무료 체험이다. 예를 들어보자.

아마존 프라임 비디오(Amazon Prime Video)	무료 체험 기간 30일
쇼타임(Showtime)	무료 체험 기간 30일
유튜브 프리미엄(YouTube Premium)	무료 체험 기간 30일
훌루(Hulu)	무료 체험 기간 7일
아마존 키즈(Amazon Kids)	무료 체험 기간 30일

다른 온라인 서비스는 어떨까?

오디오북스닷컴(Audiobooks.com)	2권 무료
타이달 뮤직(Tidal Music)	무료 체험 기간 30일
어린이 ABC 마우스(ABC Mouse for Kids)	무료 체험 기간 30일
아마존 뮤직 언리미티드 (Amazon Music Unlimited)	무료 체험 기간 30일
큐리어시티 스트림 다큐멘터리즈 (Curiosity Stream Documentaries)	무료 체험 기간 7일

유명 기업이 이러한 방식으로 온라인 무료 체험 서비스를 진행한다면 당신도 꼭 시도해 보길 바란다. 구경꾼을 구매자로 어떻게 바꾸는지 지켜보라. 이 방법은 세일즈가 시작된 이래 꾸준하게 효과가 있는 전통적인 '샘플링(sampling, 자사의 상품이나 서비스를 고객에게 직접 제공하여 구매 결정에 영향을 끼치는 마케팅 기법 -옮긴이)' 기법이다. 무료 시식을 제공하는 것도 이런 이유에서다. 칙필레(Chick-fil-A)는 무료 땅콩을 제공하고 앤티앤

스(Auntie Anne's)는 프레첼을 제공한다. 시나본(Cinnabon)은 감미로운 페이스트리를 무료 시식으로 제공한다. 던킨도너츠(Dunkin' Donuts)는 무료 시식 차량을 운행하며 시식을 권유하고 그들을 구매자로 바꾼다. 미국의 샘스클럽(Sam's Club)과 코스트코(Costco)는 수많은 무료 시식 코너를 매장 곳곳에 마련한다. 견과류, 사탕, 단백질 바, 음료, 치즈, 고기 등 뭐든 말이다! 작은 숟가락에 아이스크림을 떠 놓는 아이스크림 매장이나 취기가 오를 때까지 와인을 맛보게 하는 와인 매장도 그냥 지나칠 수 없다. 이 밖에도 무료 체험 서비스를 제공하는 기업들이 수없이 많다. 존슨앤존슨(Johnson&Johnson), 인플루언스터(Influenster), 로레알(L'Oreal), 리복(Reebok), 맥코믹(McCormick) 등 체험 서비스를 제공하는 기업을 말하라면 끝이 없다.

결론: 누군가에게 당신의 상품이나 서비스를 무료로 제공하면 그들이 소유권을 가졌다고 느끼게 된다. 사용하면서 상품의 혜택을 누리는 것에 더해 그 상품이 일상에 깊이 뿌리내리게 된다. 이렇게 되면 그 상품을 놓칠 때 상실감을 느낀다. 생각해 보자. 애초에 내 것이 아닌 물건을 잃어버려도 심리적으로 느끼는 상실감은 똑같다. 이 개념을 당신의 상품이나 서비스에 활용할 수 있을까? 잘 고민해 보라. 이는 대단히 강력하고 효과적인 전략이 될 수 있다.

2. 개인화하라. '무료로 가입해 계정을 만드세요'라고 홍보하

면, 사람들이 당신의 브랜드와 더 긴밀한 연결성을 갖게 해준다. 이는 소유권이나 소속감을 느끼게 해주는 탁월한 방법이다. 가입만으로 제공할 수 있는 혜택이 있는가? 그들이 가입하는 것만으로도 당신에게는 큰 이득이 된다. 일단 연락처를 확보해 향후 마케팅에 중요하게 사용할 수 있으니 말이다. 그렇다면 신용카드를 꺼내거나 결제 버튼을 클릭하라고 요청하기 전에 어떻게 그들을 참여시킬 수 있는가?

아주 간단하다. 앞으로 구매할 때 사용할 계정을 만들어주고 이메일로 할인 쿠폰을 보내는 것도 한 가지 방법이다. 나아가 가입하지 않으면 받지 못할 추가 혜택을 제공해 가입을 유도할 수도 있다. 고객이 당신의 사이트에 방문할 때, 사이트 곳곳에 그들의 이름을 등장시켜라. 이렇게 하면 개인적으로 특별한 경험을 한다고 느낄 것이다. 방문할 때마다 그들의 이름을 부르며 환영하라. 고객의 도시나 지역 정보를 알고 있다면, 그런 정보를 어떻게든 카피에 반영하는 것도 효과적이다. 이 전략의 핵심은, 고객과 최대한 친밀하게 접근하며 소통하여 소유감을 형성하는 것이다.

3. **증정품으로 소유권을 느끼게 하라.** 현금처럼 쓸 수 있는 간단한 쿠폰이나 상품권을 전달하라. 상품권을 가지고 있는 한 소유권을 느낄 수밖에 없다. 잠재고객이 쿠폰이나 상품권을 가지고 있으면 그들이 당신의 브랜드를 경험하게 될 미

래의 소유권을 지닌 것이다. 그러면 상품권을 사용하려고 하고, 사용하면서 어떤 경험을 하게 될지 생각하게 된다. 쿠폰을 그저 쳐다보기만 해도(사용 기한이 정해져 있는 게 좋다) 실제로 사용하기 전까지 당신의 브랜드와 교감하는 경험을 반복한다. 사용되지 않은 쿠폰은 반복적인 광고나 마찬가지다. 쿠폰이나 상품권을 준다고 해서 비용이 발생할까? 실제로 사용되기 전에는 한 푼도 발생하지 않는다.

"드류, 이제는 사람들이 쿠폰을 사용하지 않는다고요! 그 방법은 너무 구식이에요."라고 말하는 사람이 있을지 모르겠다. 그러나 당신의 생각과 정반대다! 최근 통계를 살펴보자.

- 2020년 쇼핑객의 92%는 온라인 구매 전에 쿠폰이나 할인권을 검색했다.
- 온라인 쇼핑객의 60%는 코로나 팬데믹 기간에 할인이 매우 중요했다고 답했다.
- 온라인 쿠폰 교환액 규모가 2017년에 470억 달러였으나 2022년에는 900억 달러를 돌파할 것으로 예상됐다.
- 2020년 밀레니얼 세대 부모 96%가 온라인 쿠폰을 사용했다고 말했다.
- 2020년 밀레니얼 세대 86%가 할인 상품이 있다면 새로운 브랜드를 사용해볼 수 있다고 답했다.
- 2022년 쿠폰 80%가 모바일 기기에서 사용될 것으로 예측되었

으며 그 수치는 점점 증가하고 있다.

4. **무료 버전으로 소유욕을 자극하라.** 제한된 기능이 있는 무료 버전을 제공해 일단 사용자가 써보도록 유도하라. 그다음 더 강력하고 매력적인 상품이나 서비스를 판매하라. 혹은 각종 기능이 더해진 프리미엄 서비스나 모델을 구매하라고 설득해도 좋다. 이러한 마케팅은 일종의 샘플링이다. 온라인 공간에서 일어난다는 점만 다를 뿐이다.

예를 들어 얼마 전 나는 온라인 포트폴리오를 이용했다. 이 포트폴리오로 내 작품을 보여주려고 글쓰기 샘플 수십 개를 업로드했다. 포트폴리오의 이름을 정하고 내 약력을 추가하고 많은 사진을 업로드하고 그에 더해 관련된 썸네일을 별도의 파일로 업로드했다. 나의 글에 담긴 철학을 전체적으로 요약했고 오랜 시간을 들여 특정한 글쓰기 샘플을 보여주는 각각의 썸네일에 캡션을 달았다.

휴, 많은 일이었다. 그 포트폴리오를 개발한 사람들도 이를 활용하려면 얼마나 공을 들여야 하는지 알고 있다. 그렇게 포트폴리오를 작성한 다음 나는 거기에 의지하게 됐다. 그런데 개발자들이 프리미엄 서비스를 제공하기 시작했다. 내 계정을 업그레이드하지 않으면 확장된 기능을 사용할 수 없고 샘플을 쉽게 업로드할 수 없었다. 업그레이드하지 않은 상태에서 내 작품을 추가로 업로드하거나 가장 많이 보는 작품을 화면 상단으로 올리려면 이전에 업로드한 글을 삭제해야 했다. 내가 사용할 수 있는 최대 용량이 거기까지였기 때문이다. 확장된 기능에는 사람들이 나의 포트폴리오를 본 후 내게 직접 연락하는 기능이 추가됐다. 또 내가 이미 업로드한 사진의 재편성, 분류, 업데이트 등을 더 쉽게 할 수 있는 기능까지 생겼다. 전문적인 겉표지를 추가하는 기능 등 더 많은 기능이 추가됐다.

정말이다. 개발자들은 내가 업그레이드만 하면 사용할 수 있는 새로운 프리미엄 서비스를 지속적으로 광고하는 기회를 놓치지 않았다. 나는 포트폴리오를 구축하는 데 많은 시간을 투자했다. 그런 내가 어떻게 해야 했을까? 오랫동안 그 플랫폼을 사용하면서 익숙해졌던 터라 나는 이를 나의 온라인 포트폴리오라고 생각했다. 다른 플랫폼을 사용해 포트폴리오를 처음부터 다시 구축하는 건 시간이 너무 많이 걸리는 작업이었다. 생각만 해도 아찔했다.

결과는 어땠을까? 결국 나는 업그레이드했다! 이것이 바로 자연스럽게 이어지는 다음 단계다. 개발자들은 당신을 아주 쉽고 매력적인 서비스로 자연스럽게 끌어들인다. 그리고 그 서비스에 익숙해지고 편안해지면 프리미엄 서비스를 선보여 현재 사용하는 서비스와 비교하게 한다. 그렇게 되면 현재 사용 중인 서비스의 한계가 눈에 띄기 시작하고, 결국 프리미엄 서비스를 구매할 수밖에 없게 된다. 무료 버전은 확실히 효과가 있다.

5. **의견 표현이 소유권을 느끼게 한다.** 잠재고객에게 상품 개선과 관련한 의견이나 아이디어를 지속적으로 요청하라. 그들에게 이렇게 질문해 보자. "당신이 우리 회사의 사장이라면 무엇을 바꾸겠습니까?" 이러한 질문은 제품이나 서비스를 개선하는 데 귀중한 피드백을 제공할 뿐만 아니라, 고객이 상품에 대한 소유권을 느끼고 더 진지하게 구매를 고려하게 만든다. 구매자가 당신의 상품에 만족하고 긍정적인 감정을 느낀다면, 당신은 새로운 강력한 후원자를 얻게 되는 것이다.

온라인 광고 비밀 #6
사회적 지지가 고객에게 주는 심리적 안정 효과

「포브스(Forbes)」에 따르면 최악의 소비자 서비스로 인해 기업은 연간 최대 750억 달러의 비용이 발생한다. 그 주요 원인은 다음 5가지로 꼽힌다.

① 소비자는 인정받는다고 느끼지 않는다.

② 소비자는 불친절한 직원들이 도움을 주지 않는다고 말한다.

③ 소비자는 한 명의 직원이 문제를 신속하게 해결하지 못하고, 시간이 지연되는 것을 싫어한다.

④ 소비자는 긴 대기 시간을 싫어한다.

⑤ 소비자는 질문에 대한 답변을 받을 창구가 없다.

이러한 요인들이 구매자를 후회하게 만든다. 구매자는 불만족스러운 회사의 물건을 다시는 사지 않겠다고 생각한다. 실제로 최악의 서비스를 경험한 소비자의 39%는 다시는 그 회사의 상품을 애용하지 않겠다고 말한다. 이로 인해 기업은 큰 손해를 입는다. 게다가 불만을 품은 소비자의 36%는 편지나 이메일로 컴플레인을 한다. 이들 중 얼마나 많은 고객을 영영 놓치게 될까?

이러한 암울한 상황에도 희망이 있을까? 설문에 응답한 소비자 중 86%가 소비자 서비스 센터와 '감정적 연결성'을 느낀다면 계속 거래하겠다고 답했다. 그러나 기업이 그러한 연결성을 효과적으로 구축했다고 생각한 소비자는 안타깝게도 단 30%에 불과했다.

1972년 연구자 눅콜스(Nuckolls), 카셀(Cassel), 카플란(Kaplan)은 임신한 여성이 다양한 합병증에 시달리는 문제를 연구했다. 자간전부터 자궁 외 임신까지 온갖 합병증이 임신한 여성을 괴롭혔다. 연구자들이 발견한 사실은 놀라웠다. 많은 스트레스를 받고 사회적 지지를 얻지 못하는 즉, 자신을 위로해줄 친구나 가족이 별로 없는 여성의 91%가 합병증에 시달렸다. 반면 사회적 지지를 충분히 얻는 여성의 경우 33%의 비율만 해당됐다. 사회적 지지, 즉 언제든지 기댈 수 있는 사람이 존재하면, 임신한 여성이 느끼는 스트레스와 합병증 발병률을 크게 줄였다. 이 연구는 오늘날의 소셜 마케팅(social marketing), 즉 상업적 마케팅 기법을 활용해 사회 문제를 해결하려는 노력에 관한 여러 연구 중 하나다.

흥미롭게도 우리는 소셜 마케팅을 거꾸로 활용할 수 있다. 사회적으로 바람직한 요소를 광고에 활용하는 것이다. 어떻게 그렇게 할 수 있을까? 바로 강력하고 반복적인 방식으로 고객지원을 강화하면 된다. 나중에 생각해야 하는 문제가 아니다. 사이트 구석에 잘 보이지 않게 한두 문장으로 언급할 일은 더욱 아니다. FAQ의 마지막 항목에 넣어 다른 질문에 파묻히게 해서도 안 된다. 고객지원을 특별하게 다루어야 한다. 홈페이지에 고객지원을 언급하라. 자체적인 탭과 페이지를 만들어 고객지원에 나서라. 소비자 서비스가 그저 좋은 말이 아니라 회사가 최우선으로 삼는 약속임을 자세히 작성해 전달하라. 판매 후 고객 만족도를 조사하는 방법을 공유하고, 현재 절차를 개선하기 위해 고객에게 솔직한 후기를 적극적으로 요청해야 한다. 「포브스」는 다음과 같이 설명했다.

'기업이 좋은 서비스를 제공하면 소비자 중 66%는 충성 고객이

되고 65%는 다른 사람에게 추천하며 48%는 그 기업의 상품에 더 많은 돈을 지출한다'

당신은 이메일, 전화, 라이브 챗, 소셜 미디어 메시지 등을 통해 고객에게 사후 서비스를 제공하는가? 이러한 방법을 '옴니 채널(omni-channel) 지원'이라고 하는데, 매우 중요한 전략이다. 특히 서비스형 소프트웨어(Software as a Service, SaaS) 기업에 매우 필요하다. 이런 기업의 상품 특성상 소비자가 제기하는 가장 흔한 불만 중 하나는 도움이 필요할 때 사람의 도움을 받기 어렵다는 점이다. 사실 많은 경우 사용자가 스스로 문제를 해결한 다음에야 서비스 팀에게 연락한다! (도움 요청서를 작성하고 응답을 기다리다가 결국에는 답변을 받기 전에 구글이나 유튜브 검색으로 해결책을 찾은 적이 얼마나 많은가?) 실망스러운 일이다. 일부 연구 결과에 따르면 미국 소비자의 83%가 온라인 채널보다 직원에게 직접 도움을 받는 방식을 선호한다. 의심할 여지없이 전 세계의 소비자들도 비슷한 생각을 할 것이다.

소비자는 자신의 문제에 대해 신속하게 답변해주길 바란다. 당신도 그렇지 않은가? 스프라웃 소셜(Sprout Social, 미국의 소셜 미디어 관리 및 분석 소프트웨어 회사 -옮긴이)에 따르면 미국 소비자의 13%는 소셜 미디어에 문의사항을 하면 한 시간 이내 답변을 받고 싶어 하며 76%는 24시간 이내 답변하기를 바란다. 당신이 거래하는 기업들은 소비자에게 이러한 방식으로 대응하고 있는가? 만약 당신이 돈을 지출해 상품을 구매했는데 막상 사용하려니 문제투성이다.

그런데 서비스팀과는 연락이 잘 닿지 않는다. 한참이 지나서야 서비스팀이 당신의 문제에 관심을 갖는다면 기분이 어떨까? 그 기업의 고객이 될 가능성이 얼마나 되는가? 그 기업의 상품을 다시 구매할 의향이 있는가?

이제 중요한 질문을 해보자. 이렇게 소비자의 불만을 유발하는 요소 중 얼마나 많은 행동을 당신이 하고 있는가? 많은가? 얼마 안 되는가? 아니면 그런 행동을 전혀 안 하는가? 물론 어떤 대답이든 합당한 이유가 있을 것이다. 혹시 다른 많은 기업처럼 당신도 이 문제를 심각하게 생각하지 않았는가? 매출과 이윤에만 지나치게 초점을 맞췄는가? 안타깝게도 오늘날 대부분의 기업은 어떻게 하면 소비자를 행복하게 해줄까가 아닌, 어떻게 하면 매출을 증가시킬까를 고민하는 데 훨씬 더 많은 시간을 쓴다. 그 결과, 미국에서만 최악의 소비자 서비스로 인한 손실이 1조 6,000억 달러에 달했다. 소비자의 52%가 거래 기업을 바꾸고 경쟁 기업의 상품에 돈을 지출했다.

- **사회적 지지를 느낄 수 있는 5가지 쉬운 방법**

    1. **FAQ를 강화하라.** 평범한 형태의 Q&A만 두지 말고 검색창을 추가하라. 잠재고객과 소비자가 관련 없는 수많은 정보를 일일이 찾을 필요 없이 원하는 정보만 신속하게 검색하게 하라. 질문을 예상하고 팝업창으로 띄워 쉽게 원하는 정보

만 선택해 볼 수 있게 하라.

2. **데모 영상을 추가하라.** 말만 하지 마라. 자세하게 보여주어라! 구매 전에 상품을 보여주고 구매 후 문제 해결을 도와주는 데는 간결한 영상만큼 효과적인 방법이 없다.

예를 들어보겠다. 나는 아이들이 탈 자전거 2대를 온라인에서 구매했다. 배송을 받은 후 조립이 필요한 자전거였다. 판매처는 상자 안에 조립 설명서만 넣어둔 게 아니다. 조립의 정확한 단계를 알려주는 단계별 영상도 있다고 알려주었다. 아마 내가 설명서의 그림과 문장을 보며 조립했다면 시간이 3배나 더 걸렸을 것이다. 각 영상은 트러스트파일럿(Trustpilot, 미국의 소비자 리뷰 플랫폼 -옮긴이)이 권장하는 대로 1분을 넘지 않았다. 그리고 무의미한 내용 없이 바로 본론으로 들어갔다. (영상을 제작할 때 시청자의 마음으로 제작해야 한다. 문제 해결을 위한 영상이라면 상품이나 부속품을 장황하게 소개하는 영상은 포기하라. 이미 시청자는 신경이 예민해진 상태다. 빨리 문제를 해결해 주고 그들을 일상으로 돌려보내라.)

영상은 새로운 소프트웨어나 앱, 온라인 서비스를 이용하는 방법을 보여주는 데 매우 중요하다. 기억하라. 주문부터 사후 사용까지 판매의 전 과정을 최대한 원활하고 수월하게 만들어야 한다. 이 점을 생각해 보자. 구매자가 상품에 만족하지 않으면 그들이 등을 돌리는 것은 당신의 상품만이 아니다. 자신의 문제 해결이 우선순위가 아니라는 느낌만 받아도 당신의 브랜드를 외면한다.

영상에는 또 어떤 기능이 있을까? 당신이나 회사 직원 등 사람을 영상에 등장시켜보라. 그러면 글로 설명할 때와는 다른 효과가 나타난다. 시청자와 당신의 회사 사이에 전에는 없었던 따뜻하고 친근한 관계가 즉시 형성된다. 이제 당신의 잠재고객이나 구매자는 당신을 더 잘 알게 된다. 회사에는 인간적인 면이 더해진다. 사람들은 당신의 브랜드 뒤에 실제 사람, 즉 필요할 때 도움을 주고 관심을 기울여줄 사람이 있다는 사실을 인식하게 된다. 문제가 생기면 '밥'이나 '에일린'이라는 이름을 가진 사람에게 연락할 수 있다고 믿으며, 곧 필요한 답변을 받을 것이라는 확신을 갖는다.

3. **소셜 계정을 모니터하라.** 잠재고객이나 소비자는 대다수의 소셜 미디어 사용자처럼 이를 적극적으로 활용한다. 흔히 그들은 당신의 사이트를 둘러보며 서비스 탭이나 고객센터 정보를 찾는 게 아니라 소셜 미디어를 통해 당신과 연락하려고 한다. 그래서 소셜 미디어 계정의 메시지를 자주 확인해야 한다. 혹 이상한 문의가 와도 최대한 긍정적이고 친절하게 답변해야 한다. 현재와 미래의 잠재고객은 답변하는 방식을 보고 브랜드에 대한 이미지를 결정한다.

옐프(Yelp, 세계적으로 유명한 맛집 리뷰 사이트 -옮긴이)를 생각해 보

자. 종종 나는 이 플랫폼에 만족스러웠던 식당에는 찬사를, 불쾌했던 식당에는 신랄한 비난을 올린다. 이렇게 소비자의 생각을 듣는 행동은 큰 가치가 있다. 자신이 얼마나 소비자 서비스를 잘하고 있는지 또는 어떻게 변화를 주면 훨씬 더 많은 매출을 올릴 수 있는지 알 수 있기 때문이다. 그런데 흥미롭게도 소비자의 의견에 99%의 사장이나 관리자는 답변을 달지 않는다. 그저 침묵만이 흐른다.

이유가 무엇일까? 내 생각에는 일종의 광기 같다. 사업가들은 컨설턴트에게 수천 달러의 비용을 지급하고 어떻게 하면 사업을 발전시킬 수 있는지 조언을 받으려 한다. 그런데 정작 그들의 사업을 유지시켜 주는 핵심 존재, 즉 구매자에 대해서는 어떻게 행동하는가? 기꺼이 돈을 써가며 그들의 사업을 유지시켜 주는 사람들 아닌가? 그런데도 구매자에게 답변하기 위해 전화를 하지도 않고 키보드의 자판을 두드리는 행동조차 하지 않는다. 구매자가 의견을 남기는 것은 일종의 호의다. 자신의 시간을 투자해 개선 방법을 알려준다. 그런데 무시한다고? 이보다 어리석은 행동이 또 있을까! 눈을 크게 뜨고 피드백과 질문을 찾아라. 그러한 내용은 FAQ에 추가할 새로운 정보의 무료 지식 창고다. 그러한 의견들은 당신이 미처 생각해보지 못한 내용일 수 있다. 하지만 당신의 상품을 구매하려는 사람에게는 중요한 관심사다.

4. 챗 서비스를 추가하라. 잠재고객이나 소비자와의 관계를 즉시 형성하려면 그들이 실제 사람과 상호작용할 수 있는 방식이 가장 좋다. 온라인 구매를 고민하는 소비자에게 가장 영향을 주는 요소는 무엇일까? 온라인 소비자의 44%는 실제 사람에게 질문하고 즉시 답변을 받는 기능이라고 말했다.

생각해 보자. 더 많은 사람이 당신의 상품을 사지 않는 이유는 상품에 문제가 있어서가 아니라 이해가 안 되는 점이 있기 때문일 수 있다. 또는 결제 버튼을 누르려면 더 많은 정보가 필요할 수 있다. 다음 통계를 고려하라. 사이트의 장바구니에 담긴 상품의 68.8%가 삭제된다. 무슨 의미일까? 당신에게 돈을 보내려는 순간 100명 중 약 69명이 휙 사라지는 것이다.

챗 서비스가 없다면 사람들은 당신의 연락처나 이메일을 알아내려고 사이트에서 여기저기 찾아다녀야 할 것이다. 그렇게 되면 무슨 일이 일어날까? 대부분 그 정보를 찾아내지 못한다. 그래서 채팅 팝업창을 만드는 것이 좋다. 일반적으로 보기 편한 위치인 화면 오른쪽 아래에 팝업창을 띄워 놓아라. 그러면 소비자는 필요한 정보를 한 번의 클릭으로 확인할 수 있다. 그리고 망설이던 마음이 사라져 결제 버튼을 클릭할 것이다. 이러한 서비스를 제공하지 않으면 당신은 도박판에 있는 셈이다. 훌륭한 카피를 작성해놓고도, 정작 고객의 질문을 차단하여 문제가 없다고 착각하기 때문이다. 의심할 여지없이 그런 도박에서는 돈을 잃고 만다.

서비스 제공을 아까워하지 마라. 처음 6개월 동안 챗 서비스를 개설하고 어떤 질문이 있는지 살펴보라. 이 방법을 통해 신규 사이트나 홈페이지를 수정하는 데 도움을 얻을 수 있다. 또한 유동적으로 상황을 봐가며 사이트를 다듬는 데 필요한 즉각적인 피드백도 얻게 된다. 질문이 계속 생기면 챗 서비스를 계속 유지하며 꾸준하게 관리하라. 챗 서비스에 대한 요구가 크게 줄어들면 언제든 서비스를 종료할 수 있다. 챗 서비스는 사용자를 안심하게 해준다. 만약 챗 서비스를 종료한다면 그 이후에 구매 전환율이 감소하는지 확인해야 한다.

5. **서비스팀의 사진을 게시하라.** 결국은 또 사람이다. 필요할 때 도움을 줄 사람이 있다는 사실을 알면 구매 과정에서 편안함과 안전감을 느낀다. 서비스팀이 한 사람으로 구성되어 있더라도 사진을 보여주어라! 그 사람의 말을 인용한 문단을 화면에 배치하면 사람들은 누군가가 자신을 도울 준비를 하고 있다고 느낀다. 전문 사진 작가가 찍은 광고 사진을 게시하라는 말이 아니다. 월마트의 냉동 피자 사진처럼 실물을 생생하게 복원한 사진 말고 회사를 위해 열심히 일하는 사람의 진실한 사진을 선택하라. 동업자나 가족의 사진도

괜찮다. 멋진 사진일 필요는 없다. 우뚝 솟은 로마의 원기둥이나 웅장한 산 같은 근사한 배경의 사진도 필요 없다. 당신의 브랜드와 어울리고 진실성이 담겨 있다면 야구 모자를 쓰고 웃으며 셀카를 찍는 남성의 사진도 괜찮다. 그 사람이 신속하고 전문적으로 나를 도와줄 능력만 있다면 어떤 모습이든 나는 신경 쓰지 않는다.

완충 효과의 결론: 잠재고객에게 구매 전후로 도움을 받을 수 있는 사람이 있다는 확신을 심어주어야 한다. 대략적으로만 표현하지 말고, 명확하게 전달해야 한다. 관련된 온라인 기능을 제공해 고객 서비스를 보여주어라. 성공적인 판매를 위한 한 가지 비법은 잠재고객을 안심시켜 당신이 약속을 지킬 거라는 확신을 주는 것이다. 욕망의 반대편에는 언제나 두려움이 있다는 사실을 기억하라. 잠재고객은 속을까 봐 두려워한다. 불안한 생각을 당신의 광고가 없애줄 때 비로소 매출이 생길 것이다.

온라인 광고 비밀 #7

온라인 이미지에 담긴 심리학

광고계의 거장 존 케이플스(John Caples)는 이렇게 말했다. '당신이 광고에서 보여줄 수 있는 사진 중 가장 시선을 사로잡는 것은 사람의 얼굴이다' 어린 아기 때부터 우리는 정보를 얻기 위해 사람의 얼굴을 보도록 훈련받았다. 어른이 되어서도 사람들이 언제 행복하고 슬프고 화나고 두려운지 얼마나 정확히 알까? 감정 전문가들이 말하는 23가지 감정을 사람의 표정에서 분별할 수 있을까? 우리는 상사가 말을 꺼내기 전에 그 사람의 짜증 섞인 표정에서 자신이 엄청난 실수를 저질렀다는 것을 눈치챌 수 있다. 어렸을 때 어머니의 품에 안기기 전에도 우리는 어머니의 얼굴에서 기쁨과 사랑을 볼 수 있었다.

심리학자인 로버트 프란츠(Robert Frantz)와 동료들은 한 연구에서 아기들은 얼굴이 없는 사진보다 얼굴이 있는 사진을 2배 더 오래 바라본다는 사실을 알아냈다. 세미나를 진행할 때 나는 '시각 절벽(Visual Cliff)'이라는 유명한 연구를 자주 언급한다. 이 연구에서는 아기들을 깊이 파인 구멍이 있는 것처럼 보이는 바닥에 두었다(실제로는 안전한 유리 바닥으로 덮어두었다). 아기의 어머니는 반대편에 있다. 아기는 위험한 구멍을 사이에 두고 어머니와 떨어졌다고 생각했다. 어머니의 표정이 걱정스러워 보이면 아기는 어머니에게 기어갈 용기를 내지 못했다. 하지만 어머니의 표정이 행복하게 바뀌면 즉시 아기는 용감하게 '절벽' 위를 기어가 유리 바닥을 건너 어머니의 품으로 돌진했다. 아기들은 정보를 얻기 위해 어머니의 표정을 본 것이다.

사람의 얼굴에 담긴 자연스러운 호소력이 어떻게 마케팅에 영향을 미칠까? 연구에 따르면 어떤 식으로든 사람의 얼굴이 포함된 인스타그램의 게시물은 얼굴이 없는 비슷한 게시물과 비교해 '좋아요'가 38%, 댓글이 32%까지 증가한다. 사용자의 관점에서 볼 때 사진은 페이스북의 콘텐츠에서 가장 호감도가 높은 유형이다. 사진이 있는 게시물의 경우 팬과의 상호작용 비율이 무려 87%에 달했다. 다른 게시물 중에는 상호작용 비율이 4%를 넘는 것이 없었다. 사진은 페이스북에서 게시되고 공유되는 주요 유형의 콘텐츠다.

꼭 얼굴 사진이 아니더라도 사진은 소셜 미디어에서 강력한 힘을 지닌다. 사진이 없는 게시물과 비교해 사진이 있는 게시물이 얼마나 공유되는지 살펴보자.

게시물	공유되는 비율
사진	87%
링크	4%
앨범	4%
영상	3%
상태	2%

출처: 소셜베이커스닷컴(SocialBakers.com)

스프라웃 소셜에 따르면 전 세계적으로 페이스북에 게시된 콘텐츠 중 사진과 영상의 비율은 62.9%에 달했다. 실제로 허브스팟(HubSpot)에 따르면 모든 소셜 미디어 채널에서 대부분 글로 이루어진 게시물과 달리 주로 사진이나 다른 형태의 이미지로 구성된 게시물이 사용자 참여를 가장 많이 증가시켰다.

설문조사를 통한 연구 결과를 보면 대다수 사람은 '시각적 모드(visual mode)'를 통해 가장 쉽게 학습한다는 사실을 알 수 있다. 물론 정보를 귀로 들을 때 가장 잘 배우는 사람도 있다. 또 어떤 사람은 내용을 완전히 이해하려면 직접 경험해 봐야 한다.

예를 들어 당신이 프로 피자 만들기 과정(Pro Pizza-Making Course)을 판매한다고 해보자. 시각적 학습자의 관심을 끌려면 어떤 영상을 제공해야 할까? 보기만 하며 배우는 사람 또는 보고 들을 때 잘 이해하는 사람을 위한 영상을 제공해야 한다. 이와 대조적으로 행동으로 배우는 운동 감각적 학습자도 있다. 이들이 영상을 계속 보고 들을 수는 있겠지만 손에 밀가루를 묻히고 신선한 반죽을 주무르기 전에는 잘 이해하지 못할 것이다. 하지만 사람들이 한두 가지 방식으로만 배우는 것은 아니라는 사실에 주목해야 한다. 많은 사람은 최대한 효과적으로 배우고 이해하기 위해 무의식적으로 여러 방식을 혼합해 활용한다. 여기서 핵심은 '무의식적으로'다. 일반적으로 사람들은 자신이 어떤 정보를 이해하지 못할 때 그 이유를 잘 모른다. 그저 정보가 잘 이해되지 않는다고 생각한다. '너무 헷갈려!' 또는 '말이 안 돼!'라고 생각하며 자신이 이해하지 못하는 것을 합리화할 수도 있다.

그렇다면 여기서 판매자이자 광고인이라면 어떻게 해야 할까?

간단하다. 광고에 모든 형태의 학습 방식을 다 담아야 한다. 영상을 잔뜩 포함해라. 영상은 시각적 학습자와 청각적 학습자 모두에게 효과가 있다. FAQ나 회사 소개하기 같은 페이지에도 영상을 넣어야 할까? 못 넣을 이유가 무엇인가. 판매 과정의 마지막 페이지인 주문 페이지에 영상을 넣는 방법을 생각해 본 적이 있는가? 장바구니 단계에서 이탈하는 비율이 무려 약 70%나 된다는 점을 감안하면 추가 영상을 게시할 때 주문 페이지보다 더 효과적인 위치가 어디 있단 말인가? 세미나나 시연 프로그램으로 상품이나 서비스를 선보이면서 잠재고객이 직접 체험할 수 있는가? 그렇다면 그 기회를 활용하라. 이를 통해 앞서 살펴본 완충 효과도 기대할 수 있다. 잠재고객이 당신이나 다른 직원과 개인적인 상호작용을 하게 하라. 그렇게 하면 그들에게 당신의 회사와 관계를 맺을 기회를 제공할 수 있다.

광고와 게시물에서 가장 중요한 '시각'으로 돌아가 보자. 어떤 종류의 시각 자료가 가장 좋을까? 사람들이 더 많이 공유하는 특정한 이미지가 있을까? 수천 개의 광고와 게시물을 조사한다면 돈을 더 많이 벌게 해주는 공통적 방법을 찾게 될까? 그렇다. 확실히 찾을 수 있다. 트위터(현재 X)와 인스타그램에서 게시물 수천 개를 조사한 종합적 연구를 살펴보고 그 연구 결과를 활용하는 방법을 살펴보자.

권위 있는 학술지인 '마케팅 리서치 저널(Journal of Marketing

Research)'은 철저하게 수행된 대규모의 연구를 소개했다. 텍사스대학교의 마케팅학과 부교수인 이 이 리(Yi Yi Li)와 잉 시에(Ying Xie)가 수행한 연구에서 소셜 미디어 게시물의 이미지가 다양한 상품 항목에 어떤 영향을 미치는지 조사했다. 연구의 목표는 두 가지 질문에 권위 있는 답변을 제시하는 것이었다. 첫 번째, 업계 연구 기관이 제안한 대로 트위터나 페이스북 같은 소셜 미디어의 게시물에 사진을 넣으면 사용자 참여율이 향상 높아지는 것이 사실인가? 두 번째, 특정한 이미지가 있는 사진이 더 많은 상호작용을 일으키는가? 다른 사용자에게 전달하고 싶은 생각이 드는 이미지가 따로 있는가? 만약 그렇다면 이러한 이미지에는 어떤 특징이 있는가?

이 연구에는 세 가지 데이터 세트가 사용됐다.

데이터 세트 1: 트위터 - 미국 주요 항공사 9개 중 적어도 한 개를 언급한 트윗 1만 8,790개를 조사했다. 아메리칸(American), 제트블루(JetBlue), 프론티어(Frontier), 사우스웨스트(Southwest), 버진 아메리카(Virgin America), 델타(Delta), 유나이티드(United), 알래스카(Alaska), 스피릿(Spirit) 항공사를 언급한 트윗을 조사한 것이다. 왜 항공사였을까? 그 이유는 많은 사람이 소셜 미디어에 휴가, 출장, 여행과 관련된 내용을 게시하며 비행 중 불편했던 점을 표현하기 때문이다. 나아가 9개의 항공사는 전부 회사 자체 트위터 계정을 가지고 있으며 정기적으로 콘텐츠를 게시한다.

연구자들은 영리하게도 다른 웹페이지로 이동하는 하이퍼링크가 있는 트윗 수천 개를 데이터에서 삭제했다(하이퍼링크로 사진만 연결된 트윗은 제외). 왜 그랬을까? 그런 트윗의 참여율은 트윗 단독의 내용보다 연결된 웹페이지의 콘텐츠에 영향을 받을 수 있기 때문이다. 당신의 게시물도 점검해 보라. 링크를 통해서가 아니라 주문에 필요한 모든 정보가 들어 있는 웹페이지에서 거래가 성사되게 하라. 그러면 어떤 페이지에서 판매가 성사되거나 중단되는지 알 수 있다. 그렇게 하지 않고 다양한 페이지를 링크로 연결한 사이트로 사용자를 안내하면 어떻게 될까? '이 상품에 관심이 가네'라고 생각했다가 어떤 페이지에서 '에이, 넘어가야겠다'로 사람들의 생각이 바뀌는지 파악하는 것이 훨씬 더 어려워진다. 구매 전환율이 언제 어디서 곤두박질치는지 알 수 없다는 뜻이다.

데이터 세트 2: 트위터 - 판매 중인 10개의 주요 소형 SUV 모델 중 적어도 한 개를 언급한 트윗 1만 4,959개를 조사했다('데이터 세트 1'을 조사한 달과 같은 달에 게시된 트윗).

연구자들은 데이터 세트 1과 2의 참여율을 조사할 때 '좋아요'와 '리트윗(retweet)'의 수를 세는 일반적인 방법을 사용해 총 참여율을 측정했다.

데이터 세트 3: 인스타그램 - 2018년 1월 16일에서 2월 15일

사이에 트위터 데이터 세트에서 언급된 9개의 항공사와 관련 있는 인스타그램 사진 2,044개를 무작위로 골라 조사했다. 이 데이터 세트의 경우 트위터처럼 공유가 쉽게 이루어지지 않아 사용자 참여 수준은 '좋아요'로 측정됐다.

두 명의 연구자인 리와 시에는 철저하게 기술적인 방식으로 연구를 수행했다. 각 트윗의 이미지를 분류하기 위해 직접 코딩할 수 있는 구글 클라우드 비전 API(Google Cloud Vision API) 같은 최신 자료 수집 도구를 사용했다. 그들은 이미지에 사용된 색의 양, 사진의 품질(명도, 채도, 선명도, 시각적 균형, 초점 등에 따라 프로의 사진인지 아마추어의 사진인지 여부), 이미지에 있는 물건의 종류를 조사했다. 이미지가 화면 캡처인지 직접 찍은 사진인지 또 사람의 얼굴이 등장했는지도 조사했다. 이러한 끝이 없어 보이는 임무를 완수하기 위해 그들은 마법 같은 최신 기술, 즉 인셉션 브이3(Inception-v3)라는 신비로운 이름을 가진 심층 합성곱 신경망(convolutional neural network, 필터링 기법을 인공신경망에 적용하여 이미지를 효과적으로 처리할 수 있는 심층 신경망 기법 -옮긴이) 모델을 사용했다.

이러한 기술적 기법을 활용하는 사람은 다음 내용을 알면 흥미로울 것이다. 결과를 해석하는 데 사용된 인셉션 브이3의 성능은 「2012년 이미지넷 대규모 시각 인식 도전(2012 ImageNet Large Visual Recognition Challenge)」에서 입증됐다(Szegedy 등. 2016). 인셉션 브이3는 가장 비슷한 5개의 이미지에서 정확한 라벨(label, 작업자가 이미지를 식별하기 위해 붙인 라벨 -옮긴이)을 식별하는 면에서 실패율이 3.46%로 가장 낮아 알렉스넷(AlexNet), 인셉션(Inception), 구글넷(GoogLeNet), 비엔 인셉션 브이2(BN-Inception-v2) 등의 최신 모델의 성능을 앞질렀다.

그다음은 문자다. 연구자들은 6개의 범주에 있는 단어를 조사했다.

① **정서**: 감정을 묘사하는 단어
② **사회**: 자신과 타인의 생각과 해석을 표현하는 단어
③ **인지**: 사고, 추론, 기억과 관련된 단어
④ **지각**: 감각적 경험을 언급하거나 포함하는 단어
⑤ **생물학적 과정**: 생명 유지에 절대적인 기능과 관련된 단어
⑥ **욕구**: 소망, 열망, 필요를 표현하는 단어

리와 시에는 관련된 단어가 언급된 수, 이모티콘과 해시태그의 수를 세어 표준 키워드 검색 기능을 사용해 분류했다. 단어 수를 세는 일에는 카네기멜런 대학교의 트윗 품사 태거(part-of-speech tagger, 각 단어의 품사를 파악해주는 기능 -옮긴이)를 이용했다. 또 기계 학습 모델을 사용해 감정, 게시된 내용의 주제, 행동 요인 두 가지를 분류했다.

솔직히 말해서 이 연구에는 머리가 혼미할 정도로 복잡한 수학 공식이 사용됐는데, 이 지면에 공유하려면 너무 많은 자리를 차지할 것이다. 그리고 용어가 죄다 상형문자처럼 생겼다. 이 용어들을 해독하려면 고대 이집트 상형문자 해독의 실마리가 된 로제타석(Rosetta Stone) 정도 되는 힌트가 필요할지 모르겠다. 아니면 아직 발견되지 않은 행성에서 온 이상한 모양의 머리를 가진 외계인의 도움이 필요할지도 모른다.

● 연구 결과

이제 이 결과를 실용적으로 활용할 시간이다. 이렇게 공을 들여서 철저하게 조사한 연구 결과를 '하라/마라' 규칙으로 정리해 보자. 매우 도움이 되는 규칙들이다. 이 규칙들은 추측이나 그럴듯한 말들로 만들어진 것이 아님을 기억하라. 또 어떻게 하면 새로운 블로그 게시물을 척척 만들어 낼 수 있을까에 대해 가볍게 연구한 결과도 아니다. 이 규칙들은 두 명의 뛰어난 데이터 과학자가 가장 정교한 프로그램을 활용해 문자 그대로 수천 개의 게시물을 분석한 결과를 도출한 심층적인 연구의 산물이다. 따라서 각 규칙을 진지하게 받아들이고, 즉시 적용해야 한다. 위험을 감수하며 이를 활용할지 말지는 당신의 선택이다.

● 이미지 콘텐츠와 관련된 9가지 규칙

▶ **규칙 1: 이미지를 반드시 포함하라.** 크기에 상관없이 직접 볼 수 있는 이미지가 존재한다는 사실만으로 두 가지 유형의 참여율이 크게 높아진다. 연구자인 피터스(Pieters)와 웨델(Wedel)도 이를 입증했다. 따라서 모든 광고나 게시물에 사진이나 이미지를 반드시 포함해야 한다. 어떤 종류의 이미지가 좋을까? 계속 읽어보자.

참여유형	항공사 관련 게시물	SUV 관련 게시물
좋아요	87.36% 증가 하이퍼링크로 연결됐을 때는 사진이 없는 트윗보다 66.2% 적게 증가	151.56% 증가
리트윗	119.15% 증가 하이퍼링크로 연결됐을 때는 사진이 없는 트윗보다 78.18% 적게 증가	213.12% 증가

출처: 피터스와 웨델, 마케팅 리서치 저널(Pieters and Wedel, Journal of Marketing research)

▶ **규칙 2: 이미지를 하이퍼링크로 절대 연결하지 마라.** 연구에 따르면 링크로 연결된 이미지는 '좋아요'와 공유가 현저히 떨어진다. 그러면 어떻게 해야 할까? 게시물에서 글과 함께 이미지를 직접 보여주어라. 그림을 보려고 사용자가 링크를 클릭하게 해서는 안 된다. 손가락 하나 까닥하지 않고 이미지를 볼 수 있게 만들어서 사용자를 바로 만족시켜라.

▶ **규칙 3: 화려한 색상의 이미지를 사용하라.** 밝고 다채로운

색상의 이미지는 리트윗을 극대화한다. 이전에 발표된 시각 마케팅 연구 결과도 이와 비슷하다. 화면에서 두드러지게 보이는 눈에 띄는 이미지를 찾아라. 이것은 '관심 끌기' 게임이라는 점을 기억하라. 광고인이나 '게시물 생산자'는 모두 구독자의 관심을 차지하려고 전투를 벌인다. 그런 관심의 양은 한계가 있기 때문이다. 따라서 관심을 얻으려면 문자나 이미지가 각각 제 역할을 다해야 한다. 솔직히 어떤 사람이 다른 사람보다 관심을 더 받는 게 현실이다. 그러니 다채로운 색상의 이미지를 사용하라. 이를 통해 팔로워의 관심을 더 많이 사로잡을 수 있다. 나아가 광고가 '간단하고 모호하게' 노출될 때도 색상을 잘 활용하면 메시지를 더욱 명확하게 전달할 수 있다.

▶ **규칙 4: 트윗에 얼굴 사진을 항상 포함하라.** 트윗에 글과 함께 사람의 얼굴을 등장시키면 '좋아요'와 공유가 모두 증가한다. 이 결과는 연구자 시어(Cyr)가 동료 샤오(Xiao)와 딩(Ding)과 함께 수행한 연구 결과와도 일치한다. 통계를 보면 사람 얼굴이 있는 사진은 공유를 80.40%, '좋아요'를 38.76% 증가시켰다. 흥미롭게도 인스타그램 게시물에는 훨씬 더 많은 사람 얼굴이 등장하기 때문에 트위터와 같은 증가율이 인스타그램에서는 나타나지 않는다. 이렇게 말하는 실수는 하지 마라. "드류, 이런 연구들은 몇 년 전에 조사된 거잖아요. 시대

가 변했어요. 지금은 맞지 않는다고요!" 여기서 다루는 주제가 인간 심리학임을 기억하라. 인간의 두뇌는 시간이 흐른다고 달라지지 않는다. 그런데 고작 몇 년 전과 달라질 리 있겠는가? 사람들은 동물 가죽을 옷으로 입고 동굴에서 잠을 자던 수천 년 전과 똑같은 방식을 오늘날에도 원한다. 단지 형태만 달라졌을 뿐이다. 인간은 예나 지금이나 똑같은 욕구를 충족시키려고 한다. 따라서 그에 대비해야 한다.

내가 이 장에서 인용한 탁월한 카피라이터 존 케이플스의 카피를 여기서 다시 소개해도 좋을 것 같다. '당신이 광고에서 보여줄 수 있는 사진 중 가장 시선을 사로잡는 것은 사람의 얼굴이다' 이 카피는 몇십 년 전의 카피다. 시대는 변했지만 몇십 년 전에 사람들에게 영향을 미친 요소는 지금도 여전히 영향력이 있다. 모델의 얼굴, 평범한 얼굴, 흥미로운 얼굴, 독특한 얼굴까지 무엇이든 게시물에 포함해 관심, 좋아요, 공유가 늘어나는 효과를 경험하라. 얼마나 쉬운가.

▶ **규칙 5: 행복한 얼굴이 항상 행복한 것은 아니다.** 이 규칙은 어딘가 상식에 어긋나 보인다. 하지만 연구 결과에 따르면 행복한 얼굴의 사진이 늘 행복한 결과로 이어지지는 않는다. 사실 행복한 얼굴의 사진은 다른 표정의 사진보다 리트윗을 상당히 감소시킨다. 하지만 '좋아요' 수에는 크게 영향을 미치지 않는다. 좀 이상하지 않은가? 연구 결과를 자세히 살펴

보면 행복한 표정의 사진은 대부분 셀카다. 일반적으로 셀카에는 작성자의 팔로워가 아닌 사람에게는 쓸모없는 개인적 정보만 담겨 있다. 그 결과는 어떨까? 그런 트윗은 잘 공유되지 않는다. 동의 여부에 상관없이 이 결과는 연구자들이 수천 개의 게시물을 분석해 발견한 것이다.

▶ **규칙 6: 전문적인 사진을 게시하라.** 아마추어 같은 사진과는 대조적으로 전문적인 사진이 포함된 게시물이 리트윗을 증가시킨다. 규칙 5에서 다룬 '행복한 얼굴'처럼 아마추어 같은 사진에는 대개 개인적 정보가 담겨 있고 작성자의 사생활에 관한 세부 정보가 들어 있다. 이런 유형의 게시물은 가까운 친구나 가족의 관심을 끌지 모르지만 다른 사용자는 그 게시물을 열심히 공유하지 않는다. 이 결과는 앞서 수행된 핵트베트(Hagtvedt)와 패트릭(Patrick)의 연구 및 장(Zhang)과 그의 동료들의 연구와 일치한다.

▶ **규칙 7: 화면 캡처는 버려라.** 화면 캡처가 있는 트윗은 전문적인 사진이 있는 트윗에 비해 리트윗 수가 현저하게 떨어진다. 일반적으로 화면 캡처는 다른 유형의 사진보다 재미와 정보성이 떨어지기 때문이다.

▶ **규칙 8: '글과 관련된' 이미지를 넣어라.** 내용, 즉 글과 관련된 이미지가 있는 콘텐츠는 통계적으로 '좋아요' 수에 긍정적인 영향을 미친다. 이 결과는 과거에 수행된 인쇄물 광고 연구

결과와도 일치한다. 헤클러(Heckler)와 칠더스(Childers)의 연구 및 리(Lee)와 메이슨(Mason)의 연구에 따르면 신문이나 잡지에 광고할 때 상품과 어울리는 사진을 실으면 사람들은 광고와 상품, 회사에 더 호의적인 태도를 나타냈다. 헤클러와 칠더스는 상품과 어울리지 않는 사진을 보여주면 '독자가 광고의 정보를 이해하는 데 어려움을 초래한다. 그런 광고는 구매 결정이 아니라 혼란으로 이어질 수 있다'는 사실을 보여주었다. 따라서 부적절한 이미지는 당신이 글로 전달하려고 하는 정보에 집중하지 못하게 만들 수 있다.

▶ **규칙 9: 배너 광고를 의도적으로 눈에 띄게 만들어라.** 강렬한 색상과 탁월하고 전문적인 사진, 요란한 글로 광고를 만들어라. 애니메이션을 사용해도 좋다. 내가 '눈에 띔의 원칙(Principle of Obtrusiveness)'이라고 부르는 현상이 있다. 이는 '확실하게 눈에 띄려고' 시도하는 것이 디자인의 주요 목표로, 연구자 브루스(Bruce), 골드파브(Goldfarb), 터커(Tucker)가 이를 입증했다. 애니메이션과 관련해 브루스는 이렇게 말했다.

"우리는 연구를 통해 대부분의 광고에서 움직이지 않는 형태보다 애니메이션이 더 우수하다는 사실을 발견했다. 애니메이션이 참여를 높일 수 있다는 점이 입증되었다. 애니메이션은 기억되기 쉽고 사용자의 관심을 끌며 브랜드 호감도를 생성한다. 하지만 가격을 알려주는 광고나 리타기팅 광고에서는 움직이지 않는 광고도 여전히 효과적일 수 있다. 흥미롭게도 리타켓팅 광고는 가격 할인을 제시할 때만 효과가 있었다."

● 글로 이루어진 콘텐츠의 4가지 규칙

▶ **규칙 1: 긍정적으로 작성해야 전반적인 참여율이 올라간다.** 긍정적이고 행복한 내용에 초점을 맞추면 공유와 '좋아요'가 증가한다. 재미있는 사실은 부정적인 콘텐츠여도 공유가 증가한다는 점이다. 하지만 '좋아요'는 줄어든다. 연구자 버거(Berger)의 연구 결과도 이를 입증했다. 이런 결과는 당연하다. 항공사 때문에 휴가를 망쳤다고 불평하는 게시물에 당신이 '좋아요'를 누른다고 해보자. 그러면 당신은 남의 불행을 즐기는 인정 없는 사람처럼 보일 수 있다.

▶ **규칙 2: 광고와 게시물을 유익하게 만들어라.** 유익한 게시물이 가장 많이 공유된다. 소셜 미디어에서 어떤 콘텐츠가 인기 있을지 어떻게 예측할 수 있을까? 탄(Tan), 리(Lee), 팡(Pang)은 트윗의 유익성(단어, 해시태그, 언급의 수로 측정됨)이 가장 중요한 요소라고 말한다. 왜 그럴까? 사람들은 '자기 계발'을 원하는 경향이 있어서 유익한 정보를 전달한다. 그리고 똑똑하고 도움이 되는 사람이라는 사실을 보여주어 자신의 가치를 높

이려고 유용한 정보를 공유한다. (마지막 두 문장을 다시 읽어라. 당신의 게시물은 사람들에게 도움이 되며 유익한가?)

▶ **규칙 3: 감정을 고조시키는 뉴스 기사를 공유하라.** 당신의 광고가 입소문이 나길 바라는가? 이미 사람들의 입에 오르내리는 뉴스를 갖다 붙여라. 연구자 버거와 밀크먼(Milkman)에 따르면 강렬한 감정으로 가득한 뉴스 기사는 더 빠르게 전파될 가능성이 크다. 스스로 이렇게 물어보라. '내가 판매하는 상품을 최신 뉴스와 어떻게 연결할 수 있을까?' 이렇게만 할 수 있다면 빠른 속도로 달리는 기차에 뛰어올라 엄청난 가속도를 이용하는 거나 마찬가지다.

▶ **규칙 4: 감정을 끌어올리고 설명을 자세하게 하라.** 팩커드(Packard), 모어(Moore), 맥페란(McFerran)은 콘텐츠에 사용되는 단어가 감정, 사회성, 인지와 관련되고 자세한 묘사를 담을 때 온라인 참여율이 올라간다는 사실을 발견했다. 핵심은 당신의 구독자를 참여시키는 일이다. 그들이 현재 열중하고 있는 문제에서 벗어나 당신이 쏟아내는 콘텐츠에 집중하게 만들어라. 당신의 글이 날카롭고 명료하고 다채로울수록 구독자의 참여율이 높아질 것이다.

『캐시버타이징』에서 사람들의 머릿속에서 정신적 영화를 상영하게 만들려면 '강력한 시각적 형용사(power visual adjectives, PVAs)'를 사용하라고 언급했다. 기억하라. 사람들은 현실에서 구매하기 전에 머릿속에서 먼저 구매한다.

머릿속에서 정신적 영화를 상영시킬 수 있는 문장의 예를 살펴보자. 다음과 같은 표현은 강렬한 감정을 고조시키는 단어를 사용하여 사람들의 주의를 끈다. '맙소사! 어젯밤 그 사람 때문에 무서워 죽을 뻔했어!'

자신과 타인의 생각이나 해석을 강렬하면서도 친근하게 전달하며, 읽는 사람의 관심을 사로잡는 표현은 다음과 같다. '그녀의 체형은 놀라울 정도로 날씬하고 머릿결은 환상적이야. 그렇게 마른 체형이 너무 부러웠지! 하지만 이제 나도 그 비결을 확실히 알았어!'

인지적 단어로 사고 과정을 강렬하게 묘사하여 사람들의 주의를 집중시키는 표현은 이렇다. '사람들이 많은 곳에 있으면 항상 기분이 이상했어. 마치 사람들이 이상한 생각을 하며 나를 쳐다보고 있는 것 같았지. 그런데 이제야 그 이유를 정확히 알 것 같아.'

자세하게 묘사하는 단어로 사람들의 관심을 끌 수 있다. '아야! 오늘 조쉬는 달리다가 균형을 잃고 거친 시멘트 바닥에 심하게 넘어지고 말았어. 쿵! 오른쪽 무릎이 바닥에 부딪히면서 크게 찢어져 피가 줄줄 흘러내렸어. 욱! 퀵클롯(QuickKlot) 스프레이가 있어서 얼마나 다행인지.'

> 온라인 광고 비밀 #8

빈도 환상 전략:
어디서든 눈에 띄는 존재가 되는 방법

오랜 세월 동안 조(Joe)는 같은 브랜드의 자동차만 구매했다. 10년 전이나 20년 전이나 오로지 포드만 구매한 것이다. 어느 날 그의 친한 친구가 이렇게 말했다. "이봐, 조, 자네는 아침 식사로 무엇을 먹었는지 기억할 수 있는 날부터 계속 포드를 몰았어. 다른 브랜드나 모델을 타보는 건 어때?"

조는 생각에 빠졌다. 여러 조사를 한 끝에 놀랍게도 수십 년간 갇혀있던 F-150이라는 껍데기를 깨고 포드에서 빠져나왔다. 그리고 새로운 브랜드의 차를 샀다. 최신형 100% 전기차 닛산 서퍼아웃(Nissan Surf-Out) 트럭을 몰게 됐다. 마치 최첨단 기술을 사용하는 기분이었다. '그 누구도 이런 차를 갖고 있지는 않을 거야'라는 생각을 하며 날렵한 선과 '우주 시대'의 디자인에 감탄했다. 늙은 조는 다시 젊어진 느낌이었다!

그런데 갑자기 조의 눈에 닛산 서퍼아웃을 몰고 다니는 다른 사람이 많이 보이기 시작했다. 심지어 그와 비슷한 연령대의 사람도 그 차를 몰았다. 옆 동네에 사는 이웃, 처남, 심지어 손자까지 닛산 서퍼아웃을 살지 말지 고민하기 시작했다. 느닷없이 TV 광고에서도 그 차가 튀어나왔다. 신문 전면 광고로도 나왔다. 심지어 바퀴벌레 약을 광고하던 옥외 광고판에 신형 서퍼아웃이 새로 등장했다.

이는 혹시 조를 미치게 만드는 일종의 가스라이팅이었을까? 조는 새로 장만한 차가 자신만 알고 있는 세상에서 제일 특별한 차라고 믿었다. 그런데 갑자기 모두가 그 차 이야기를 했다. 이게 어떻게 가능하다는 말인가?

사실 이 닛산은 전부터 쭉 도로에 있었다. 조가 오랫동안 몰아온 포드만큼은 아니지만 닛산 자동차는 과거에도 있었고 지금도 있다. 그리고 그 모델이 출시된 이후 매일 조금씩 더 늘어나고 있다. 조는 '포드'라는 필터를 통해 세상을 봤다. 그런 탓에 닛산이 눈에 띄지 않았다. 그런데 갑자기 신형 닛산을 사자 사방에서 똑같은 차가 보였다. 도대체 무슨 일이 생긴 걸까?

바더 마인호프 현상(Baader-Meinhof phenomenon)이라는 용어가 있다. 빈도 환상이나 빈도 편향 효과라고도 알려져 있는데, 무언가를 처음으로 알아챈 후에는 그것을 자주 보게 되는 현상에 붙여진 멋진 이름이다. 어떤 노래를 처음 들은 후에 어디서든 느닷없이 그 노래가 들리는 현상과 비슷하다. 항상 존재했지만 의식의 영역으로 들어오지 않았던 것뿐이다.

우리의 두뇌가 작동하는 방식은 매우 흥미롭다. 이처럼 특이한 현상을 광고에 유리하게 이용할 수 있을까? 시장에서 당신의 점유율이 실제보다 더 큰 것처럼 보이게 만들기 위해 그 현상을 활용하는 방법이 있을까? 당연히 있다. 다음과 같은 방법을 활용하면 된다.

1. **문자와 그림의 일관성.** 당신의 광고를 포함해 대부분의 기업에서 내보내는 여러 광고를 생각해 보자. 색상, 글꼴, 디자인 요소, 카피 배치 등의 요소가 갖가지 모습으로 현란하게 존재한다. 광고 수십 개를 제작하는 데 사용하고도 남을 요소들이다. 간단히 말하면 한 회사의 광고들이 모두 각기 다르게 보인다. 메시지나 디자인에 일관성이 없다. 각각의 광고가 서로 다른 팀의 고객 관리자, 카피라이터, 디자이너가 제작한 것 같은 느낌이 든다. 광고마다 각각 다르게 보이기 때문에 처음 보는 것처럼 느껴진다. 그 결과는 과연 어떨까? 눈덩이 효과가 없다. 광고가 사람들에게 점차 친숙해져야 하는데 그런 일이 일어나지 않는 것이다.

   그렇다면 당신은 어떻게 해야 할까? 바로 오늘날 가장 성공적인 브랜드를 따라 해야 한다. 이 방법은 대부분의 광고에서 쓰는 방법과는 정반대다. 즉, 광고를 각각 다르게 보이게 제작하지 말고 시리즈처럼 보이게 만들어야 한다. 하나의 강력한 레이아웃을 정하라. 이는 당신이 내보내는 광고 전체에서 헤드라인과 부제를 같은 위치에 두어야 한다는 뜻이다. 또 적절한 글꼴을 2~3개 정도 선택하라. 같은 종류의 이미지를 사용하고 품질의 일관성을 유지하라.

다시 말해, 광고에 사진을 사용하고 있다면 새로운 일러스트를 뜬금없이 사용하는 일이 없어야 한다. 또한 광고에서 사람들이 상품을 사용하고 있다면 그들을 빼고 상품만 클로즈업해서 보여주어서는 안 된다. 사람들의 눈길을 사로잡는 색상을 선택하라. 로고에 있는 색상을 사용해도 좋다. 색상을 선택했다면 계속 사용해야 한다. 즉, 다양한 매체에 게시하는 광고들을 같은 회사의 광고처럼 보이게 만들라는 말이다. 모든 채널에서 일관성을 유지한다면 빈도 환상을 일으킬 수 있다. 그렇게 한다면 당신의 브랜드는 더 거대하고 탄탄해 보일 것이다.

2. **선제적 플라이팅(Flighting).** 플라이팅은 다양한 미디어에서 특정 기간에 캠페인을 집중적으로 진행한 다음에 일정 기간 광고 활동을 하지 않는 전략이다. 특히 이월 상품으로 파는 겨울 코트처럼 상품에 대한 수요가 낮을 때 사용한다. 하지만 이 전략은 신제품을 출시할 때도 유용하다. 대대적인 광고를 해 놓으면 그다음에 광고를 줄여도 '최초상기도(소비자가 여러 가지 경쟁 브랜드 중 가장 처음 떠올리는 브랜드 -옮긴이)'를 유지할 수 있다.

페이스북, X, 인스타그램 등 동일한 시장에서 광고를 지속해서 하는가? 그렇다면 상품을 자주 노출시켜 일단 큰 성공을 거두고 그다음에는 서서히 노출 빈도를 줄여라. 그렇게 해도 소비자는 당신의 상품이 '어디에나' 있다고 착각한다.

야니제브스키(Janiszewski), 노엘(Noel), 소여(Sawyer)가 수행한 연구에 따르면 반복된 노출은 광고에 대한 소비자의 기억을 강화한다. 노출 빈도가 줄어들어도 그렇다. 그 이유는 처음 본 광고가 '기억 조각'을 남기기 때문이다. 처음 광고를 보고 기억 조각이 생기면 그 광고를 다시 볼 때마다 기억이 더 선명해진다.

물론 시간이 흐르면서 결국 소비자는 당신의 브랜드를 덜 떠올리게 될 것이다. 하지만 그렇게 빨리 잊지는 않는다. 이는 예산이 빠듯하다면 아주 희소식이다. 완싱크(Wansink)와 레이(Ray)가 수행한 연구 결과를 보면 광고에 노출된 소비자의 최대 70%는 3개월 후에도 광고에서 본 브랜드를 기억할 수 있다.

아라빈닥샨(Aravindakshan)과 나익(Naik)의 최근 연구에서는 광고가 완전히 중단된 후에도 광고에 대한 기억이 3주간 지속된다고 보고했다. 이 기간 내에 플라이팅을 하면 광고 예산을 최대한 효율적으로 활용할 수 있고 동시에 기억 조각을 선명하게 만들어 브랜드 인지도를 높일 수 있다.

3. **파동형(Pulsing)**. 다양한 목적을 달성하기 위해 최소한의 광고를 유지하면서 미디어에 따라 광고 노출의 양을 다르게 배부

하는 전략이다. 6가지 주요 파동형 전략이 있다.

① **꾸준한 파동**: 12개월 동안 정해진 일정에 따라 광고한다.

② **불규칙한 파동**: 비정기적으로 광고하는 전략이다. 흔히 과거 패턴을 변경하거나 주요 시간대를 바꿔 광고해야 하는지 결정할 때 사용한다.

③ **초기 파동**: 상품 출시 초기에 집중적으로 광고하고 광고가 성공한 다음에는 다른 파동형으로 바꾸는 전략이다.

④ **홍보 파동**: 세일 품목이나 기간, 이벤트 등을 홍보하는 일회성 광고다.

⑤ **계절적 파동**: 상품의 계절성에 따라 광고한다.

⑥ **정기적 파동**: 정기적으로 노출 빈도를 높이며 지속적으로 광고하는 전략이다.

기억해야 할 점은 플라이팅과 파동형이 브랜드의 '최초상기도'로 유지하려는 목적으로 시행되는 전략이라는 점이다. 소비자의 참여를 유발하는 광고에서 지속적인 주문을 창출하려고 쓰는 전략이 아니다. 플라이팅 및 파동형 광고는 소비자가 구매할 준비가 되었을 때 당신의 브랜드를 떠올릴 수 있도록 브랜드의 '존재'를 대중의 인식에 심어주기 위한 전략이다.

그렇다. 사람들은 친숙한 브랜드를 선호한다. 브랜드를 인식하는 것 자체는 즉시 구매를 유도하는 기폭제가 아니다.

하지만 소비자의 눈에 광고가 보여야 판매가 꿈틀거린다. 광고 없이는 기폭제도 없다. 오늘의 매출을 올리려면 오늘 광고해야 한다.

4. **리타기팅(Retargeting).** 이 전략은 빈도 환상을 조성하는 탁월한 방법이다. 이미 웹사이트를 방문한 적이 있는 사용자에게 광고를 보여주는 전략이다. 예를 들어 '조'라는 잠재고객이 당신의 사이트를 방문한다. 그러면 그가 가는 곳마다 느닷없이 당신이 나타나는 것이다. 통계를 보면 이 전략을 왜 써야 하는지 알 수 있다. 메일침프(MailChimp, 미국의 이메일 마케팅 자동화 플랫폼 및 서비스 회사 -옮긴이)에 따르면 사이트 방문객 중 97%는 절대 다시 방문하지 않는다. 2020년에 시행된 여러 연구와 설문조사 결과를 보면 전 세계적으로 전자상거래 사이트의 평균 전환율이 4.31%인 것에 비해 미국은 평균 2.36%다. 따라서 사이트를 방문했지만 구매하지 않은 방문자를 사이트로 다시 유도하는 전략을 써야 한다. 그들에게 당신의 광고를 계속 보여줌으로써 한 번 더 판매 기회를 달라고 설득할 수 있다.

눈에 띄는 통계를 살펴보자.

▶ 리타기팅의 효율성은 1,046%에 달해 그 어떤 광고 전략보다 **우수하다.**

- **잠재고객의 5명 중 3명은** 이전에 다른 사이트에서 본 광고를 인지한다.
- **리타기팅을 통해 사이트를 다시 방문한 소비자가 처음 방문한 소비자보다 광고를 클릭할 확률이 3배 더 높다.**
- 디스플레이 광고의 **리타기팅을 통해 사이트를 다시 찾은 방문객의** 전환율은 70%에 이른다.
- **영상으로 리타기팅할 때** 전환율이 70%까지 상승한다. 주말에는 전환율이 30% 증가하는 것으로 나타났다.
- **소비자의 25%**는 리타기팅 광고를 좋아한다.
- **마케팅 전문가는** 전 세계 인터넷 사용자의 90% 이상에게 리타켓팅 광고를 하기 위해 구글 디스플레이 네트워크(Google Display Network)를 활용한다.

위의 내용 외에도 유의미한 통계는 더 있다. 따라서 리타기팅을 적절히 섞어 광고한다면 도움이 될 것이다. 구글 디스플레이 네트워크와 페이스북에서 리타기팅하는 방법을 확인하라. 이런 방법들은 간단하고 쉽다. 페이스북의 메타 픽셀 리타기팅(Meta Pixel Retargeting)을 선택하면 사이트에 스닛펫(snippet)이라는 자바스크립트 코드를 설치할 수 있다. 스닛펫은 사이트를 방문한 방문자의 컴퓨터에 웹 쿠키가 설치되어 그들이 다른 사이트를 분주하게 방문하는 동안에도 리타기팅 네트워크가 당신의 광고를 그들의 화면에 띄워 보여준다.

다른 방식으로 '주소록 리타기팅(List Retargeting)'을 선택해도 좋다. 사이트 방문객 중에는 자신의 연락처를 제공할 정도로 상품에 관심을 나타냈지만 아직 구매하지 않은 사람이 있다. 그들의 이메일 주소를 활용해 리타켓팅하는 것이다. 당신이 선택한 리타기팅 플랫폼에 방문객의 주소록을 업로드하기만 하면 된다. 그러면 네트워크가 그들에게 당신의 광고를 보여줄 것이다. 멋지지 않은가?

설마 아직도 리타기팅을 하지 않고 있는가? 그러면 안 된다. 반드시 해야 한다! 이렇게 생각해 보자. 잠재고객이 처음으로 당신의 사이트를 방문했다. 그들은 당신의 말과 행동에 관심을 기울인다. 그럴 때 훌륭한 세일즈맨이라면 거래를 성사시키려고 여러 번 시도한다. 그렇지 않은가? 잠재고객이 당신의 사이트를 처음 방문하게 된 원인은 우연한 검색이 아니라 당신의 광고 때문일 수 있다. 그런데 어째서 눈덩이를 계속 굴리지 않는가? 그들을 구매자로 전환시키려는 시도를 계속해야 한다. 잠재고객은 낯선 사람이 아니다. 그러니 관계를 계속 유지해야 한다. 당장 시작하라!

> 온라인 광고 비밀 #9

대규모 페이스북 분석 연구가 알려주는 기업 광고의 비밀

팩트: 일반적으로 페이스북 계정을 가지고 있는 기업은 페이스북 팬(기업의 페이스북 페이지를 좋아하는 사용자)도 존재한다. 그런데 그들 중 댓글을 달거나 공유 또는 '좋아요' 등을 눌러 참여하는 사람은 1%도 안 된다.

왜 그럴까? 대부분의 게시물이 형편없기 때문이다. 지루하고 활기가 없고 아무런 감정도 자극하지 않는다. 사용자를 감동시키는 요소가 아무것도 없다. 생각을 자극하지도 않고 새로운 시도를 해보라고 설득하지도 않는다. 페이스북에서 어떻게 해야 효과적인 광고를 하는지 모른다면 시간만 낭비하는 꼴이다. 차라리 그 시간에 더 효율적인 다른 활동을 하는 게 낫다. 효과적인 광고를 배울 수 있는 책을 읽는 게 더 도움이 된다는 말이다. 광고인이라면 페이스북에서 성공적인 광고를 만드는 방법에 관한 실제적이고 핵심적인 연구를 조사해야 할 필요가 있다.

그러나 대개는 유난히 맛있는 아침 식사를 하고 향이 가득한 커피를 마셨다고 해서 왜 그렇게 음식이 훌륭했는지 진취적으로 무언가 조사할 가능성은 적다. 즉, '좋아요'나 댓글이 가장 많이 달린 성공적인 게시물의 원인을 파악하기 위해 페이스북 메시지 10

만 개를 조사하지는 않는다는 말이다.

다행히 우리 대신 와튼스쿨 경영학 교수 리(Lee)와 호사나가 (Hosanagar) 그리고 스탠퍼드 경영대학원 교수 네어(Nair), 이 3명의 유능하고 진지한 연구자가 그 이유를 연구했다. 11개월이라는 긴 시간 동안 심층적으로 연구한 끝에 「광고 콘텐츠가 소비자 참여에 미치는 효과: 페이스북에서 찾은 증거(The Effect of Advertising Content on Consumer Engagement: Evidence from Facebook)」라는 논문을 발표했다.

그들은 800개의 기업에서 수집한 10만 개 이상의 고유 메시지를 분석하고, 이를 콘텐츠 유형별로 분류했다. 모든 자료를 일일이 살펴보며 자료 수집을 하려면 엄청난 노동력이 들기에 아마존 메커니컬 터크(Amazon Mechanical Turk, AMT, 데이터 레이블링 노동의 온라인 중개 플랫폼 -옮긴이)를 활용했다. 또한 고도로 정교화된 자연어처리 (natural language processing, NLP) 알고리즘도 함께 이용했으며 내가 본 것 중 가장 기형적이고 복잡한 수학식도 사용했다. 창작자의 한 사람으로서 나는 그러한 작업을 즐기는 사람이 이 세상에 존재한다는 사실에 신께 감사한다. 그들이 다룬 세세한 정보의 양은 상상할 수 없는 수준이다.

논문 저자들은 이렇게 말했다.

"이 알고리즘은 5,000개의 AMT 태그 메시지를 정선된 데이터 세트로 활용한다. 최근 문헌에 보고된 모범 사례는 AMT가 도출한 결과의 품질을 보장해주며 NLP 알고리즘의 성능(정확성, 재현성, 정밀성)도 향상된 것을 보여준다. 우리는 데이터 편향이 작은 교차검증을 통해 콘텐츠를 조사했다. 그 결과, NLP 알고리즘은 대부분의 콘텐츠에 대해 정확성 99%, 재현성 99%, 정밀성 99%라는 결과를 달성했다."

이러한 내용을 보면 그들이 얼마나 진지하게 연구했는지 알 수 있다. 대량의 정보를 신속하게 처리하고 나서 공들여 조사해 발견한 핵심 결과 16가지를 제시했다. 이제 나는 그 결과를 해석해 당신이 당장 사용할 수 있는 실제적인 방법으로 전환해서 보여주고자 한다.

● **기업 800곳의 페이스북 광고 10만 개를 분석해 얻은 16가지 핵심 결과**

1. **6일만 지나면 끝난다.** 댓글과 '좋아요'는 흐지부지되다가 각각 2일과 6일이 지나면 더는 눌리지 않는다. 노출되는 정도가 서서히 줄어드는 것이다. '최초상기도'를 유지하려면 마지막 광고가 6일 후에 인터넷의 광활한 대기로 사라지기 전에 다시 게시하려고 노력하라.

2. **15일이면 희미해진다.** 댓글과 '좋아요' 등 사용자 참여의 99.9% 이상은 게시한 후 15일 안에 이루어진다.

3. **사진을 많이 활용하라.** 사진이 포함된 메시지가 평균적으로 가장 많은 '좋아요'와 댓글을 얻는다. 메시지를 글로만 작성

하지 마라. 시간을 조금 더 투자해 높은 참여를 유도하는 사진을 포함해라.

4. **기업의 소식을 알리는 게시물을 올려라.** 영상과 비교해 보면 기업의 최신 소식을 알리는 게시글에 일반적으로 더 많은 댓글이 달린다. 영상에는 '좋아요'가 더 많이 달리는 경향이 있다. **기억하기:** '좋아요'를 클릭하는 데는 노력이 거의 들지 않는다. '좋아요'보다는 댓글이 훨씬 더 가치 있다. 댓글은 작성자가 당신의 회사에 적극적인 관심을 갖고 참여한다는 증거다. 게다가 긍정적인 댓글은 인기를 증명하는 사회적 증거의 역할을 한다. 사회적 증거를 본 다른 팔로워도 당신에 대해 좋은 인상을 받는다! **강력한 조언:** 혹시 극찬하는 댓글이 있는가? 그렇다면 그 댓글을 광고에 사용해도 되는지 허락을 구하라. 대부분의 기업에서는 이 방법을 쓰지 않는다. 정말 이해가 되지 않는다! 이보다 더 좋은 후기를 어디서 무료로 얻을 수 있겠는가? 이 방법을 쓰면 눈덩이 효과가 생겨 돈이 흘러넘칠 것이다.

5. **링크를 걸면 진다.** 링크는 '좋아요'와 댓글을 최하로 떨어뜨린다. 글과 이미지 등의 콘텐츠를 게시물에 직접 넣어라. 팔로워를 다른 곳으로 보내면 안 된다.

6. **감정을 자극하면 이긴다.** 감정을 건드리는 메시지가 가장 많은 '좋아요'를 얻는다. 따라서 감정을 억누르지 마라! 행복,

분노, 슬픔 등의 감정을 유발하는 요소가 있다면 반드시 강렬하게 표현해야 한다!

- **❌ 이렇게 하면 안 된다:** "너무 화가 나서 아무 생각도 할 수 없어!"
- **✅ 이렇게 해야 한다:** "으악! 정말 짜증 나. 울화통이 터져 죽을 지경이야!"

당신의 경쟁자는 수천 명이다. 당신의 게시물에 강력함을 더해라. 사람들은 감동을 원한다.

7. **설득력 있는 콘텐츠를 많이 사용하라.** 리와 호사나가, 네어가 발표한 결과에 따르면 설득력 있는 콘텐츠가 긍정적인 참여를 유발했다. 그런 콘텐츠가 통계적으로 '좋아요'와 공유를 상당히 증가시켰다. 어떤 유형이 가장 좋을까? 감정적인 면과 자선가로서의 면모를 보여주어라. 사람들에게 당신의 관점을 심어주는 행동을 두려워하지 마라. 당신의 주장을 뒷받침하는 사실, 증거, 사회적 지지를 제시하라. 감정도 표현하라. 그러면 참여와 공유가 더욱 많아져 광고 효과가 훨씬 커지고 큰 호응을 얻을 것이다.

8. **상품 정보만 언급하지 마라.** 가격, 상품 특징, 유용성에 대해 언급할 때 그것만 말하면 실제로 참여가 떨어지는 것으로 나타났다. 하지만 그런 정보를 설득력 있는 콘텐츠와 혼합하면 사용자의 참여를 높일 수 있다. **결론:** 설득력 있는 콘텐

츠는 페이스북의 참여를 높이는 마법의 열쇠다.

9. **읽기 복잡한 콘텐츠는 피하라.** 읽기가 어려우면 '좋아요'와 댓글이 감소한다. 쉬운 단어와 표현으로 문장과 문단을 짧게 구성하라. 오해를 일으킬 수 있는 유행어와 속어를 제거하라. 불필요한 단어도 빼라. 허세를 부리지 말고 제대로 설명하기 위한 글을 써야 한다.

10. **짧게 작성하라.** 그래야 '좋아요'와 댓글이 많이 달린다. 이 문장처럼 말이다.

11. **링크가 있는 게시물은 사용자 참여에 악영향을 준다.** 메시지를 게시물에 바로 적어라. 추가적인 정보가 필요할 때만 링크를 달아라. 광고에 메시지를 다 담지 못해서 링크를 연결하면 안 된다. 다시 말해서 바로 볼 수 있는 게시물에 충분한 정보를 전달해야 한다. 그 정보만으로 잠재고객이 당신의 메시지를 좋아하고 공유하고 싶어 하는지 알 수 있어야 한다. 잠재고객에게 링크를 클릭해 다른 페이지로 이동한 다음 광고를 공유할지 판단하라고 해보라. 링크를 누르는 사람은 별로 없을 것이다.

간단한 예를 살펴보자. 나는 밥솥에 대한 기술적인 문제를 문의하려고 제조사인 인스턴트(Instant)에 전화를 걸었다. 대기 상태에서 10분을 기다렸다. 10분 후 안내 멘트가 나왔다. '기다리기를 원하지 않으시면 고객님께서 편리한 시간에 다시 전화를 드리겠습니다. 우리의 웹사이트를 방문하셔서…' 그리고 긴 URL을 알려주었다. 그렇게 기다리다가 URL을 받아 적고 전화를 끊은 다음에 회사 사이트를 방문해 '편리한 시간에 전화 받기' 양식을 작성하는 사람이 몇이나 될까? 거의 없을 것이다. 물론 이 상황이 소셜 미디어의 게시물과 똑같지는 않지만 유사성이 있는 것은 사실이다. 간단히 말하면 이렇다. '나는 지금 정보를 원한다. 하지만 정보를 주겠다며 내게 일을 시키지는 마라.'

12. **질문을 하라. 그러면 댓글이 눈에 띄게 증가한다. 그러나 '좋아요'는 포기해야 할지도 모른다.** '좋아요'를 누르는 것은 편하다. 반면 댓글을 달려면 더 많은 에너지와 시간이 필요하므로, 훨씬 더 가치가 있다. 누구나 1초도 안 돼서 '좋아요' 버튼을 누를 수 있다. 하지만 모두가 댓글을 쉽게 다는 건 아니다. 생각하고, 공개적으로 표현할 생각을 정리하고, 댓글을 읽는 사람에게 좋은 인상을 줄 문장을 구성하는 것은 누구나 쉽게 하는 작업이 아니다. 그러니 질문하라. 질문하고 또 질문하라.

'당신 생각은 어떻습니까?', '어떤 경험을 하였습니까?', '내 생각이 옳은가요, 그른가요?', '당신이라면 어떻게 하겠습니까?', '이 문제를 어떻게 개선할 수 있습니까?', '~을 시도해 보았습니까?', '~ 와 ~ 둘 중 무엇이 나을까요?' 등 눈길이 가는 질문은 수없이 많다. 이러한 방식으로 잠재고객의 참여율을 높이면 긍정적인 댓글을 단 사람에게는 앞에서 논의한 대로 소유 효과가 나타날 것이다.

13. 댓글이 많이 달리게 하려면 '빈칸을 채우세요'를 사용하라.
'내가 가장 좋아하는 ( )는 ( )다', '당신이 마셔본 최고의 커피는 ( )다', '만약 당신이 우리 회사의 CEO라면 ( ) 할 것이다' 등 할 수 있는 방법은 많다. 질문을 하면 '좋아요'를 포기해야 하는 것처럼 이 방법도 비슷한 역효과가 생긴다. 질문을 통해 댓글이 75% 증가한다면 빈칸을 사용했을 때는 214% 오른다. 이 결과는 댓글을 많이 받는 게 목표일 경우 질문보다 빈칸이 더 효과적이라는 사실을 확실하게 보여준다. 왜 그런지 알겠는가? 빈칸을 보는 동시에 반응이 시작되기 때문이다. 완전한 문장과 문단을 구성하는 것과 달리 빈칸이 있는 문장은 몇 단어만 입력하고 다음 게시물로 이동하기만 하면 된다. 항상 기억하라. 인간은 쉽고 빠른 것을 원한다.

제안: 구독자에게 댓글을 달기 전에 '좋아요' 버튼을 눌러달라고 부탁하라. 이렇게 간단한 요청만으로 댓글만큼 '좋아요'도 받을 수 있다. 이것도 판매라는 사실을 기억하라. 사람들의 손을 잡고 이끌어 그들이 무엇을 해야 하는지 말해야 한다.

14. **'좋아요'를 눌러달라고 항상 요청하라.** 그러면 '좋아요'와 댓글이 둘 다 증가한다. 댓글만 요청하면 댓글 수는 올라가지만 '좋아요'는 받지 못한다. 댓글이 소셜 미디어 참여 수준을 측정하는 '기준'으로 여겨진다는 점을 기억해야 한다. 게시물에 달린 댓글은 당신의 상품이 신뢰할 만하고, 인기가 있으며, 알아볼 가치가 있다는 의미를 전달한다.

15. **휴일에 대한 언급은 피하라.** 상식에 벗어나는 말 같지 않은가? 하지만 행복한 휴일 이야기를 불쑥 꺼내면 사용자 참여에 부정적인 영향을 미친다. 리, 호사나가, 네어는 지나친 휴일 이야기가 부정적인 영향을 미칠 수 있다고 생각했는데 특히 소비재 회사가 그런 이야기를 할 때 더 심한 영향을 준다고 추측했다. 나는 제목에 휴일이라는 말이 들어간 이메일은 아예 열어보지도 않는다. 누가 손으로 직접 써서 준 카드거나 개인적으로나 사업적으로 친분이 있는 사람에게 받은 이메일이라면 열어볼 수 있다. 하지만 단체 메일에 휴일이라는 말이 적혀 있다면 절대 열어보지 않는다. 하물며 소셜 미디어 게시물에 휴일이라는 말이 있다면 그 게시물을 볼 리 없다. 그처럼 인간미 없는 표현이 또 있을까. 그건 마치 치과의사가 크리스마스카드를 대량 메일로 보내는 거나 마찬가지다. 당신의 치아에 구멍을 더 내려고 일종의 보험을 드는 셈이다.

16. **다양한 콘텐츠 전략을 테스트하라.** 리, 호사나가, 네어는 '언제나 적용되는 전략은 존재하지 않으므로 회사는 다양한 콘텐츠 전략을 테스트해야 한다'라는 결론을 내렸다. 이 조언은 특히 정보냐 설득이냐를 놓고 고민할 때 적용된다. 당신의 상품이나 서비스에 대해 정보를 제공하는 게시물이 관련 업계 연구자들이 조사한 것보다 더 흥미로울 수 있다. 그렇다면 그 흥미로운 특징과 혜택에 관한 정보를 제공하라. 특별히 설득하는 말이 없더라도 그러한 정보만으로 '좋아요'와 댓글을 쓸어 담을 수 있을 것이다. 제안하고 싶은 게 있다. 광고와 게시물에서 정보와 설득 두 유형을 모두 테스트해 보라. 그리고 여기서 제시한 대로 필요한 조정을 하면서 어떤 전략이 당신의 상품에 가장 효과적인지 확인하라.

온라인 광고 비밀 #10

양극화의 힘: 대담하게 눈에 띄는 방법

『메리엄 웹스터 사전(Merriam-Webster's Dictionary)』에는 **양극화**를 '반대편이나 반대 의견을 가진 집단 사이에 격렬한 대립을 야기하는 것'이라고 정의한다.

도널드 트럼프(Donald Trump)와 일론 머스크(Elon Musk)를 떠올려

보자. 게임의 달인인 이들의 행동은 우연일까? 그렇지 않다. 그들은 저명한 연주가 니콜로 파가니니(Niccolò Paganini, 1782-1840)가 극도의 바이올린 기교를 구사하는 것처럼 양극화 게임을 펼친다. 사실 온라인에서 양극화는 비슷한 생각을 하는 엄청난 수의 지지자를 끌어당긴다. 방법은 간단하다.

당신의 대의명분을 뒷받침하는 말을 논란이 생기는 방식으로 말하라. → 그 말을 소셜 미디어에 게시해 팔로워들에게 전달하라. → 그러면 팔로워 중 당신을 지지하는 사람과 그렇지 않은 사람이 효과적으로 나뉜다. → 당신을 전보다 더 지지하는 새로운 시장이 스스로 모습을 드러낸다. 새로 발견된 이 시장은 당신의 목적을 감정적으로 지지한다. 그들을 목표 시장으로 겨냥하라.

이 방법을 사업에 어떻게 활용할 수 있을까? 다른 업계의 예를 살펴보자. 당신이 전달하려는 메시지에 어떻게 매력을 더할 수 있는지 알 수 있다.

▶ **피자 가게:** "으, 피자 가게의 거짓말에 완전히 질렸어요. 냉동 반죽으로 피자를 만들면서 매일 신선한 피자를 만든다고 거짓말하잖아요. 그런 사기가 어디 있어요! 람베르티(Lamberti) 피자는 달라요. 우리는 새벽 6시에 일어나 가장 신선한 유기농 재료만 사용해 반죽을 만듭니다. 소스와 치즈도 신선하게 직접 만들어요. 우리는 고객을 사랑합니다! 맛의 차이를 느껴보세요!"

▶ 웹디자이너: "형편없는 웹디자인은 이제 지긋지긋합니다! 훌륭한 사업가들이 수준 낮은 웹디자이너에게 속고 있어요. 그들이 만들어낸 웹페이지는 진부하고 틀에 박혀 있죠. 저렴해 보이고 아마추어의 작품 같아요! 저는 모든 사이트를 처음부터 다시 설계합니다. 그렇게 만든 웹사이트는 소비자를 순식간에 끌어모으죠. 당신이 본 가장 최악의 웹사이트는 무엇인가요? 댓글로 알려주세요!"

▶ 카페: "우리는 터무니없는 가격을 요구하지 않아요! 벤티 사이즈의 카페라테를 4.15달러에 판다는 게 말이 됩니까? 화려한 수상 경력을 자랑하는 우리 카페에서는 훨씬 더 신선하고 풍미가 가득한 벤티 사이즈의 라테를 단 2.95달러에 제공해드립니다. 우리가 직접 만든 갓 구운 초콜릿 쿠키도 있어요! 이래도 차벅스(Charbucks)에 안 오실 건가요?

어떻게 사람들의 감정을 자극해 당신 편으로 끌어올 수 있을까? 당신의 업계에서 무슨 행태를 비난할 수 있을까? 사람들이 '이미' 싫어하고 있는 게 무엇인지 아는가? (사람들이 싫어할 만한 것을 새로 만들 필요는 없다. 이미 존재하고 있으니까!) 감정의 물결에 올라타 유리하게 이용할 수 있는 문제가 무엇인가? 당신이 사람들을 돕고 있다는 사실을 알려주려고, 그렇게 해서 그들을 효과적으로 당신 편으로 만들고 브랜드를 지지하게 하려면 게시물에 뭐라고 말해야 할까?

이러한 전략에는 비록 음흉한 속셈이 있을지는 모르나 효과는 탁월하다. 소비자를 보호한다는 강력한 정서를 전달하므로 즉시 긍정적인 호소력이 생긴다. 나아가 '좋아요'와 공유를 증가시키는 주요 요소 중 하나인 감정을 심어준다.

위험한 방법일까? 아니다. 설령 위험이 있다고 해도 극히 드물다. 터무니없이 충격적인 말을 해서 의도적으로 사람들의 분노나 분열을 조장하고 싶지는 않을 것이다. 앞에서 제시한 예들을 다시 떠올려 보라. 그 내용이 분노를 유발하는가? 아니면 상식적인 사람이라면 자연스럽게 공감할 만한 내용인가? 이것이 핵심이다. 감정을 강력하게 표현하지만 누군가를 나쁜 사람으로 몰지는 않는다. 스타벅스를 연상시키는 '차벅스'의 광고는 좀 다르지만 말이다. 형편없는 카페나 수준 낮은 피자 가게, 틀에 박힌 웹페이지를 만드는 웹디자이너는 당연히 당신을 좋아하지 않을 것이다. 오히려 그들은 당신의 '경쟁자'다. 하지만 무슨 상관인가. 신경 쓰지 말고 당신의 실력으로 승부하면 된다!

온라인 광고 비밀 #11

윤리적 뇌물: 작은 보상이 큰 설득이 되는 구매자 인센티브의 심리학

'연락처를 확보하라!'는 말은 영업팀의 마케팅 관리자라면 누구나 외치는 구호다. 잠재고객에게 메시지를 전달할 수 없다면 당신의 상품을 사라고 그들을 설득할 수 없다. 하지만 현실을 직시하자. 당신에게 친절을 베풀려고 자신의 전화번호는커녕 이름과 이메일을 선뜻 알려주는 사람은 별로 없다. 대개 사람들은 개인 정보를 주기 전에 일종의 인센티브인 '윤리적 뇌물'을 받으려고 한다.

미국 디지털 광고회사인 소셜바이브[SocialVibe, 회사명이 트루엑스(TrueX, Inc.)로 변경되었다가, 현재는 인필리온(Infillion)]와 시장 조사 회사 상위 15위 안에 드는 케이엔 다임스토어(KN Dimestore)의 연구자들이 시행한 연구를 살펴보자.

연구자들은 미국의 다양한 브랜드, 즉 오락, 소비재 제품, 전자상거래, 금융, 기술 등의 광고를 본 소비자 3만 명 이상을 조사했다. 연구의 목적은 3가지 질문에 대한 답을 확인하는 것이었다. 첫 번째, 인센티브가 광고를 본 사람의 상품 구매에 영향을 미치는가? 영향을 미친다면 그 이유는 무엇인가? 두 번째, 인센티브, 공짜, 할인, 프리미엄 등이 브랜드에 대한 소비자 인식에 어떻게 영향을 미치는가? 세 번째, 소비자가 인센티브에 설득당해 회사 사이트를 방문하거나 그 광고를 소셜 네트워크로 다른 사람들에게 전달했는가?

- **인센티브가 소비자의 행동을 어떻게 바꾸는지 살펴보자.**
  ▶ 소비자의 48%는 인센티브에 영향을 받았고 해당 브랜드에 관심을 갖게 됐다.

- ▶ 12%는 단순히 브랜드에 영향을 받았다.
- ▶ 31%는 브랜드와 인센티브 모두에 영향을 받았다.
- ▶ 9%는 인센티브에만 영향을 받았다.
- ▶ 36%는 인센티브를 받은 후 오프라인 매장에서 해당 브랜드의 상품을 살 가능성이 컸다.
- ▶ 23%는 인센티브를 알게 된 다음 경쟁사의 상품을 고려할 가능성이 커졌다.
- ▶ 32%는 인센티브를 알게 된 다음 경쟁사의 상품을 구매할 가능성이 커졌다.

이 조사 결과는 사람들이 '윤리적 뇌물'이나 인센티브에 영향을 받는다는 사실만 보여주는 데에 그치지 않는다. 광고에 참여한 소비자가 결국 광고된 상품을 구매할 가능성이 커진다는 사실도 보여준다(이는 앞서 살펴본 소유 효과다). 인센티브는 그 이상의 일을 한다. 즉, 웹사이트 트래픽을 증가시키고 사람들이 상점 문을 열고 들어오게 만든다.

소셜바이브(현재는 인필리온)는 이 전략을 적절하게도 '가치를 교환하는 브랜드 광고'라고 부른다. 원하는 것을 얻으려면 관심을 달라고 요청하는 전략이기 때문이다. 소비자가 관심을 주면 보상을 받게 된다. 인센티브의 종류는 사실상 무한하다. 몇 가지 인센티브를 고려해 보자(물론 고가의 품목에는 더 비싼 인센티브가 있다).

① **깜짝 독점 공개**. 신기술, 패션 디자이너의 새로운 의상, 스포츠 용품, 교육 세미나 등이 새로 발표될 때 사람들은 먼저 경험하는 것을 좋아한다! 고객들에게 공개되기 전에 먼저 보여주겠다는 인센티브로 무엇을 제공할 수 있을까?

② **체험 상품**. 바로 구매하거나 연락처를 제공할 완벽한 인센티브를 주려면 확실한 달러 가치로 표시하라.

③ **무료 세미나**. 이러한 세미나는 가치가 매우 높다. 하지만 비용은 거의 들지 않는다.

④ **기부**. 회사의 기부 활동을 보면 구매자는 자신이 그 회사 상품을 사는 행위를 합리화할 수 있다.

⑤ **할인 쿠폰**. 누구나 할인을 좋아한다.

⑥ **1+1 행사**. 이 전략이 '50% 할인!'보다 더 낫다는 사실이 테스트로 증명되었다.

⑦ **무료 회원 가입**. 사람들은 소속감을 좋아한다. 회원 가입은 높은 소속감을 가져다준다.

⑧ **고객 보상 프로그램**. 재구매할 수 있는 더 많은 요인을 제공한다.

⑨ **무료 반품**. 이 인센티브는 구매를 쉽게 만들며, 위험을 줄인다.

⑩ **무료 선물 포장**. 포장하는 수고를 덜어주기 때문에 선물용 상품에 매우 효과적이다.

⑪ **전문가 무료 상담**. 전문가 상담은 얼마의 가치가 있는가? 50달러? 100달러? 500달러?

⑫ **이벤트 티켓**. 이런 티켓에는 큰 가치가 있어 할인된 가격으로 대량의 상품을 구매할 수 있다.

⑬ **레스토랑 상품권**. 레스토랑, 카페, 패스트푸드점의 상품권을 제공하라. 누구나 외식을 좋아한다.

이 외에도 여러 가지 인센티브가 있다.

> 온라인 광고 비밀 #12

디자인에 담긴 심리학: '좋아요'는 기본, 구매까지 이끄는 페이스북 페이지 디자인 전략

회사를 안내하는 '공식' 페이지가 페이스북에 이미 있는가? 개인 페이지처럼 회사 페이지(예전에는 '팬페이지'라고 했다)는 최근 소식이나 특별한 행사, 할인 등의 정보를 알리는 통로인 동시에 회사의 '팬'과 상호작용할 수 있는 훌륭한 수단이다.

회사 페이지를 활용하면 이점이 많다. 첫 번째, 회사의 팔로워를 무제한으로 늘릴 수 있다. 두 번째, 상태 업데이트가 뉴스피드(newsfeed)에 나타나기 때문에 '최초상기도'를 유지할 수 있다. 세 번째, 브랜드와 상품을 홍보하는 사진과 영상을 무제한으로 올릴 수 있다. 네 번째, 페이스북의 기능을 활용해 회사 페이지를 홍보할 수 있다. 다섯 번째, 검색 엔진 최적화 기능이 추가된다. 여섯 번째, 소비자의 피드백을 장려하고 거기에 반응하는 좋은 수단이다. 일곱 번째, 고맙게도 웹사이트로 바로 이동시켜준다. 여덟 번째, 100% 무료다. 이처럼 페이스북의 회사 페이지를 사용하면 거의 손해를 보지 않는다.

그런데 간혹 손해 보는 경우가 있기는 하다. 가장 효과적인 페이스북 게시물을 만드는 방법에 대해 이미 배운 내용을 무시하고 직접 시행착오를 겪어보려고 하면 실패할 수 있다. (이 책을 읽고 있다는 사실이 정말 기쁘지 않은가?)

다행히도 연구자들은 페이스북의 회사 페이지에서 소비자의 '좋아요'와 댓글에 영향을 주는 핵심적인 디자인 요소를 연구했다. 게시물의 크기로 인해 '좋아요' 수가 달라질까? 글이 길수록 댓글이 더 많이 달릴까? 사진이나 영상 같은 그래픽 요소가 많으면 사용자 참여가 늘어날까? 댓글을 요청하는 게 더 좋을까 아니면 그런 요청이 사용자를 짜증 나게 만들어 달아나게 할까? 그 답을 알아보자.

● **3명의 연구자가 독일에서 발견한 사실**

독일 밤베르크 대학교의 연구자 라우슈나벨(Rauschnabel), 프락스마어(Praxmarer), 이븐스(Ivens)는 자동차 제조업체인 오펠(Opel), 렉서스(Lexus), 비엠더블유(BMW), 아우디(Audi)의 게시물 369개를 조사했다. 그들은 긴 광고에 이미지가 많고 글자가 적으면 사용자 참여가 높다는 가설을 세웠다.

연구자들은 각 게시물의 '좋아요' 수를 기록했다. 그리고 게시물 당 '좋아요' 수를 해당 브랜드의 모든 게시물의 '좋아요' 수로 나누었다. 그다음 각 게시물 당 사용자 댓글 수를 기록했다. 한 명의 작성자가 쓴 댓글들은 한 개로 계산했다.

그들은 파이어폭스(Firefox)에서 제공하는 메절잇(MeasureIT)이라고 하는 앱을 활용해 게시물의 크기를 측정하기 위해 픽셀 수를 계산했다. 그다음 문자의 수를 세어 텍스트를 측정하고 그 값을 해당 게시물의 픽셀 수로 나누었다. 중간에 텍스트가 확장되면 확장 전의 값으로만 계산했다. 그다음 사진이나 영상 등 그래픽 요소를 페이스북 설정을 고려하여 1에서 3 사이의 값으로 계산했다. 마지막으로 모든 게시물을 확인하여 댓글, '좋아요', 투표 등 어떤 식으로든 참여를 요청하는 메시지가(이를테면 "이 정보가 마음에 드시면 아래에 있는 '좋아요' 버튼을 눌러주세요") 있는 게시물을 골라냈다.

다음 표에서 '좋아요'와 댓글의 수치를 상세히 살펴볼 수 있다.

브랜드	게시물	좋아요	댓글
오펠	129	5만 9,230	1만 360
렉서스	46	7만 5,850	1만 2,890
BMW	99	27만 1,770	3만 4,470
아우디	95	32만 8,230	4만 4,670

다음 표는 각 가설의 결과와 두 변수의 상관관계를 보여준다. 표의 내용이 거창하게 보일지 모르지만 X와 Y 같은 두 변수의 관계를 판단하는 데 사용된 단순한 통계기법이다. Y가 변할 때 X가 얼마나 변하는지 보여주는 것이다. 변화에 따른 유의미한 효과를 알려준다.

이 표에서는 양의 숫자는 독립 변수가 커질 때 그에 따라 종속 변수도 커졌음을 보여준다. 숫자가 클수록 독립 변수의 영향력이 크다. 표를 보면 게시물의 크기가 커질 때 '좋아요'는 많아지지만 댓글에는 크게 영향이 없음을 알 수 있다.

독립 변수	종속 변수: 좋아요	종속 변수: 댓글
크기	.253	.070
글자 수	-.403	-.306
미디어 요소	.365	.178
참여해달라는 초대	.204	.411

자료를 정리하면 다음과 같은 결론에 이른다.

▶ 게시물의 크기는 댓글 수와 크게 관련이 없다.

▶ 게시물의 크기가 커질수록 '좋아요' 수는 증가한다.

▶ 글자 수가 많을수록 '좋아요'는 줄어든다. 이 결과는 긴 카피가 더 많은 판매로 이어진다는 내 주장이 틀렸다는 말일까? 그렇지 않다. 이 연구에서는 광고의 효과성을 전혀 조사하지 않았다. '좋아요'가 많다

고 해서 잠재고객을 구매자로 더 설득력 있게 전환한다는 뜻은 아니다. 구매에 관심이 있는 사람은 '더 자세히 알아보기'를 클릭해 해당 게시물에서 벗어날 수 있다. 즉, 그들이 구매 과정에 집중한 나머지 '좋아요'를 누를 시간이 없을지도 모른다는 것이다.

- ▶ 크기, 글자의 수, 미디어 요소는 댓글보다는 '좋아요' 수에 더 큰 영향을 미친다. 댓글을 작성하는 데는 생각과 노력이 더 많이 들기 때문이다.
- ▶ 댓글이나 '좋아요'를 요청하는 것은 사용자가 그 행동을 하도록 강력하게 동기를 부여한다.

정보와 자료가 아무리 많아도 광고를 통해 소비자의 반응을 확인하고 싶을 때는 직접 테스트해 보는 방법이 가장 확실하다는 사실을 기억하라. 페이스북의 통계를 보면 평균적으로 사용자가 한 달에 11개의 광고를 클릭한다. 또 모바일 전용 영상이 브랜드 가치를 27% 높이며 플랫폼의 라이브 영상이 사용자 참여를 6배 증가시킨다. 하지만 이러한 통계가 당신의 광고에 적용되는지 확인하려면 반드시 테스트해야 한다. 다만 통계를 지침으로 삼는다면 가장 효과적이고 효율적인 방식으로 광고를 제작할 수 있을 것이다. 다른 사람이 심층적으로 수행한 연구의 몇 가지 핵심만 활용해도 시행착오를 하며 낭비할 많은 시간을 절약할 수 있다.

> 온라인 광고 비밀 #13

설득력 있는 웹사이트를 위한 필수 심리 전략 20가지

팩트: 인터넷 사용자의 48%가 웹사이트 디자인을 회사의 신뢰도를 판단하는 가장 중요한 요소로 본다.

이는 전혀 놀라운 사실이 아니다. 그들은 '형편없는 사이트네. 회사 수준이 낮구나. 사이트가 왜 이렇게 뒤죽박죽이지? 체계적이지 않은 회사군. 사이트를 대충 만들었네. 일을 대충하는 회사겠군. 사이트가 기술적 결함투성이야. 오탈자가 있고 문법도 엉망이네. 다른 사이트로 가자!'라고 생각한다.

오프라인 세상과 크게 다르지 않다. 그렇지 않은가? 중요한 면접을 보러 가면서 새 셔츠에 페퍼로니 피자 얼룩을 묻히고 갔다고 해보자. 첫인상이 어떻겠는가? 깔끔하지 않고 지저분하다는 반응을 얻을 것이다. 웹사이트의 첫인상도 마찬가지다.

현재 당신의 사이트에서 무엇을 개선할 수 있을까? 몇 가지 개선할 요소에 대한 '행동 제안'을 살펴보자. 기술, 디자인, 심리와 관련된 점을 살펴볼 것이다. 각각의 제안은 사이트를 더욱 효과적으로 만들기 위해 해야 할 일을 알려준다. 아래 제안하는 내용 중에서 당신의 사이트에 적용해야 하는 요소가 있다면 해당 번호에 표시하라.

1. **후기를 쌓아나가라.** 사용자의 72%는 지인 추천을 신뢰하는 만큼 온라인 후기도 신뢰한다. 자연어처리의 공동 창시자 리차드 밴들러(Richard Bandler)의 말처럼 사회적 증거는 소비자를 설득하는 핵심 요소다. 더욱 중요한 사실은 평균 구매 전환율은 후기가 쌓이면서 270%까지 증가할 수 있다는 점이다.

2. **권위 있는 사람의 말을 이용해 설득하라.** 인플루언서와 인지도가 높은 전문가의 긍정적인 후기는 설득력이 매우 크다. 전문가의 의견은 그 출처가 갖는 권위가 있다. 그들의 의견은 논리가 타당한 사실이라는 보장이 내포되어 있기에 영향력이 크다. 다양한 후기는 눈덩이 효과를 낳는다. 흙을 빚는 유능한 도공처럼 전문가의 후기는 소비자의 마음에 긍정적인 인식을 만든다. 당신의 상품을 보증해 주는 후기를 누구에게서 받을 수 있겠는가? 신속한 후기를 얻기 위해 누구에게 당신의 상품을 '선물'할 수 있는가? 이는 양방 거래임을 기억하라. 당신은 그들에게 상품을 선물로 주고 그들은 당신을 돕는다. 하지만 당신이 대부분의 인플루언서에게 주는 것은 사실상 '상품'이 아니라 더 높은 인기다. 후기를 써주면 그들의 인기가 상승할 것이라고 장담하라. 그들의 정체성을 활용해 당신의 말을 듣게 하라.

3. '항상 살 수 있는 것은 아니다'라는 메시지를 전하라. 희소성을 전달하면 판매 증가에 도움이 된다. 이는 마치 중고차를 사려고 할 때 할 때 판매원이 "2명이 그 차를 사려고 왔었어요"라고 말하는 것과 비슷하다. 그러면 당신은 그 차를 더욱 구매하고 싶어진다. 비행기에서 옆좌석 승객이 팔걸이에 팔을 올려놓기 전에는 전혀 신경 쓰지 않았던 것처럼 말이다. 희소성이나 포모(무언가 놓치는 것에 대한 두려움)가 불안을 일으킨다. 따라서 물건이 부족하면 사고 싶어도 살 수 없다는 두려움을 조장해 판매를 증진하라. 밀레니얼 세대 소비자 가운데 약 60%가 외부 환경에 반응해 구매한다고 말한다. 특히 포모를 경험하면 대개 24시간 안에 구매한다고 한다. 포모를 조장하는 게 비윤리적일까? 소비자에게 도움이 되고 질 좋은 상품을 팔며 당신의 주장이 사실이라면 절대 비윤리적인 것이 아니다. 할인은 정말로 끝나는 기간이 있다. 때때로 수량도 진짜 정해져 있다. 당신이 주장하는 희소성은 진짜다. 이 희소성은 상품이 인기 있다는 것을 암시한다. 희소하다고 주장하라. 그러면 소비자는 핵심적인 구매 과정(『캐시버타이징』에서 설명했듯이 구매 과정에서 생기는 고민)을 생략하고 고민 없이 구매하려고 할 것이다.

방법은 무엇일까? 바로 재고량이 부족하다고 주장하는 것이다. 카운트다운을 시작하라[위치테스트원(WhichTestWon, A와 B

의 테스트 사례 연구를 소개 하는 웹사이트로 현재는 컨설팅 회사에 인수됨 -옮긴이)의 두 가지 버전을 테스트한 결과, 카운트다운을 시작할 때 전환율이 9% 증가했다]. '캘리포니아 라퀸다에 사는 조가 30분 전에 계약했습니다'라는 팝업 메시지처럼 실시간으로 알려주는 판매 현황은 '생생한' 사회적 증거다. 하지만 이러한 팝업을 가짜로 꾸미는 사이트는 신뢰성을 잃는다. 미심쩍은 상품이 불티나게 팔리고 있다는 팝업 공세를 지나치게 해서는 안 된다. 웃는 얼굴의 비누 받침대가 1분마다 8개 판매된다는 팝업 메시지가 뜬다면 누가 믿겠는가.

4. **모바일 기기로 이용할 수 있게 하라.** 모바일로 이용할 수 있도록 웹사이트를 설계한 회사의 62%가 매출이 증가했다. 태블릿으로 이용할 수 있게 한 경우의 64%도 매출 증가를 경험했다. 이유가 무엇일까? 온라인 쇼핑객의 67%가 모바일 기기로 볼 수 있는 사이트에서 상품을 구매할 가능성이 크기 때문이다. 놀랍지 않은 일이지만 지금도 나는 작은 모바일 화면으로는 쇼핑이 어려운 사이트를 많이 본다. (모바일로 이용할 수 없는 사이트라면 내게 양식 작성을 요청하지 마라)

5. **3초면 죽는 함정을 피하라.** 모바일 사용자는 대부분 3초 이내에 웹사이트에 접속하기를 기대한다. 3초가 지나버리면 아직 열리지 않은 사이트 40%는 '생명을 잃을' 것이다. 이는 사용자의 클릭 속도가 굉장히 빠르다는 의미다. 당신의 사

이트를 클릭한 사람의 거의 절반만 실제로 사이트를 방문하게 된다! (그들을 당신의 사이트로 유도하려고 광고에 얼마나 많은 돈을 투자하고 있는가?) 세상에서 가장 강력한 판매 편지를 보냈는데 수신인이 그 봉투를 뜯어보지도 못하는 꼴이다! 마지막으로 로딩 속도를 확인한 적이 언제인가? 지금 다시 하라! 웹디자이너는 '점진적 향상(구식 브라우저에서 동작할 수 있는 기능을 제공하고 최신 브라우저에서는 더 나은 사용자 경험을 제공하는 방법 -옮긴이)'과 '우아한 성능 저하(최신 브라우저를 기반으로 기능을 구현한 뒤 구식 브라우저에서도 유사하게 동작하게 하는 방법 -옮긴이)'라는 용어에 익숙하지 않을 수 있으므로 정기적으로 다시 확인해야 한다.

6. **소비자가 받는 혜택을 화면 상단에 배치하라.** 웹사이트 방문자가 사이트에 머무는 시간의 57%는 스크롤 하지 않고 보는 첫 화면에 사용된다. 화면 상단에서 가장 중요한 혜택을 보여주는가? 방문자가 스크롤로 화면을 내리지 않고도 당신과 거래할 합당한 이유를 발견할 수 있는가? 참여를 성공적으로 유도하려면 방문자가 사이트에 도착하는 즉시 강력한 주장이나 약속을 보게 해야 한다. 광고 카피가 잘 작성되어 있고 가치 있는 혜택을 제시한다면 관심이 있는 사람은 스크롤을 해서 더 자세히 읽을 것이다. 반면 타깃 고객층의 관심을 사로잡는 방법은 가장 중요한 혜택을 바로 보여주는 것이다. 관심이 없는 사람은 처음 몇 단어도 보지 않는다.

7. **모든 항목을 기호로 정리하라.** 방문자의 55%는 항목을 살펴본다. 항목에 기호를 추가하면 항목을 보는 사람이 70%까지 증가한다. 쉬우면 이기는 법이다.

8. **사용자 경험을 테스트하라.** 모바일 사용자의 44%는 웹페이지를 둘러보는 방식이 어렵다고 말했고 6%는 웹페이지 접속이 어렵다고 불평했다. 당신의 사이트는 사용자 경험을 테스트했는가? 실용적이고 저렴한 서비스가 많이 있다. 당신의 사이트를 새로운 시각으로 바라보고 처음 보는 문제에 대비하라. 그동안 당신은 나무만 보고 숲은 보지 못했을 수 있다. 새로운 시각과 생각으로 사이트를 살펴보아야 할 것이다. 몇 가지 문제만 찾아내도 수고한 보람이 분명 있다.

9. **내비게이션 바에는 6초를 쓴다.** 소비자가 당신의 사이트를 처음 방문하면 내비게이션 바를 살피는 데 약 6.44초를 쓴다. 로고 다음으로 가장 길게 보는 시간이다. 내비게이션 바에 따라 사이트 탐색을 쉽게 만들 수도 있고 어렵게 만들 수도 있다. 덧붙이자면, 내비게이션 바는 창조적인 영역이 아니다! 사용자는 화면 상단의 수평 바나 화면 왼쪽의 수직 바를 기대한다. 그러니 그들이 기대하는 것을 보여주어라.

10. **드롭다운을 제거하라.** 드롭다운(Drop-down, 해당 요소에 마우스를 올리면 다른 요소나 텍스트가 나오게 하는 효과 -옮긴이) 메뉴는 읽는 속도를 늦춘다. 또한 사용자가 생각하지 않았던 정보를

검색하게 한다. 그러니 '펼쳐볼' 필요 없이 바로 보이게 설명문을 넣어 사이트에서 정보를 더 확실히 찾게 하라.

11. **전략적으로 왼쪽으로 배치하라.** 사용자는 웹페이지의 왼쪽에 있는 정보를 보는 데 80%의 시간을 쓴다. 이는 웹페이지 형태상 가능하다면 가장 중요한 정보는 왼쪽에 배치해야 함을 의미한다.

12. **추천하는 상품을 닻처럼 고정하라.** 맨해튼 시내에 있는 고급 이탈리안 레스토랑인 바이스(Bice)에서 메뉴를 보고 있다고 상상해 보자. 첫째 줄에 있는 요리는 랍스터와 송로버섯을 곁들인 바이스 탈리올리니 파스타(Bice Tagliolini Pasta)로 가격이 1,950달러다. 둘째 줄에 있는 요리인 발렌티노 우보 알 타르투포(Valentino Uovo al Tartufo)는 송로버섯을 곁들인 달걀 요리로 첫 번째 요리처럼 근사해 보이지만 가격은 단 295달러다. 이 두 번째 요리의 가격도 무척 비싸다. 하지만 첫 번째 요리의 가격보다 비교적 저렴해 보인다. 이를 닻 내림 효과(배가 닻을 내리면 움직이지 않는 것처럼 초기에 제시되는 것이 일종의 선입견으로 작용해 판단에 영향을 주는 효과 -옮긴이)라고 하는데, 강력한 영향력을 발휘한다. 당신의 웹사이트에서도 한 가지 상품을 다른 상품보다 상당히 비싸게 책정하는 가격 체계를 설정함으로 이 효과를 활용할 수 있다. 과연 어떤 결과를 얻을 수 있을까? 바이스의 두 번째 요리처

럼 덜 비싼 선택지가 아주 싼 것처럼 보인다. 비싼 가격의 상품을 보면 사람들은 그보다 덜 비싼 상품에 더 높은 가치를 부여한다. 이 효과는 상품이나 서비스가 유사할수록 극대화된다.

13. **적절한 색상의 조합을 선택하라.** 토론토 대학의 연구자들이 시행한 한 연구에서 따르면 어도비 컬러(Adobe Color, 색상의 조합을 만들어 공유하는 무료 웹 툴)를 사용하는 사람들은 2~3개의 색상으로 구성된 간단한 조합을 선호하는 것으로 나타났다. 색상은 의미와 느낌을 전달한다. 그래서 색상의 단순한 조합은 소비자가 메시지를 더 쉽게 이해하도록 돕는다. 오늘날 웹디자이너들 사이에서 단색, 유사색, 다색(3개 이상), 보색 조합이 특히 인기 있다. 각 색상의 조합이 어떻게 활용되는지 살펴보자.

   ▶ **간단한 메시지나 상품을 보여주는가?** 고급스러운 이미지를 추구한다면 단색으로 디자인하는 것이 좋다. 이 방식으로 한 가지 색상을 다양하게 변화시켜 사용할 수 있다. 예를 들면 자주색을 다양한 색조로 표현할 수 있다. 단색으로 디자인하면 단순하고 깨끗한 이미지를 만들어 간단하고 솔직한 개념을 전달하는 데 이상적이다. 예를 들면 ① 남색, 감청색, 파란색 ② 검은색, 회색, 흰색 ③ 갈색, 베이지색으로 색상을 조합할 수 있다. 고급 상

품을 판매한다면 단색으로 디자인하여 세련미와 고급스러움을 전달할 수 있다. 롤스로이스 자동차 회사 사이트가 좋은 예다.

▶ **조화로움을 전달하려고 하는가?** 이때는 유사색으로 조합하면 된다. 색상환에서 인접해 있는 색상을 사용하는 것이다. 이를테면 파란색과 보라색의 조합이 있다. 혹은 빨간색, 진주황색, 주황색의 조합도 있다. 이러한 색상의 조합은 색조의 유사성 때문에 조화와 협력을 표현하는 데 탁월하다.

▶ **눈에 띄게 만들어야 하는가?** 색상환에서 120도 간격에 있는 3가지 색상을 활용하라. 예를 들면 ① 빨간색, 노란색, 파란색 ② 자주색, 연두색, 주황색 ③ 남색, 진주황색, 풀색 ④ 붉은 보라색, 귤색, 청록색의 조합이 있다. 3가지 색상 중 하나를 배경색으로 사용해 달라고 웹디자이너에게 요청하라. 가독성을 위해 밝은 색을 선택하는 것이 좋다. 그리고 나머지 2개의 색상을 강조되는 글자와 그림에 사용하면 된다. 또는 주요 색상(원색이나 2차색), 보조 색상(2차색이나 3차색), 주요 색상과 보조 색상을 혼합한 색상을 사용하라. 정말로 두드러지게 표현하고 싶은 요소가 있다면 눈에 확 띄는 완전히 새로운 색상을 사용하면 된다.

▶ **변화를 일으켜야 하는가?** 보색 설계로 그렇게 할 수 있다. 색상환에서 반대편에 있는 크게 대비되는 색을 사용하면 된다. 예를 들어 ① 빨간색과 녹색 ② 파란색과 주황색 ③ 노란색과 자주색 ④ 귤색과 감청색의 조합이다. 이러한 조합은 사람들의 시선을 끈다. 왜 그럴까? 대비되는 두 색상이 인간의 눈에 들어오면 망막에 있는 광수용기세포의 고주파와 저주파가 모두 동시에 자극을 받기 때문이다. 그 결과, 어느 정도 '시각적 마사지(optical massage)'가 생긴다. 대비되는 색상이 서로 다른 강도의 균형을 맞추면서 일종의 '조화로운 경쟁'을 만들어내어 생기는 효과다. 흔히 보색은 CTA나 할인 가격, 버튼 등 웹페이지에 있는 특정 요소에 시선을 끌기 위해 사용된다.

14. **빨간색이나 녹색이 더 낫다고 가정하지 마라.** CTA 버튼으로 빨간색이 나은지 녹색이 나은지를 두고 오랜 논쟁이 있었다. 허브스팟, 빙(Bing), 모네테이트(Monetate), RIPT, VWO 등에서 관련된 연구를 진행했다. 당신의 화를 돋울 수 있으니 얼른 알려주겠다. 사용자의 반응을 유도할 때 버튼의 **색상**은 중요하지 않다. 버튼이 배경과 어느 **정도** 대조를 이루는지가 중요하다. 인간의 시선은 가장 눈에 띄는 자극에 자연스럽게 끌리기 때문이다. 대조가 극명하면 과학자들이 '처리 유창성'이라고 부르는 현상이 생긴다. 즉, 어

떤 행동이 잘 이해되고 시행하기 쉬우면 기꺼이 하게 되고 그렇지 않으면 하지 않으려는 것이다. 버튼을 클릭하려면 그 버튼이 먼저 눈에 보여야 한다. 눈에 보일 가능성이 커질수록 버튼을 클릭할 가능성이 커진다. 하지만 이러한 현상은 그 상품을 구매하고 싶은 경우에만 적용된다. 당연한 말이다.

생각해 보자. 버튼 자체에는 잠재고객의 구매 욕구를 일으킬 힘이 없다! 버튼에 설득력 있는 문구 즉, 할인율이나 행사 마감 기한 같은 말이 들어 있지 않으면 버튼에 내재된 힘이 전혀 없다는 말이다. 잠재고객이 광고 카피는 읽지 않고 버튼만 보다가 갑자기 그 색상에 감동해 자신도 모르는 사이에 마음이 바뀌는 일은 없다. "이 저렴한 옷에는 관심 없어. 오, 그런데 잠깐! 연두색으로 된 '지금 구매' 버튼이 눈에 띄는군. 흠, 갑자기 사고 싶은 기분이 들어!" 이런 일은 일어나지 않는다. 반대로 다음과 같은 일도 일어나지 않는다. "그래, 이게 내가 원하던 거야! 잠깐, 이게 뭐지? '지금 구매' 버튼이 빨간색이잖아? 흠, 뭔가 좀 이상해. 다른 사이트에서 사야겠어!"

색상이 잠재의식에 영향을 주는 것은 맞다. 하지만 어떤 상품을 사면 삶의 질이 나아질 거라고 판단해서 구매해야겠다고 생각하면 색상 자체가 그 구매 욕구를 줄이지 않는다.

반대로 필요 없다고 생각한 상품에 대한 구매 욕구를 일으키지도 않는다.

결론: 버튼이 어떤 상품에 대한 열망을 만들지는 않는다. 하지만 버튼은 구매를 떠올리게 하고, 구매할 기회를 제공한다. 웹페이지의 배경이나 다른 요소들과 크게 대비하는 색상이라면 어떤 색상이든 선택하라. 그 색상을 눈에 띄게 만들어라! 반드시 테스트를 해봐야 한다. 하지만 빨간색이나 녹색으로 제한을 두지 마라. 전 세계 3억 명 이상의 사람이 그 두 가지 색을 구분하지 못하는 색맹이다. 어떤 색상을 선택하든 이 점을 알아두어라. 대개 웹페이지에서 가장 눈에 띄는 버튼이 테스트를 통과해 승자가 될 가능성이 크다.

15. **CTA를 분산시켜라.** 세일즈맨은 고객에게 몇 번이나 구매 요청을 해야 할까? 당신이라면 세일즈맨에게 몇 번 요청하라고 하겠는가? "이봐, 빌. 잠재고객에게 딱 한 번만 구매 요청을 하도록 해. 알겠나? 사지 않으면 그냥 보내."라고 말하겠는가? 당연히 말도 안 된다. 웹사이트는 세일즈맨이다. 웹사이트에 CTA를 한 군데만 배치하는 건 어리석은 일이다. 주요 CTA는 웹사이트에서 여러 번 등장해야 한다. 더 자주 보일수록 사용자의 관심을 끌 가능성이 커진다. 사용자가 앞에서는 CTA를 보지 못하더라도 중간이나 뒤에

서 CTA를 클릭할지 모른다. 또 CTA를 처음 본 지점에서는 구매할 마음이 생기지 않더라도 몇 분 후에는 신용카드를 쉽게 꺼낼 수도 있다.

16. **'베스트 상품'이라고 표시해서 중앙에 배치하라.** 하나 이상의 선택지를 제시한다면 잠재고객이 가장 많이 선택했으면 하는 항목에 '베스트 인기 상품!'이라는 표시를 해 중앙에 배치하라. 아마존의 '베스트셀러 1위' 표시가 그 예이다. 이 방법은 전통적인 밴드웨건 효과를 활용하는 것이다. 인류 초기부터 인간은 주로 '사회적으로 인정된' 길로 가려는 욕구가 있다. 이는 그 욕구를 이용하는 방법이다. 중앙에 배치된 상품은 관심을 더 많이 끌며 다른 상품 말고 자신을 고르라고 소비자를 설득한다. 그 상품의 이미지를 조금 확대하면 효과는 더 커진다.

17. **어디를 봐야 하는지 알려주어라.** 인간은 사회적 존재다. 우리는 사람의 얼굴을 보는 것을 좋아한다. 아니, 사실은 그렇게 훈련받았다. 또한 사람들이 보는 곳을 본다. 세미나를 진행할 때 나는 이 점을 15초 만에 입증한다. 강연을 하다가 갑자기 말을 멈추고 빈 천장을 쳐다본다. 내가 청중을 다시 바라보면 대부분이 천장을 똑같이 쳐다보고 있다. 너무 쉽게 통제하는 것 같은가? 하지만 이러한 현상은 자연스러운 일이다. 우리는 사람들의 시선을 따라 보는 성향

을 타고났다. 인류는 진화하면서 그런 특성을 습득해 세상을 배웠다. 그래서 그 특성이 우리의 뇌에 프로그램되어 있다. 이 점을 활용하자. CTA 버튼을 바라보는 사람의 사진을 사이트에 등장시켜라. 그 사람이 버튼을 손가락으로 가리키면 더 좋다. 버튼을 쳐다보며 손가락으로 가리키고 웃음까지 지으면 금상첨화다. 어디를 봐야 하는지, 어떤 기분을 느껴야 하는지 알려주어라. 반응을 유도하는 메커니즘에 따라 주요 요소를 배치해 효과를 높여라. 심리학이 이렇게 대단하다.

18. **단계에 번호를 매겨라.** 구매자에게 무엇을 해야 하는지, 어떤 순서로 해야 하는지 정확하게 말하라. 단계에 번호를 매기면 소비자는 절차를 잘 이해할 수 있고 불안을 덜게 된다. 나아가 한 연구에 따르면 결제 과정에서 각 단계에 숫자로 번호를 매기면 결제 완료율이 최대 8.6%까지 상승한다. 소비자는 온라인에서 진행되는 연속적인 절차에서 자신이 몇 단계에 있는지 알기를 원한다. 이 사실이 의미하는 바는 여러 페이지를 이동하며 어떤 양식을 작성하게 하려면 각 단계에 번호를 매겨 소비자가 지금 어느 단계에 있는지 알게 해줘야 한다는 것이다. 완료된 단계를 어둡게 표시하거나 체크 표시를 해도 되고, 진행 상태를 보여주는 진행바를 사용해도 좋다. 이렇게 하면 소비자는 진행 및 완료

상황을 알 수 있으며 지출에 대한 스트레스가 줄어든다.

19. **소비자에게 CTA를 절대 누르지 말라고 하라.** 소비자는 무언가 놓치는 것을 절대 원하지 않는다. 그리고 가질 수 없는 것을 원한다. 앞에서 이러한 심리적 현상을 다뤘었다. 즉, 판매 페이지에서 CTA를 그냥 지나쳐도 좋다는 정도로 말하지 말고 필요 없다면 CTA를 절대 누르지 말라고 해야 한다. 두 가지 선택지를 주어라. "[ ] 그래요, 드루. 99달러를 내면 내게 컨설팅 시간 60분을 보너스로 주세요. 67%가 즉시 할인되는군요." 또는 "[ ] 고맙지만 사양하겠어요, 드루. 일회성 업그레이드 제안은 포기할래요." 소비자는 어떤 선택을 할까? 연구에 따르면 이런 선택지를 제시할 때 소비자는 고민에 빠진다. 그리고 그들의 마음에는 심리학자들이 '손실 회피 성향'이라고 부르는 포모가 촉발된다.

20. **선택지를 제한하라.** 선택지가 많을수록 정신노동을 많이 해야 한다. 'A, B, C, D 중에 어떤 것을 선택해야 할까?' 선택지가 많으면 결정을 할 가능성이 줄어든다는 점은 10년 전부터 알려진 사실이다. 그렇다면 해법은 무엇일까? 바로 CTA를 여러 단계로 나눠야 한다. 첫 번째 단계에서는 이름과 이메일 주소만 적게 하라. 아주 쉽다. 그다음 링크를 클릭해 다른 페이지로 이동하게 한다. 이 페이지에서 회사명이나 전화번호 같은 추가 정보를 알려달라고 하라.

이렇게 하면 어떤 효과가 있을까? 첫 페이지에서 모든 정보를 한꺼번에 입력하도록 하는 것과 달리, 마지막 페이지까지 이동하며 순차적으로 정보를 입력하도록 유도하면 최종적으로 모든 정보를 입력할 확률이 극적으로 높아진다. 양식이 두 페이지에 나뉘어 있으면 쉬워 보이지만 한 페이지에 전부 있으면 '뭐가 이렇게 많아?'라는 생각을 한다. 두 번째 페이지에 도달하면 사람들은 다소 불편한 딜레마에 직면한다. '이런, 여기까지 왔네. 하지만 내가 선택한 일이니까. 그만둘 수는 없어.' 이처럼 서로 모순된 생각으로 불편한 감정을 느끼는 인지부조화 상태에 이르게 되는 것이다. 그러면 성공이다. 따라서 선택지를 나눠서 보여줌으로써 심리적으로 더 쉽게 선택하게 만들어야 한다.

`온라인 광고 비밀 #14`

온라인 영상 광고를 '진짜' 매출로 바꾸는 핵심 전략 7가지

온라인 영상 시청을 싫어하는 사람이 과연 있을까? 당신의 관심사가 무엇이든 그 일을 하는 법 또는 더 잘하는 법을 가르쳐 주기 위해 당신을 기다리는 영상이 수천 개나 있다. 초콜릿 호박 케이크 만들기부터 화물 트럭을 꼼꼼하게 정비하는 일까지 각종 실용적인 방법을 알려주는 영상이 수두룩하다. 영상은 가르침과 확신, 재미를 준다. 그러나 대부분의 영상은 그저 시간만 흘려보내는 데 그치는 경우가 많다.

영상 광고는 어떨까? 블로그 게시물이나 소셜 미디어의 '움직이지 않는' 일반적인 광고와 영상 광고를 비교하면 어떤 게 더 효과적일까? 블로그 게시물보다는 영상이 시선을 사로잡고, 행동을 유도하는 면에서 대부분 더 효과적이다. 왜 그럴까? 지역 신문에 실린 광고보다 영상 광고가 더 매력적으로 보이는 이유와 비슷하다. 소리와 동작, 음향 효과 등을 활용하는 광고에서는 상품을 관객의 눈앞에 펼쳐 보여줄 수 있다.

영상 광고는 어떤 효과가 있을까? TV에 나오는 광고나 지역 신문에 등장하는 광고는 수신자 부담 전화를 걸도록 유도한다. 그래서 광고의 효과가 있는지 바로 확인할 수 있다. 하지만 이와 달리 오늘날 온라인 영상 광고에는 그런 요소가 없다. 소비자의 '순수한' 반응을 영상 광고로는 알 수 없는 것이다.

당신의 광고를 실제 세일즈맨과 비교해 보자. 광고는 본질적으로 잠재고객의 관심을 끌려고 노력하는 세일즈맨이다. 하지만 세일즈맨이 그 자리에서 거래를 성사시키려고 하는 것과 달리 대부분의 온라인 영상 광고는 시청자를 다른 세일즈맨인 웹사이트로 보낸다. 그러면 이제 '진짜' 거래를 성사시킬 책임이 웹사이트로 넘어간다. 여기서 매출이 이루어진다. 영상 광고가 소비자에게 영향을 주어 웹사이트 링크를 클릭하게 하는 것이다. 그런데 더 많은 정보를 알아볼 준비가 되어 있는 새로운 잠재고객은 종종 이 '두 번째 세일즈맨'을 만나 마음이 바뀐다. 혹은 웹사이트까지 방문했는데도 구매 욕구가 충분히 생기지 않는다. 방문한 웹사이트에 사람의 마음을 사로잡는 '기술'이 없기 때문이다.

이는 무슨 의미일까? 당신이 많은 리드를 생성하는 가장 탁월한 영상 광고를 내보낸다고 해보자. 그런데 웹사이트로 유입된 리드를 고객으로 만들지 못하면 집중해야 하는 부분은 영상 광고가 아니다. 거래 성사율이 떨어지는 웹사이트에 초점을 맞춰야 한다. 웹사이트를 효과적으로 만드는 실용적인 방법이 이 책에 많이 나오니 참고하라. 현재 영상 광고가 당신이 바라는 만큼 효과적이지 않다면 어떻게 해야 시청자의 호응을 일으킬 수 있는지 생각해 보자.

효과적인 영상 광고를 만드는 구체적인 요소는 무엇일까? 여기에는 고려해야 할 항목이 많다. 우선 클릭 빈도수가 올라가면 매출이 오를 것이다. 따라서 가장 중요한 건 '조회수'다. 사실상 어떤 영상 광고든 효과를 내려면 먼저 '시청'되어야 한다. 오래 시청할수록 관심을 가질 가능성이 크다. 관심이 많을수록 구매할 가능성이 높아진다.

매사추세츠 대학교 에머스트 캠퍼스 정보컴퓨터학과 교수 라메쉬 시타라만(Ramesh K. Sitaraman)이 슌무가 크리쉬난(Shunmuga Krishnan)과 함께 연구를 수행했다. 이들은 어떤 요소 때문에 시청자가 영상을 계속 시청하는지 알아보기로 했다. 먼저 영상 광고와 그 효과를 과학적으로 철저히 연구했다. 연구자들은 비슷한 과학적 연구에서 사용된 광범위하고 다양한 기업 영상을 데이터 세트로 사용했다. 영상 제공업체 33곳에서 자료를 받아 연구했는데 그 자료에는 전 세계에서 6,500만 명의 사용자가 시청한 3억 6,200만 개의 영상이 있었으며 영상 노출 수는 2억 5,700만 회였다. 이제 실용적인 방법은 무엇이 있는지 살펴보자.

● 시타라만 교수가 보고한 7가지 주요 연구 결과

1. **중간 광고가 이긴다.** 방송 중간에 노출되는 '중간 광고'는 끝까지 시청될 확률이 무려 97%에 달한다. 방송 시작 전에 노출되는 '사전 광고'와 끝에 노출되는 '사후 광고'가 각각 74%와 45%인 것에 비하면 차이가 매우 크다. 그 이유는 무엇일까? 시청자는 중간 광고가 진행되는 동안 참여도가 높아지며 더 인내심을 발휘하게 된다. 따라서 광고의 시청 완료율은 사전 광고보다 중간 광고로 배치할 때 18.1% 더 높으며 사후 광고보다 사전 광고로 배치할 때 14.3% 더 높다.

2. **20초 길이의 광고가 진다.** 이 길이의 광고는 시청 완료율이 60%로 가장 낮다. 시청 완료율은 15초 길이의 광고가 84%

고 30초 길이의 광고는 90%다. 시타라만은 무작위 추출이 아닌 명확한 기준을 세워 인과관계를 증명하려고 유사한 실험을 했다. 그 결과, 긴 광고가 시청이 완료될 확률이 더 낮았다. 시청자가 가만히 앉아서 끝까지 시청할 인내심이 부족하기 때문이다. 물론 그렇지 않은 경우도 있다. 길게 작성된 카피라도 그 주제에 관심이 있는 사람이라면 끝까지 읽는 것처럼 말이다. 지금이라도 나는 시청자는 줄더라도 구매자가 늘어나는 광고를 만들겠다. (당신도 그렇게 하지 않겠는가?)

3. **긴 방송 중간에 노출된 광고의 시청 완료율은 87%다.** TV쇼, 영화, 다큐멘터리 등 긴 방송 중간에 나오는 광고와 달리 짧은 방송 중간에 노출되는 광고는 시청 완료율이 67%다. 짧은 방송보다 긴 방송 중간에 광고가 등장할 때 시청 완료율이 4.2% 더 높아질 가능성이 있다.

4. **시간대는 영향을 미치지 않는다.** 일부 마케팅 전문가의 주장에 따르면 사람들은 보통 밤에 긴장이 풀리고 전반적인 시청률이 최고조로 오르기 때문에 (실제로 그렇다) 그 시간대에는 광고를 끝까지 볼 가능성이 있다. 이 생각은 합리적이지만 시타라만의 연구 결과에 따르면 그 가설을 뒷받침해 주는 증거가 없다.

5. **반복적인 방문자가 더 오래 시청한다.** 사전 광고, 중간 광고, 사후 광고 모두 처음 방문한 사람이나 한 번 방문한 사람의

시청 완료율이 78%인 것에 비해 반복적인 방문자의 시청 완료율은 84.9%로 나타났다.

6. **영상이 시작될 때까지 잘 기다리지 못한다.** 느리게 로딩되는 영상은 답답하게 만든다. 사실 영상이 시작되기를 기다리는 것보다 끌 가능성이 커진다. 예를 들어 영상이 로딩되는 데 10초가 걸리면 시청자의 45.8%는 느리게 로딩되는 영상(아직 아무것도 나타나지 않은 영상)을 포기했다. 다만 13.4%는 영상 전에 나오는 사전 광고를 시청했다. 당신의 영상이 로딩되는 동안 시청자에게 볼거리를 제공하라. 그렇지 않으면 10초 안에 절반을 놓칠 것이다!

7. **시청자는 일찍 포기해버린다.** 영상이 시작된 후 4분의 1지점에서 거의 3분의 1이 시청을 중단하며, 절반쯤 지나면 3분의 2가 시청을 포기한다. 페이스북에 따르면 처음 3초를 시청한 사람 중 65%가 적어도 10초간 영상을 더 본다. 그들 중 45%는 30초를 더 이어서 시청한다. **조언:** 처음 몇 초간 엄청난 혜택을 제시하고 강렬하고 감정을 고조시키는 말로 시청자를 사로잡아야 한다. 영상 처음에 바로 과감한 발언을 쏟아내라. **반드시 기억해야 할 점:** 당신의 첫 몇 마디는 사실상 영상 광고에서 가장 중요한 '헤드라인'이나 마찬가지다. 그러니 헤드라인을 작성하듯 각본을 작성하라!

한 가지 더 이야기하면, 시청 시간을 쉽게 늘리려면 자막을 항상 추가하라. 자막이 있는 영상은 시청 시간이 평균 12% 증가한다. 왜 그럴까? 버라이즌 미디어(Verizon Media, 미국의 디지털 미디어 및 광고 회사였으며, 현재는 Yahoo 브랜드로 운영 중인 회사 -옮긴이)와 퍼블리시스 미디어(Publicis Media, 프랑스의 미디어 전략, 광고 구매, 데이터 분석, 마케팅 기술 등을 제공하는 회사 -옮긴이)가 공동으로 진행한 연구에 따르면 사용자의 69%는 음소거하여 영상을 시청하는 것으로 나타났다.

온라인 광고 비밀 #15
언제 올려야 가장 효과적일까?
데이터를 통해 본 최적의 게시 타이밍

결정해야 할 요소가 한둘이 아니다. 카피를 작성하고 이미지를 결정하는 것만으로는 부족하다. 가장 눈에 띄고 사용자의 참여를 높이고 많은 반응을 얻기 위해 어느 날짜와 시간에 게시해야 하는지 결정해야 한다. 다행히 자료가 부족하지 않다. 하지만 광범위하게 테스트를 시행한 연구들마저 결과가 같지 않다. 따라서 다음 지침을 참고해 당신의 광고에서 테스트해 보아라. 참고로 아래에 제시된 시간은 별다른 언급이 없으면 '현지 시간'으로 본다.

● 페이스북에 광고를 게시하기 가장 좋은 시간

* 미국 시간 기준으로 작성됨

- ▶ 소셜 인텔리전스 리포트(Social Intelligence Report)에 따르면 기업은 금요일에 페이스북 사용자를 겨냥해 광고를 게시한다. 금요일은 참여율이 가장 높은 날로 댓글의 17%, '좋아요'의 16%, 공유의 16%가 금요일에 발생한다. 참여율이 가장 낮은 날은 일요일이다.

- ▶ 버퍼 스터디(Buffer study)는 페이스북에 게시물을 게시하기 가장 좋은 시간은 주중 오후 1시에서 오후 3시와 토요일이라고 보고했다. 참여율은 목요일과 금요일에 18% 더 높다.

- ▶ 허브스팟은 '목요일과 금요일 오후 1시부터 오후 3시가 페이스북에 광고를 게시할 가장 좋은 시간이다'라고 보고했다.

- ▶ 코스케줄은 3만 개 이상의 조직에서 받은 소셜 미디어 메시지 3,721만 9,512개를 분석했다. 그 결과, 주중 후반 오후 1시부터 오후 4시와 주말이 게시물을 게시하기 가장 좋은 시간이었다.

- ▶ 훗스위트(Hootsuite)의 조사 결과에 따르면 화요일과 목요일 오전 8시에서 정오가 광고를 게시하기 가장 좋은 요일과 시간이다.

- ▶ 오벨로(Oberlo)는 광고를 게시하기 가장 좋은 시간은 '월요일부터 금요일 오전 3시와 화요일 오전 10시 및 정오이며 가장 좋은 요일은 화요일부터 금요일'이라고 보고했다.

- **X에 광고를 게시하기 가장 좋은 시간**
  - ▶ 시소모스(Sysomos)는 'X가 가장 활발한 시간은 오전 11시부터 오후 3시다(동부 표준시)'라고 보고했다.
  - ▶ 버퍼 연구에 따르면 이른 아침 시간이 트위터의 클릭 수가 가장 많은 시간으로 나타났다. 각 시간대의 평균을 보면 현지 시간으로 정오부터 오후 1시가 트윗을 올리는 가장 인기 있는 시간이다. 트윗마다 가장 높은 클릭 수가 나타나는 시간은 오전 2시부터 오전 4시다. 오전 2시부터 오전 3시에는 클릭 수가 절정을 이룬다.
  - ▶ 훗스위트는 '트위터에 광고를 게시하기 가장 좋은 시간은 월요일과 목요일 오전 8시다'라고 보고했다.
  - ▶ 허브스팟에 따르면 '설문에 응답한 마케팅 전문가의 23%는 오전 9시부터 오후 2시가 플랫폼에 광고를 게시하기 가장 좋은 시간이며 그 다음에는 정오부터 오후 3시, 오후 3시부터 오후 6시 순이다'라고 보고했다. 금요일과 수요일 모두 광고를 게시하기 좋은 요일이다.

- **인스타그램에 광고를 게시하기 가장 좋은 시간**
  - ▶ 허브스팟은 '어떤 광고든 인스타그램에 광고를 게시하기 가장 좋은 시간은 오후 중반부터 저녁까지다. 특히 오후 3시부터 오후 9시, 오후 3시부터 오후 6시, 오후 9시부터 자정까지 좋다.'라고 보고했다.
  - ▶ 훗스위트는 수요일 오전 11시가 광고를 게시하기 가장 좋은 시간이라고 보고했다.

- 소셜 미디어 일정 관리 기관인 레이터(Later)는 3,500만 개의 전 세계 게시물을 조사했다. 그 결과, '현지 시간으로 토요일과 일요일 오전 6시가 광고를 게시하기 가장 좋은 시간'으로 나타났다고 보고했다.
- 스프라웃 소셜은 '광고를 게시하기 가장 좋은 시간은 월요일 오전 11시, 화요일과 수요일 오전 10시부터 오후 2시, 목요일과 금요일 오전 10시부터 정오이며 화요일과 수요일이 월요일보다 조금 더 낫다'라고 보고했다.
- 오벨로가 제시한 자료에 따르면 월요일 오전 11시, 화요일과 수요일 오전 10시부터 오후 2시, 목요일과 금요일 오전 10시부터 정오가 가장 좋았다.

● 링크드인에 광고를 게시하기 가장 좋은 시간

- 훗스위트는 '링크드인에 광고를 게시하기 가장 좋은 시간은 화요일과 수요일 오전 9시'라고 보고했다.
- 허브스팟은 '오후 6시부터 오후 9시, 오후 3시부터 오후 6시, 정오부터 오후 3시에 링크드인에 광고를 게시하라. 가장 좋은 요일은 토요일, 일요일, 수요일이다.'라고 조언했다.
- 오벨로는 화요일, 수요일, 목요일 오전 10시부터 오전 11시에 광고를 게시할 때 효과가 가장 좋다고 보고했다.
- 스프라웃 소셜에 따르면 수요일 오전 8시부터 오전 10시와 정오, 목요일 오전 9시 및 오후 1시부터 오후 2시, 금요일 오전 9시가 좋았다.

▶ 퀸틀리(Quintly)는 오전 7시부터 오전 8시, 정오, 오후 5시부터 오후 6시가 광고를 게시하기 좋은 시간이라고 보고했다.

● **유튜브에 광고를 게시하기 가장 좋은 시간**

▶ 허브스팟은 오후 6시부터 오후 9시(31%), 오후 3시부터 오후 6시, 정오부터 오후 3시에 광고를 게시하라고 조언했다. 또 설문에 응답한 마케팅 전문가 중 25%는 토요일에 게시하는 것을 추천하며 23%는 금요일이 가장 좋다고 보고했다. 월요일부터 수요일은 광고를 게시하기 가장 나쁜 요일이며 이른 아침인 오전 6시부터 오전 9시도 좋은 시간이 아니라고 설명했다.

▶ 소셜파일럿은 4개의 연구 내용을 인용한다.

① 프레더레이터 네트웍스(Frederator Networks)는 평일에는 오후 2시부터 오후 4시(동부 표준시), 주말에는 오전 9시부터 오전 11시(동부 표준시)에 광고를 게시하라고 제안했다.

② 부스티드(Boosted)는 일요일 오전 11시나 오후 5시(동부 표준시)가 광고를 게시하기 가장 좋은 시간이라고 결론 내렸다.

③ 하우소셔블(HowSociable)은 유튜브 광고를 게시하기에 가장 효과적인 시간은 오후 2시부터 오후 4시(동부 표준시)이며 가장 효과적인 요일은 목요일과 금요일이라고 보고했다.

④ 인비디오(InVideo)는 평일에는 정오부터 오후 4시에, 주말에는 오전 9시, 오전 11시(동부 표준시)에 유튜브 광고를 하라고 제안했다.

- **틱톡에 광고를 게시하기 가장 좋은 시간**
  - 허브스팟에 따르면 오후 6시부터 오후 9시, 오후 3시부터 오후 6시, 정오부터 오후 3시가 가장 좋은 시간이다. 기업 간 거래하는(B2B) 브랜드는 토요일이나 목요일에 광고를 게시하는 것이 가장 좋다. 기업과 소비자 간 거래하는(B2C) 브랜드는 토요일과 일요일이 좋다. 교통과 금융 서비스 브랜드는 오전 6시부터 오전 9시 사이에 게시할 때 효과적인 것 같지만 마케팅 전문가들은 그 시간대를 추천하지 않는다.
  - 인플루언서 마케팅 허브(Influencer Marketing Hub)는 틱톡 게시물 1만 개 이상을 조사한 결과, 참여율이 가장 활발한 시간대는 화요일 오전 9시, 목요일 정오, 금요일 오전 5시라고 보고했다. 모두 동부 표준시다.
  - 훗스위트는 '3만 개의 게시물을 연구하고 분석한 결과, 틱톡에 광고를 게시해 최대 참여율을 끌어낼 수 있는 가장 좋은 시간은 목요일 오후 7시다'라고 보고했다.

- **핀터레스트에 광고를 게시하기 가장 좋은 시간**
  - 허브스팟은 '핀터레스트에 광고를 게시하기 가장 좋은 시간은 오후 6시부터 오후 9시다'라고 보고했다. 그다음으로 좋은 시간은 정오부터 오후 3시다. 기업과 소비자 간 거래하는 브랜드 중 22%는 일요일이 광고를 게시하기 가장 좋은 요일이라고 설명했다. 이에 비해 기업 간 거래하는 브랜드는 단 6%만 일요일이 좋다고 한다. 또 기업과 소

비자 간 거래하는 브랜드에서는 단 2%, 기업 간 거래하는 브랜드는 13%가 월요일이 좋다고 말한다.
- ▶ 공공 마케팅 기관(Public Sector Marketing Institute)은 '핀터레스트에 게시하기 가장 좋은 시간은 금요일, 화요일, 목요일 정오, 오후 6시 17분, 오후 8시 2분'이라고 보고했다.
- ▶ 코스케줄은 3만 개의 계정을 분석해 이렇게 결론 내렸다. '핀터레스트에 게시하기 가장 좋은 시간 상위 5위는 오후 8시, 오후 4시, 오후 9시, 오후 3시, 오후 2시다. 가장 좋은 요일 상위 3위는 일요일, 월요일, 화요일이다.'

분명한 사실: 게시 시간에 의견이 일치한 조사 기관도 있고 의견이 일치하지 않는 조사 기관도 있다. 누구는 인스타그램에 게시물을 올리는 시간이 수요일이 좋다고 하고 또 누구는 주말이 좋다고 한다. 누구 말이 맞을까? 이러한 결과는 백지 광고로 조사해 나온 것이 아니다. 무슨 의미일까? '최고'의 결과는 최고의 광고에서 나온다. 온라인이나 오프라인 어디서 광고하든 탁월한 카피, 혜택, 제안 등을 담은 최고의 광고가 가장 좋은 결과를 얻는다. 그렇다고 지금까지 여러 연구 기관에서 제안한 시간대를 무시해도 좋다는 뜻은 아니다. 그런 제안은 광범위한 자료와 수천 개의 광고를 기반으로 도출한 지침이다. 따라서 아무 시간에나 무작위로 광고를 게시하며 테스트하지 말고 일단 추천하는 시간대에 광고하

라. 그러면 엄청난 시간을 절약할 수 있고, 실망하고 좌절하는 일이 크게 줄어들 것이다.

온라인 광고 비밀 #16
'거짓 진실 효과'와 반복의 심리학: 거짓도 진실처럼 믿게 만드는 힘

당신의 가장 친한 친구가 공포에 질려 이런 문자를 보냈다고 하자. '맙소사! 너희 집에서 3km 떨어진 곳에 외계인이 착륙했어. 빨리 차를 타고 거기서 나와. 당장!' 이런 문자를 받으면 무슨 생각이 드는가? 아마 그 친구가 정신이 나갔거나 당신을 놀리고 있다고 생각할 것이다.

그런데 만약 가까운 가족이 5분 뒤에 비슷한 문자를 보낸다면 어떨까? 좀 섬뜩하다고 느낄 것이다. 무슨 일인지 궁금할 수도 있다. 혹은 실험 카메라처럼 당신을 놀라게 하려는 속셈이 아닐까라는 생각을 할 수도 있다. 어쨌든 당신은 머리를 긁적이며 하던 일을 할 것이다. 어쩌면 급하게 구글 뉴스 검색을 할지도 모른다.

하지만 상황은 거기서 끝나지 않는다. 15분 정도 후에 처음에 문자를 보낸 친구와 모르는 사이인 다른 친구가 비슷한 문자를 보낸다. 곧 동료도 문자로 똑같은 상황을 전한다. '뉴스 봤지? 집에 있으면 당장 그 지역에서 벗어나. 우리 집으로 빨리 와!', '빨리 피해. 외계인들이 공격에 나섰어!' 어느 시점에 그들의 경고가 진짜라고 생각하기 시작할까?

샌프란시스코의 리차드 밴들러와 산타크루스의 로버트 딜츠(Robert Dilts), 토드 엡스타인(Todd Epstein), 주디스 들로지어(Judith Delozier)에게 신경 언어 프로그래밍을 배우면서 나는 누구에게나 있는 '설득 전략(convincer strategy)'이라는 개념을 알게 됐다. 간단히 말하면 사람마다 무언가를 사실이라고 믿는 저마다의 방법이 있다는 이론인데, 설득당하는 방식은 각각 다르다.

예를 들어 무언가를 믿으려면 그것을 눈으로 봐야 하는 사람이 있는 반면, 듣기만 해도 믿는 사람이 있다(보고 듣는 것 말고도 더 있지만 여기서는 이 두 가지에 초점을 맞춰보자). 또 '빈도'라는 요소가 있다. 어떤 사람은 처음 보거나 들으면 믿지만 어떤 사람은 최소 세 번 혹은 그 이상을 보거나 들어야 믿는다. 마지막 요소는 '시간'이다. 어떤 말이나 사건을 적게는 며칠, 많게는 몇 달 동안 계속 보거나 듣고 나서야 그게 사실이라고 믿는 사람이 있다.

정보를 처리하는 자신만의 방식으로 어떤 설득 전략을 사용하든 공통점이 하나 있다. '반복'이다. 메시지가 반복될수록 사실로 믿게 될 가능성이 더 커진다.

거짓말이 자주 활자로 노출되면 진실처럼 보인다.
그리고 진실처럼 보이는 거짓말이 여러 번 반복되면
신념과 교리가 되어 사람들은 거짓 진실을 위해 목숨을 내놓는다.
– 이사 블래그든(Isa Blagden), 『삶의 왕관(The Crown of a Life)』의 저자

광고로 돌아가자. 광고를 반복적으로 내보내며 상품의 혜택을 자주 이야기한다면 그 메시지는 신뢰를 얻게 될까? 그리고 소비자 신뢰를 통해 구매 행위를 일으킬 수 있을까? 그렇다. 이러한 현상은 '거짓 진실 효과(Illusory Truth Effect)'로 알려져 있다. 반복된 정보가 정보처리의 용이함을 말하는 '처리 유창성'을 높이기 때문에 생기는 현상이다. 인간은 하루에 평균 74GB의 정보를 처리한다. 이 규모의 양은 장편 영화 16편에 해당하는 분량이다. 날마다 그렇게 많은 정보를 처리하는 우리는 처리 유창성이 생길 때 그 정보를 진실이라고 생각하도록 길들여졌다. 이런 현상을 연구한 대부분의 연구에서는 특정 메시지를 세 번 이하로 반복하며 실험했다. 이를 광고에 활용하려면 반복의 횟수가 많을수록 어떤 효과가 있는지 알아야 한다. 그러면 훨씬 더 효과적인 광고를 만들 수 있을 것이다.

샌프란시스코 주립대학교 심리학 교수 하산(Hassan)과 조지아 주립대학교 심리학 교수 바버(Barber)의 연구를 살펴보자. '반복의 횟수가 거짓 진실 효과에 미치는 영향'을 주제로 한 연구에서 그들

은 반복된 노출이 진실을 판단하는 데 어떤 영향을 미치는지 실험했다.

요점: 하산과 바버는 두 번의 실험을 진행했다. 실험 참가자들에게 '기린의 임신 기간은 425일이다'와 같은 문장을 2개 보여주었다. 첫 번째 실험에서는 문장들을 한 번, 세 번, 다섯 번, 일곱 번, 아홉 번 보여주었다. 그리고 두 번째 실험에서는 문장들을 한 번, 아홉 번, 열여덟 번, 스물일곱 번 보여주었다. 일주일 후에 연구자들은 문장을 반복해서 보여주고 새로운 사실을 추가했다. 그리고 참가자들에게 본 내용이 사실이라고 생각하는지 물었다. 두 실험을 통해 연구자들은 참가자가 문장을 더 많이 읽을수록 그 내용을 사실이라고 판단한다는 사실을 발견했다. 실험 결과, 문장을 두 번째 접했을 때 사실로 인식할 가능성이 가장 컸다.

여기에 더해 연구자들은 반복된 정보가 새로운 정보보다 더 진실로 인식된다는 점도 보여주었다. 반복된 정보가 거짓이고 새로운 정보가 진실이더라도 그렇다. 거짓 진실 효과는 다양한 방식으로 인식에 영향을 미치는 것으로 나타났다. 사소한 말, 제품에 대한 정보, 가짜 뉴스 헤드라인, 순수한 의견, 노골적인 소문, 어떤 사건에 대한 잘못된 정보 등은 인식에 영향을 미쳐 거짓 진실 효과를 낳는다.

그러면 어느 정도의 시간을 두고 반복이 이루어져야 할까? 연구에 따르면 시간은 중요하지 않다. 단 몇 분 만에 반복되든 몇 주

혹은 몇 달 후에 반복되든 상관없다. 불명확한 출처라는 말을 들어도 반복된 정보를 사실로 믿는 일이 생긴다. 이러한 현상은 매력적이면서도 무섭다.

'처리 유창성'에 대해 내가 한 말을 기억하는가? 이해하기 쉬운 정보를 더 쉽게 믿을 수 있다고 한 말이 생각나지 않는가? 그렇다면 이렇게 해보자. 웹사이트의 글꼴을 읽기 쉽게 바꿔라. 그러면 사람들은 당신의 주장이 사실이라고 믿는다. 그리고 더 단순하고 이해하기 쉬운 언어로 바꿔라. 더 많은 방문자가 당신의 말을 사실로 받아들일 것이다.

- **운동 지침이 쉬운 글꼴로 되어 있으면 운동을 쉽다고 생각할까?**

똑같은 운동 동작 지침을 두 가지 버전으로 참가자에게 나눠주었다. 읽기 쉬운 글꼴로 작성된 버전을 받은 참가자는 8.2분 만에 운동을 끝낼 수 있을 것 같다고 생각했다. 읽기 어려운 글꼴로 작성된 버전을 받은 참가자는 운동을 끝내는 데 2배의 시간 즉, 15분이 넘게 걸릴 것 같다고 생각했다. 신기하지 않은가?

아주 흥미로운 사실이 있다. 반복이 믿음만 키우는 게 아니라는 점이다. 연구 결과에 따르면 사람들은 광고를 반복해서 보면 상품의 품질까지 좋다고 믿게 된다.

두 번째 반복될 때 신뢰도가 가장 높아진다. 그런데 메타분석 결과에 따르면 상품에 대한 긍정적인 반응은 광고가 열 번 노출될 때까지는 올라가지만 그 이후에는 감소하는 것으로 나타났다. 반복을 통해 처음으로 긍정적인 반응을 얻을 때가 진짜 광고다. 반복이 효과가 없거나 부정적인 반응이 나타나면 광고라 할 수 없다.

명심해야 할 점이 있다. 광고를 반복한다고 해서 모든 사람의 머리에서 반복되지는 않는다. '거짓 진실 효과'는 광고를 실제로 '보는' 사람에게만 나타난다. 그리고 당신이 내보내는 광고는 전체 잠재고객 중 아주 일부만 본다. 그러니 '오, 안돼! 나는 광고를 지나치게 내보내고 있어. 사람들이 우리 상품을 더는 좋아하지 않을 거야.'라는 생각은 하지 말기를 바란다. 대개 당신이 당신의 광고가 지겹다고 느껴지기 시작한 시점에 다른 사람들이 그 광고를 보기 시작한다.

연구 결과를 정리하면 다음과 같다.

- ▶ 광고를 열 번 이상 본 소비자는 광고에 덜 노출된 소비자보다 구매 의향이 더 높았다.
- ▶ 광고를 한두 번 정도 본 소비자는 감정적으로 동기부여를 받으면서 구매 의향이 생겼다.
  - 광고를 세 번에서 열 번 이상 본 소비자는 인식의 변화로 구매 의향이 생겼다.

• 광고를 열 번 이상 본 소비자는 감정의 변화로 구매 의향이 생겼다.

연구 결과 분석: 광고를 계속하면서 제한된 변수를 바꿔가며 새로운 창의적 요소를 테스트하라. 이를 통해 어떤 요인이 반응의 변화를 일으키는지 확인하고 광고 중단 시기를 시장이 결정하게 하라. 그 과정에서도 반복이 광고의 신뢰도를 높인다는 사실을 잊지 말아야 한다. 당신은 지금도 광고를 계속하고 있는가? 당신의 가장 중요하고 강력한 메시지가 헤드라인에 있기를 바란다.

온라인 광고 비밀 #17

브랜드를 각인시키는 슬로건: 마음과 기억에 각인시키는 요소 6가지

'우유 있어?', '그냥 해봐', '올스테이트(Allstate, 미국의 대형 보험 회사 -옮긴이)와 함께하니 안심하세요', '너무 맛있잖아! 손가락까지 핥아먹었어' 이러한 문장을 많이 들어보지 않았는가?

'손이 아니라 입에서 살살 녹아요', '마지막 한 방울까지', '땅콩으로 가득 찬 스니커즈는 정말 맛있어'는 어떤가? 이러한 슬로건을 비롯해 다른 많은 기업의 슬로건들은 미국인의 마음에 깊이 새겨졌다.

기업들은 수백만 달러를 쓰며 슬로건을 개발하고 슬로건이 제 역할을 완벽하게 하도록 만든다. 슬로건은 기업이 생산한 상품을 홍보할 뿐 아니라 우리의 머리에 각인된다. 그래서 종종 우리는 '뚜렷한 이유도 없이' 그저 슬로건을 따라 말한다(흥얼거리기도 한다). 앞에서 살펴본 '거짓 진실 효과' 때문이다.

슬로건을 만들려는 온라인 기업 관계자들은 회의실에 앉아 매력적이고 기발한 문장을 떠올리려고 애쓴다. 두운과 각운을 맞춰 문장을 만들어내거나(빅 밥버거는 두툼하고 맛있는 소고기로 빅한 맛을 터뜨려요! "Big Bob's Bubba Burgers Boast a Bounty of Bodacious Beef!") 단어를 엉뚱하게 써보기도 한다. 자신들이 생각하기에 '기억하고 외우기 쉬운' 말이라면 뭐든지 섞어서 슬로건을 만들어보려고 한다. 하지만 안타깝게도 그들은 당신이 지금 읽고 있는 이 책을 읽지 않은 탓에 중요한 핵심을 놓치고 있다. 성공하는 슬로건을 만드는 데 중요한 9가지 핵심 요소를 밝혀주는 광범위한 연구가 수행되었음에도 불구하고 많은 사람이 그 결과를 잘 모른다. 이제 그 내용을 알아볼 것이다.

통찰력 있는 연구자들은 회사 슬로건에 담긴 9가지 특징을 실험 내용에 포함했다. 그리고 어떤 요소가 사람들에게 호감을 얻고, 기억에 남으며, 최종적으로 성공적인 슬로건을 만드는 데 가장 중요한지 조사했다. 이 연구에서는 설문에 참여한 220명의 응답자에게 전국적으로 널리 알려진 슬로건 241개 가운데 가장 익숙한 문장 150개만 골라내라고 요청했다. 아침 식사용 시리얼, 자동차, 금융 서비스, 화장품, 세탁 세제, 패스트푸드 등 광범위한 업계의 슬로건이 조사 대상이었다. 다음 단계에서는 595명의 참여자에게 150개의 '최종 후보' 슬로건에 대한 질문들을 했다. 질문을 통해 9가지 핵심 요소 중 어떤 요소가 호감도와 기억에 가장 중요한 역할을 하는지 조사했다.

● **슬로건: 9가지 요소 중 어떤 요소가 호감도와 기억력을 높이는가?**

요소	예측	결과
1. 명확성	명확성이 커지면 호감도가 상승한다	맞다
2. 혜택	혜택이 강조되면 호감도가 상승한다	맞다
3. 창의성	창의성이 높으면 호감도가 상승한다	맞다
4. 브랜드 적합성	브랜드 적합성이 있으면 호감도가 상승한다	맞지 않는다
5. 제품 관련성	제품 관련성이 있으면 호감도가 상승한다	맞다
6. CM송	음악이 삽입되면 호감도가 상승한다	맞지 않는다
7. 라임	라임이 있으면 호감도가 상승한다	맞다
8. 브랜드명 포함	브랜드명이 들어 있지 않으면 호감도가 상승한다	맞다
9. 길이	길이가 짧으면 호감도가 상승한다	맞지 않는다

그밖에 다른 결과도 있다. 오래된 슬로건이 더 많은 사랑을 받을까? 그렇지 않다. 예산이 많이 투입된 슬로건도 마찬가지다. 남성이 여성보다 슬로건을 더 좋아할까? 아니다. 젊은 사람이 슬로건을 더 좋아할까? 그렇다. 마지막으로 저소득층이 슬로건을 더 좋아할까? 아니다.

● 상위 10위 슬로건

* 미국의 광고 슬로건을 기준으로 함.

호감도 순	기억도 순
1. 손이 아니라 입에서 녹아요	1. 그냥 해봐
2. 소수의 사람, 자랑스러운 사람, 해병대	2. 정말 좋아
3. 라스베이거스에서 일어난 일은 라스베이거스에만 머물러요	3. 마음대로 해
4. 지구에서 가장 행복한 곳	4. 손이 아니라 입에서 녹아요
5. 아주 쉬운 아름다움, 커버걸(CoverGirl)	5. 우유 있어?
6. 신선하게 먹자	6. 신선하게 먹자
7. 레드불(Red Bull)은 너에게 날개를 달아준다	7. 음! 음! 좋아!!
8. 평범한 버거는 저리 가라	8. 올스테이트와 함께하니 안심하세요
9. 우유 있어?	9. 평범한 버거는 저리 가라
10. 빠져들어	10. 궁극의 드라이빙 머신

마지막으로 위 표를 다시 살펴보자. 이 연구에서 처음 후보로 내놓은 슬로건은 241개였다. 최종 후보로 150개를 선정하였으며, 그중에서도 호감도와 기억도가 높은 상위 10개가 표에 나와 있다. 표를 보면 문장의 단어 수는 평균 4개 이하다.

기억하기 쉬운 슬로건을 만들고 싶다면 9가지 핵심 요소를 고려하는 것에 더해 문장을 짧게 만들어야 한다! 고속도로 광고판의 전통적인 카피 규칙이 '일곱 단어 이하'라는 것도 이와 일맥상통한다. 그러나 더 잘 기억되는 슬로건이라고 해서 반드시 호감도가 높은 것은 아니다. 다만, 첫 번째 표에서 본 유용한 요소를 적절히 조합해 슬로건을 만들었으면 한다. 그러면 당신의 새로운 슬로건은 촉촉하고 달콤한 파이에 배고픈 파리가 달라붙어 있는 것처럼 잠재고객의 머리에서 떠나지 않을 것이다.

> 온라인 광고 비밀 #18

자기 참조가 삽입된 헤드라인은
잠재고객의 심리에 강력한 영향력을 행사한다

미국과 외국에서 세미나를 진행할 때 청중에게 언제나 하는 질문이 있다. (그 질문을 지금 당신에게도 하겠다) 나는, 뒤에 있는 거대한 스크린에 나온 광고를 가리키며 질문하고는 한다. "이 광고에서 가장 중요한 요소를 하나 꼽아달라고 하면 무엇을 선택하시겠습니까?" 대부분의 청중들은 큰 소리로 전화번호, 가격, 할인 등 다양한 대답을 내놓는다.

그러나 전부 틀렸다. 당신의 대답은 무엇인가? 맞다. '헤드라인'이다. 헤드라인은 '광고를 광고하는' 역할을 한다.

> 평균적으로 본문 카피를 읽는 사람보다
> 헤드라인을 읽는 사람이 5배 더 많다.
> 따라서 헤드라인을 작성했다면 1달러 중 80센트를 쓴 셈이다.
> – 데이비드 오길비(David Ogilvy)

이것만 기억하라: 상품, 할인, 가격, 창조성, 카피, 이미지, 슬로건, 반응 시스템을 비롯해 광고에 들어갈 수 있는 모든 요소가 아무리 훌륭하더라도 헤드라인이 압도적으로 눈에 띄지 않는다면, 즉 헤드라인이 탁월하게 우세하지 않다면 그 아래 있는 요소들은 없는 거나 마찬가지다. 텅 빈 백지 상태인 것이다. 이는 후진하면서 뒤에 있는 자동차나 사람을 미리 확인하지 않는 것과 비슷하다. 눈을 감고 운전대에서 손을 떼는 셈이다. 요점이 잘 전달됐으리라 생각한다.

이제 헤드라인을 더 효과적으로 만드는 방법에 관해 이야기해보자. 『캐시버타이징』에서 언급했던 내용도 살펴볼 것이다. 어떤 방법이 더 좋을지 추측하지는 말자. 광고 전문가인 나는 그런 추측을 하지 않는다는 것을 당신도 알지 않는가. 그렇다면 우리가 교훈을 얻을 수 있는 확실한 연구가 있을까?

노르웨이 오슬로에 있는 BI 노르웨이 경영대학교(노르웨이에서 가장 큰 경영대학교이자 유럽에서는 두 번째로 큰 경영대학교) 교수 라이(Lai)와 파브롯(Farbrot)은 헤드라인에 간단한 '질문'을 포함할 때 어떤 효과가 있는지 연구했다. 질문이 포함된 헤드라인이 더 많은 사람의 시선을 사로잡을 수 있을까? 그래서 헤드라인을 읽고 이어서 본문 카피까지 읽게 만들 수 있을까? 그들은 이 질문의 답을 찾기 위한 연구에 착수했다.

다음 헤드라인 중 어느 문장이 더 효과적이라고 생각하는가? '강도의 공격을 쉽게 방어하세요!' 또는 '당신은 강도의 공격을 쉽게 방어하고 싶나요?'

이런 헤드라인은 어떤가? '어떤 개든 한 시간 안에 훈련시킬 수 있습니다!' 또는 '당신은 어떤 개든 한 시간 안에 훈련시키는 방법을 아십니까?'

질문을 포함하고 '당신'이라는 표현처럼 개인을 언급할 때 더 많은 독자층을 확보하게 될까? 그 효과를 측정할 수 있을까? 이러한 전략이 모든 상품이나 서비스에도 적용될 수 있을까? 정말 그렇게 간단한 일일까? 1914년에 저명한 광고 연구가 대니얼 스타치(Daniel Starch)(앞서 한 차례 언급한 바 있다)는 이런 글을 남겼다.

> 질문 형식의 제목은 흥미를 고조시키는 경향이 있다.
> 질문은 자연스럽게 반응을 유도한다.
> – 대니얼 스타치(Daniel Starch)

이 주제에 관한 많은 연구가 수행됐다. 일부 연구에서는 '자기 참조(self-referencing)'라는 이론을 제시했다. 이 이론은 보통 '당신'이나 '당신의'라는 단어를 포함하여 청자를 언급하는 것인데 이러한 자기 참조가 광고 효과를 높인다. 다른 연구가 밝힌 내용에 따르면 '그, 그녀, 그들' 같은 단어와 비교해볼 때 '당신'이라는 단어를 사용하면 광고 메시지의 적절성과 유용성을 높인다. 또 다른 연구자들은 질문을 포함하면 청자의 뇌는 당신의 메시지를 더 잘 처리한다고 말했다.

라이와 파브롯은 4개월간 연구를 수행하면서 트위터(현 X)를 광고 실험실로 삼았다. 실험 기간 파브롯의 팔로워는 6,350명이었는데 대부분이 뉴스 미디어 종사자였다. 실험을 위해 연구자들은 4가지 유형의 트윗을 게시했다. 첫 번째는 서술형 트윗으로, 간단한 문장으로 이루어진 기본적인 형태였다(통제 조건). 두 번째는 인칭대명사가 없는 질문형 헤드라인으로, 예를 들면 '가족은 얼마나 중요한가?'와 같은 형식이었다. 세 번째는 인칭대명사를 포함한 질문형 헤드라인으로, '당신의 가족은 얼마나 중요한가?'처럼 청자에게 직접 말을 거는 형태였다.

연구자들은 실험의 신뢰도를 높이기 위해 각 트윗을 두 번씩 게시했으며, 이를 통해 어떤 유형의 트윗이 더 많은 반응을 이끌어내는지 분석했다. 먼저 통제조건으로 쓰인 서술형 헤드라인을 게시했고 한 시간 뒤에 2가지 실험조건(자기 참조의 단서가 있거나 없는 질문형 헤드라인) 중 하나를 사용해 게시했다.

그 결과, 어떤 주제의 트윗이든 관찰한 모든 트윗에서 질문이 있는 헤드라인이 질문이 없는 헤드라인(통제조건)에 비해 더 높은 관심을 얻었다. 이 차이는 얼마나 더 벌어질까? 질문형 헤드라인에서 자기 참조 단서가 없는 경우에는 서술형 헤드라인에 비해 관심이 10%에서 533% 증가했고, 자기 참조 단서가 있는 경우에는 49%에서 350% 증가했다. 자기 참조 단서가 없는 질문보다 있는 질문의 평균 증가율이 25% 높았다. 다음 표로 확인해보자.

헤드라인 변수	통제변수(서술형 헤드라인)와 비교한 증가율
자기 참조 단서가 없는 질문형 헤드라인	10 - 533% (평균 150%)
자기 참조 단서가 있는 질문형 헤드라인	49 - 350% (평균 175%)

매우 인상적인 결과다. 과연 이와 유사한 테스트를 소비재 대상으로 진행해도 비슷한 결과가 나올까?

이를 알아내기 위해 연구자들은 이베이(eBay)와 맞먹는 노르웨이의 경매 사이트인 핀(FIIN)에 아이폰, 세탁기, 소파, LCD TV를 광고하여 첫 번째 테스트에서 했던 유형의 헤드라인으로 테스트했다. 먼저 서술형 헤드라인으로, '판매: 아이폰 블랙4 16GB'처럼 단순한 문장 형식이었다. 두 번째 유형은 자기 참조 단서(인칭대명사)가 없는 질문형 헤드라인으로, '신형 아이폰4가 필요하신 분 있나요?'와 같이 특정 대상을 직접 지칭하지 않는 방식이었다. 세 번째 유형은 자기 참조 단서(인칭대명사)가 포함된 질문형 헤드라인으로, '이게 당신의 새로운 아이폰4인가요?'처럼 독자에게 직접 질문을 던지는 형식이었다.

결과는 어땠을까? 자기 참조가 있든 없든 질문형 헤드라인은 세탁기를 제외한 모든 제품에서 소비자의 눈길을 더 많이 끌었다. 나머지 3가지 제품에 대해서는 긍정적인 효과가 자기 참조 단서가 없는 질문형 헤드라인에서는 53.85%에서 361.11%까지 증가했으며, 자기 참조 단서가 있는 질문형 헤드라인에서는 101.71%에서 744.44%까지 증가했다. 그 결과, 평균값도 함께 증가했다.

● **4가지 소비재에 대한 평균 호감도가 증가**

헤드라인 변수	통제변수(서술형 헤드라인)와 비교한 증가율
자기 참조 단서가 없는 질문형 헤드라인	137.30%
자기 참조 단서가 있는 질문형 헤드라인	257.03%

결론은 명확하다. 라이와 파브롯의 연구에 따르면 자기 참조 단서가 있는 질문형 헤드라인이 서술형 헤드라인보다 효과가 월등했다. 이 결과를 당신의 브랜드와 상품, 시장에 적용할 수 있을까? 누구도 장담할 수는 없다. 하지만 3가지 유형의 헤드라인의 효과가 얼마나 크게 달라지는지에 대한 통계를 살펴보았다. 이 테스트를 직접 시도해 보는 것이 좋다. 한 가지 조언하자면 현재의 헤드라인에 질문과 '당신'이라는 단어를 넣어 조금만 바꿔보라. 그리고 앞서 살펴본 실험 결과처럼 똑같은 효과가 생기는지 확인하라. 앞으로 모든 헤드라인을 이런 식으로 작성하게 될 것이다.

온라인 광고 비밀 #19
브랜드의 신뢰는 웹사이트에서 시작된다

지저분하게 보이는 낯선 사람이 당신에게 다가와 어눌한 발음으로 이렇게 말한다고 해보자. "저기, 나한테 10달러만 주세요. 그러면 음, 오늘 아니 내일 1,000달러로 갚을게요." 이때 당신은 대부분의 사람들처럼 무시하고 가던 길을 계속 갈 것이다.

이제 다른 상상을 해보자. 또 다른 남자가 당신에게 다가와 똑같은 제안을 한다. 그런데 이번에는 상황이 다르다. 이 남자는 밥 스탠리(Bob Stanley)다. 언제나 품위 있게 옷을 차려입고 누구나 열광하는 벤틀리를 모는 백만장자이자 자선가다. 또한 당신이 자주 가는 13만 평에 달하는 쇼핑몰의 주인이 그 남자다. 이제 당신은 어떻게 하겠는가? 아마도 지갑을 뒤지기 시작할 것이다.

이 2가지 시나리오를 살펴보면 같은 요청을 받지만 행동은 달라진다. 이유가 무엇일까? 두 남자는 모두 10달러라는 똑같은 금액을 요구했다. 그리고 둘 다 1,000달러라는 보상을 약속했다. 하지만 첫 번째 상황에서는 가던 길을 가고 두 번째 상황에서는 남자의 제안에 눈을 반짝인다. 왜 그럴까?

"답은 간단해요, 드류. 첫 번째 남자는 전혀 모르는 사람이라서 그래요. 쫄딱 망한 것 같고요. 그리고 그 남자에 대해 아는 사실이 전혀 없잖아요. 하지만 두 번째 남자는 백만장자에, 크게 성공했죠. 그 지역 사람이라면 누구나 알고 좋아하는 사람이에요."

이 논리에 동의한다. 하지만 두 번째 남자가 단지 부자라고 해서 당신에게 990달러를 주지는 않을 것이다. 아무리 주겠다고 약속을 했어도 그 말을 쉽게 믿을 수는 없다. 당신이 부유한 밥이 약속을 지킬 것이라고 믿는 이유는 다양한 요소가 조합되었기 때문이다.

온라인에서도 다르지 않다. 사람들은 사이트를 방문하면 사이트에 있는 글을 읽고 사진을 본다. 하지만 그들이 당신의 메시지를 믿을까? 믿는다면 그 이유는 무엇일까? 만약 믿지 않는다면 그 이유는? 무언가 잘못됐거나 놓친 걸까? 방문자의 신뢰를 얻지 못한다면 분명히 무언가 문제가 있을 것이다! 판매하는 상품과 상관없이 다른 사이트보다 더 믿음직해 보이는 사이트가 있다. 그런 사이트가 신뢰를 얻는 요소가 정확히 무엇일까? 바로 방문자를 구독에서 구매로 이동시키는 것이 믿음이기 때문이다.

냉혹한 진실: 사람들이 당신을 믿지 못하면 본인의 돈을 쓰지 않는다.

> 광고를 하면서, 그리고 내 의견을 전하면서
> 내가 이룬 최고의 성과는 신뢰다.
> 신뢰보다 더 믿을 수 있는 상품은 없다.
>
> – 레오 버넷(Leo Burnett)

스탠퍼드 대학교 '웹 신뢰도 프로젝트(Web Credibility Project)'는 4,500명의 참가자를 대상으로 3년간 연구를 진행했다. 연구자들은 온라인 광고에서 소비자의 신뢰도를 높이고 이를 통해 참여와 구매 가능성을 증가시킬 수 있는 간단하면서도 효과적인 10가지 지침을 발견했다.

이 10가지 지침을 당신의 사이트에 최대한 적용하라. 각 지침을 실천할수록 사이트의 신뢰도가 높아지고, 매출이 생길 가능성이 커진다. 다음은 연구자들이 발견한 내용으로, 나의 추가 설명도 덧붙였다.

- **웹 신뢰도를 높이기 위한 스탠퍼드 대학교의 지침**

  1. **사이트를 쉽게 만들어라.** 최대한 유익하고 이용하기 쉽게 사이트를 제작하라.

  2. **경력을 홍보하라.** 소비자는 지식이 있는 전문가와 거래하기를 원한다. 관련 자격증을 보여주고 수상 경력을 언급하라.

  3. **계속 새로운 내용으로 수정하라.** 사이트의 꾸준한 업데이트는 '빈틈없고 능력 있다'는 신호와도 같다.

  4. **정직함을 전하라.** 정직이 사업의 핵심 가치며 믿음직한 사람들이 회사를 운영하고 있다고 말하라. 신뢰를 높이고 개인적 관계를 느낄 수 있도록 직원 소개를 추가하라.

  5. **쉽게 연락할 수 있게 하라.** 이메일 주소와 전화번호를 숨겨 두지 마라. 소셜 미디어 링크를 걸어두라. 언제든 당신에게 쉽게 연락할 수 있게 하라.

  6. **증거를 대라.** 근거 없는 주장을 하지 마라. 바로 증거를 제시하라. 소비자의 두려움을 누그러뜨려라. 출처가 있는 통계를 보여주어라.

  7. **과대광고를 피하라.** 지나친 약속을 하거나 터무니없고 믿을 수 없는 주장을 하지 마라.

  8. **오류가 없게 하라.** 철자, 문법, 띄어쓰기를 정확히 하라. 잘못된 링크, 클릭 되지 않는 버튼, 진행되지 않은 절차 같은 오류가 사이트에서 발생하지 않게 하라.

9. 탄탄한 이미지를 전달하라. 당신의 회사는 '진짜' 회사인가? 직원, 본사, 일하는 사람들의 사진을 보여주고 실제 주소도 알려주어라.

10. 전문 웹디자이너에게 사이트 디자인을 맡겨라. 전문적인 그래픽 디자이너를 고용해 사이트를 만들어라. 멋지지 않고 디자인이 엉성한 사이트를 보면 무조건 아마추어 같다는 소리가 나온다. 그보다 더 빠르게 신뢰를 떨어뜨리는 것은 없다. 망치를 가지고 있다고 다 목수가 되지는 않는다. 마찬가지로 웹디자인 소프트웨어를 쓴다고 해서 당신이 유능한 그래픽 디자이너가 될 수는 없다. 인터넷에서 다양한 디자이너의 정보를 수집해 그들이 사이트를 어떻게 전문적으로 디자인하는지 확인하라. 디자이너들에게 경쟁을 시켜보고 그들 중 최고를 선택하라. 그러면 당신이 직접 사이트를 디자인하며 시간을 낭비하는 일이 없을 것이다.

온라인 광고 비밀 #20

'할인 프레임'을 만들고 가치에 대한 인식을 바꿔라

당신이 오븐 토스터기를 판매하고 있다고 하자. 다음 주에 출시될 새 모델이 나오기 전에 기존 모델을 빨리 팔아야 한다. 할인 타이밍이다! 정가는 150달러다. '10% 할인'과 '15달러 할인' 중 어떤 표현을 선택하겠는가? 두 표현은 실제로 동일한 금액을 할인해 주지만, 소비자에게 미치는 영향은 다를 수 있다. 과연 어떤 표현이 구매 욕구를 더 자극할까? 그리고 이 두 표현 사이에 실질적인 차이가 있다는 통계적 근거가 있을까?

2016년 곤잘레스(González)의 연구팀은 세 가지 연구를 수행했다. 연구 결과, 돈을 깎아준다는 할인 프레임(예를 들면 '15달러를 깎아드립니다')을 만들 때 할인이 더 크다는 인식을 심어주었다. 이런 식으로 할인을 하니 정가가 100달러 이상인 상품의 매출이 증가했다. 그리고 추가 연구를 통해 100달러 이상 제품에서는 돈을 깎아준다는 할인 프레임이 효과적임을 입증했다.

이와 반대로 100달러 이하 상품에 대해서는 할인을 퍼센트(예를 들면 '10% 할인')로 나타내는 게 더 좋다는 사실을 발견했다. 추가 연구를 통해 100달러 이하 상품에는 일반적으로 퍼센트로 할인을 표시하는 게 더 효과적이라는 사실이 증명됐다.

두 경우 모두 더 큰 숫자를 보여주는 식으로 할인을 제시했다는 사실을 눈치챘는가? 즉, 100달러 이하 상품의 경우 할인율로 표현된 숫자가 깎아주는 금액의 숫자보다 크다. 반대로 100달러 이상 상품의 경우 깎아주는 금액의 숫자가 할인율로 표시된 숫자보다 크다. 틀림없이 구매자는 큰 숫자를 보면 심리적으로 할인이 크다는 느낌을 받는다. 영리한 전략이다.

위안화로 표시된 중국 상품에 관한 흥미로운 연구가 있다. 이 연구에서는 고가 상품에 상품 이미지가 들어 있으면 할인율 제시를 통한 할인 효과가 떨어질 수 있다는 추측이 제기됐다. 그래서 이러한 경우라면 이미지를 첨부하지 않는 게 더 낫다. 하지만 다른 시장에서 똑같은 현상이 나타나는 것을 나는 본 적이 없으니 당신의 시장에서 테스트해 보기를 권한다.

온라인 광고 비밀 #21
소비자는 웹사이트의 '이것'부터 평가한다

웹사이트의 방문자는 사이트를 둘러보며 어떻게 구성됐는지 살핀다. 하지만 구성 요소를 적극적으로 평가해 구매 여부를 결정하는 것은 아니다. 이 두 행위는 별개의 문제다. 사람들은 어떤 요소를 가장 눈여겨보며 평가할까? 어떤 요소가 사이트의 성공과 실패를 결정지을까? 어떤 요소에 어떤 순서로 초점을 맞춰야 하는가?

해당 분야의 우수한 전문가로 이루어진 스탠퍼드대 설득기술연구소(Stanford Persuasive Technology Lab)는 수천 명의 사람에게 사이트를 평가해달라고 했다. 전자상거래, 오락, 금융, 건강, 뉴스, 스포츠, 여행 등 10개의 항목 중 한 항목에서 2개의 사이트를 무작위로 선정해 평가를 요청했다. 컨슈머웹워치(ConsumerWebWatch, 소비자 보호 및 웹사이트 신뢰도 연구를 목적으로 운영된 프로젝트 -옮긴이)의 의뢰를 받은 이 연구는 총 100개의 사이트를 평가하고 2,440명의 의견을 분석했다. 스탠퍼드대 연구자들은 협동 연구를 진행한 슬라이스드 브레드 디자인(Sliced Bread Design)의 연구자들이 발견한 결과를 함께 분석해 결과를 내놓았다. 캘리포니아주 마운틴 뷰에 위치한 슬라이스드 브레드 디자인은 사용자 경험을 분석하는 기관으로 이곳의 사이트는 매우 매력적이고 기발하게 만들어졌다. 이 기관의 연구자들은 15명의 건강 및 금융 전문가에게 각자의 분야에 있는 기업들의 사이트 신뢰성을 평가해달라고 요청했다.

● 연구 결과: 웹사이트를 평가할 때 사람들이 가장 눈여겨보는 것은?

웹사이트의 디자인	46.1%	글의 분위기	9.0%
정보 배치 및 구조	28.5%	사이트 기능	8.6%
정보 집중도	25.1%	사이트 운영자의 신원	8.8%
회사의 대의	15.5%	고객 서비스	6.4%
정보 유용성	14.8%	사이트에 대한 과거 경험	4.6%
정보 정확성	14.3%	정보 명확성	3.7%
회사 인지도 및 명성	14.1%	사용자 테스트 성능	3.6%
광고	13.8%	가독성	3.6%
정보 편향	11.6%	회원 가입	3.4%

출처: 포그(B. J. Fogg), 수후(C.Soohoo), 다니엘슨(D. Danielson), 『'사람들은 웹사이트의 신뢰성을 어떻게 평가하는가?'에 대한 대규모 연구 결과(How Do People Evaluate a Web Site's Credibility? Results from a Large Study)』

표에서 보여주는 것처럼 사이트의 디자인(배치, 종류, 색상, 글꼴 등)이 46.1%로, 사람들은 이 요소를 1순위로 꼽았다. 흥미롭게도 연구자들은 이 결과가 처음 예상과는 다르다고 밝혔는데, 명성이나 유용성, 정확성 같은 좀 더 실질적인 요소를 중요하게 여길 것으로 예측했다. 연구 이후에 그들은 '사람들이 웹사이트의 신뢰성을 평가할 때 엄격한 기준을 적용하지 않는다'라고 보고했다.

앞서 1,500명을 대상으로 진행된 컨슈머웹워치 설문조사에서 응답자들은 '개인 보호 정책' 같은 요소가 신뢰성의 필수라고 답했다. 스탠퍼드대 연구자들은 이 결과를 참고해 연구를 진행했다. 하지만 이 점과 관련해 최근 스탠퍼드 연구 결과를 보면 사람들은 개인 보호 정책 같은 요소는 크게 신경 쓰지 않았다. 그들은 사이트가 얼마나 매력적으로 보이는지에 주로 관심이 있었다. (이렇게 앞뒤가 다르다) 그래서 스탠퍼드 연구에서는 사람들의 말과 행동이 다를 때가 자주 있다고 결론 내렸다. (당연하지 않은가?) 한편 설문조사에 응답한 건강 및 금융 전문가들은 사이트에서 다른 요소를 더 중요하게 봤다. 그들은 사이트의 외관보다 내용에 더 관심을 보였다.

따라서 상품이 건강이나 금융 분야 또는 그와 유사하거나 관련 있는 분야의 상품이 아니라면 사이트의 외관을 다시 점검해야 한다. 당신의 사이트는 충분히 매력적인가? 그래픽 전문가의 도움을 받아 제작했는가, 아니면 효과 없는 템플릿을 사용해 수천 개의 다른 사이트와 비슷하게 보이는가? 만약 전문 웹디자이너를 고용할 계획이 없다면, 앞서 언급한 대로 인터넷에서 전문가를 찾아보라. 다양한 웹디자이너의 작업 방식을 살펴보고, 그중 최고의 디자이너를 선택해 당신의 사이트를 개선하도록 맡겨라. 이것이 온라인 이미지를 완벽하게 개선하는 가장 쉬운 방법이다. 웹사이트 제작은 디자인을 잘 아는 전문가에게 맡기고, 당신은 회사의 성장에 집중해야 한다.

이제 당신은 사이트의 디자인이 잠재고객을 사로잡는 데에 있어 얼마나 중요한지 알게 되었다. 사이트의 디자인은 잠재고객이 당신의 메시지를 신뢰할지에 대한 여부를 결정하기 위해 눈여겨보는 가장 중요한 요소다(46.1%). 따라서 사이트의 디자인을 개선하는 일은 더는 미룰 수 없는 필수 과제다.

온라인 광고 비밀 #22

안 보이면 안 산다!
중년층 소비자를 위한 가독성 좋은 글꼴 선택

50세 이상의 소비자를 대상으로 광고하는가? 그렇다면 그들의 시력을 알아야 한다.

퓨 리서치(Pew Research)에 따르면 미국의 50~64세 인구 73%가 소셜 미디어를 이용한다. 그들에게 접근할 수 있는 최고의 플랫폼은 무엇일까? 바로 페이스북이다. 65세 이상의 인터넷 사용자 62%가, 50~64세에서는 72%가 페이스북을 이용한다. 이 연령대의 사용자가 가장 많이 이용하는 플랫폼이 페이스북이다.

광고에 반응하려면 그 내용을 읽을 수 있어야 한다. 그렇지 않으면 그 광고는 사실상 보이지 않는 거나 마찬가지다. 광고의 핵심이 전부 사라지고 만다. 미국 시각장애인재단(American Foundation for the Blind)의 보고에 따르면 미국인 45~64세의 12%, 65~74세의 12.2%, 75세 이상의 15.2% 정도가 시력이 떨어졌다.

무슨 의미일까? 중장년층 집단을 대상으로 광고한다면 광고에 쓰는 글꼴을 생각해야 한다는 뜻이다. 위치타 주립대학교 소프트웨어 사용성 연구소(Software Usability Research Laboratory)의 연구자 버나드(Bernard), 리아오(Liao), 밀스(Mills)가 바로 이 주제로 소규모의 연구를 수행했다.

테스트는 간단했다. 연구자들은 62~83세의 참가자 27명을 컴퓨터 모니터 앞에 앉게 했다. 참가자들은 각 페이지당 683개의 단어로 구성된 페이지 4장을 읽으라는 요청을 받았다. 참가자들에게 주어진 페이지는 2개의 서로 다른 세리프 폰트(serif font)로 작성됐다. 조지아 폰트(Georgia font)와 타임즈 뉴 로만 폰트(Times New Roman font)가 크기 12포인트와 14포인트로 작성됐다. 2가지의 산세리프 폰트(sans-serif font), 즉 애리얼 폰트(Arial font)와 버다나 폰트(Verdana font)로 작성되었고 글자 크기는 동일하게 12포인트와 14포인트로 작성됐다. 이 연구의 목적은 중장년층이 광고를 읽을 때 글꼴과 크기에 따라 가독성, 읽는 시간, 전반적인 선호도에 차이가 있는지 알아보려는 것이었다.

혹시 몰라 이야기하고 넘어가겠다. 세리프 폰트는 글자 끝에 작은 삐침이 있는 명조체로, '**폰트**' 같은 형태다. 산세리프 폰트는('산'은 프랑스어로 '~없는'이라는 뜻이다) 작은 삐침이 없는 고딕체로,

'**폰트**' 같은 형태다. 화면에서 볼 때 명조체는 글자를 더욱 뚜렷하고 잘 보이게 한다.

다음 실험에서 참가자들은 글꼴은 같지만 크기가 14포인트로 더 커지고 각각 683단어로 작성된 서로 다른 4개의 페이지를 읽었다. 각 페이지에는 맥락에 맞지 않는 '대체' 단어들이 무수히 포함되었다. 예를 들면 케이크(cake) 대신 가짜(fake)라는 단어를 넣었다. 참가자들은 이러한 미끼 단어를 발견할 수 있을까? 미끼 단어를 발견하는 비율을 읽는 속도와 계산해 '가독성'을 판단할 수 있었다. 이 두 측정 요소를 통해 '유효 읽기 점수'를 산출했는데, '미끼 단어를 정확하게 감지한 비율'을 '읽는 시간'으로 나누는 방식으로 계산했다.

● 연구 결과: 시니어 시장을 위한 최상의 글꼴과 크기

- ▶ **우세한 글꼴**: 산세리프 폰트(고딕)를 세리프 폰트(명조)보다 선호했다. 12포인트의 세리프 폰트를 사용하면 14포인트의 세리프 폰트와 산세리프 폰트를 사용했을 때보다 읽는 속도가 현저히 줄어들었다.
- ▶ **우세한 크기**: 일반적으로 12포인트를 많이 쓰지만 테스트 결과, 4가지 글꼴에서 모두 14포인트가 더 읽기 쉬웠다. 참가자들은 같은 내용의 글을 12포인트보다 14포인트일 때 더 빨리 읽고 선호했다.

● **테스트한 글꼴과 크기의 선호 순위**

① 14포인트 애리얼(선호도 가장 높음)

② 14포인트 버다나

③ 14포인트 조지아

④ 14포인트 타임즈 뉴 로만

⑤ 12포인트 버다나

⑥ 12포인트 애리얼

⑦ 12포인트 조지아

⑧ 12포인트 타임즈 뉴 로만(선호도 가장 낮음)

온라인 광고 비밀 #23

고객을 지키는 웹사이트 전략:
불확실성을 줄이면 오래 머문다

"빨리 보여줘. 지금 당장 보여달란 말이야!" 인터넷을 사용하면서 이런 말을 안 해본 사용자가 있을까?

실제로 오늘날 소비자는 당신의 페이지가 로딩될 때까지 기다려줄 인내심이 거의 없다. 말 그대로 눈 깜짝할 사이에 고객을 잃는 것이다. 진짜로 그렇게 순식간에 고객을 잃을 수 있다는 말인가? 이와 관련된 몇 가지의 연구 자료를 살펴보자.

연구자들은 TWT(Tolerable Waiting Time), 즉 참을성 있게 기다리는 시간이라는 뜻을 가진 용어를 사용해 중요한 질문을 했다. '사용자들은 웹페이지가 로딩될 때까지 페이지에서 나가지 않고 얼마나 오래 기다릴 수 있을까?' 이 질문을 내 방식으로 해석하면 이렇다. '몇 초 만에 고객을 잃게 될까?' 과연 페이지가 로딩되는 동안 화면에 진행 메시지를 표시하면 잠재고객의 참을성을 키우는 데 도움이 될까?

안타깝게도 소비자는 기다리는 것을 아주 싫어한다. 1997년 덴마크의 컴퓨터 연구자 제이콥 닐슨(Jacob Nielsen)은 소비자의 TWT는 10초라고 말했다. 1999년 조나 리서치(Zona Research)에서는 TWT가 8초라고 주장했다. 1999년 셀비지 연구(A 1999 Selvidge study)에 따르면 사용자들은 20초까지는 기다리는 것 같지만 30초가 되면 모두 사라진다. 그리고 2000년 혹스마이어(Hoxmeier)와 디세사리(DiCesare)는 소비자의 TWT는 12초라고 보고했다.

이와 관련해 많은 연구가 진행되었으나 결과는 천차만별이다. 그러나 누구도 부정할 수 없는 한 가지 사실이 있다. 온라인이든 오프라인이든 오래 기다릴수록 짜증이 나고 때로는 화가 난다는 점이다. 그래서 닐슨은 기다리는 동안 잠재고객의 화를 진정시키려면 시스템 상태나 지연되는 '사유'를 계속 알릴 것을 제안했다. 진행 상황을 안내하면 사용자의 짜증을 줄이고, 사이트 이탈률을 낮출 수 있다.

사람들은 기다리는 것을 싫어하지만 '그 시간을 효과적으로 관리하면 기다림의 부정적인 영향을 없앨 수 있다'는 사실에 많은 연구자가 동의한다.

예를 들면 진행바 형태로 진행 상태를 알려주는 것이다. 진행률이 올라가는 바를 보면 사용자는 무슨 생각을 할까? 페이지가 로딩되고 있다는 생각에 불확실성이 줄어든다. 진행바를 보고 있으면 기다림을 잊을 수 있다. 또 끝없는 기다림이라는 불확실성을 떨쳐낼 수 있다. '문제라도 있는 걸까? 잘 안 되는 사이트인가? 로딩이 되긴 되는 걸까?'라고 생각하는 대신 '그래, 로딩되고 있군. 거의 다 됐어!'라고 생각한다. 정신 활동이 늘어나면 기다리면서 보내는 공허한 시간이 매우 빠르게 지나가는 것처럼 느껴진다.

'기다리는 동안 상태 메시지를 보여주면 사용자의 스트레스와 불확실성을 줄임으로 TWT를 증가시킨다'

흥미로운 내용이며, 논리적으로도 완벽하게 맞아떨어진다. 그런데 진행바로 상태를 보여줄 때 사용자는 실제로 얼마나 오래 기다릴 수 있을까? 미주리과학기술대학교의 경영 및 정보 기술학 교수 피오나 푸이 훈 나(Fiona Fui Hoon Nah) 박사가 이 질문에 대해 연구했다.

이 연구에서는 인터넷을 사용하는 70명의 학생을 두 집단으로 나누었다. 각 집단의 학생들은 10개의 온라인 도구 이름을 찾아야 했다. 그들이 답을 찾을 수 있도록 한 페이지에 10개의 하이퍼

링크를 연결해 제시했다. 얄밉게도 제시된 링크 중 7개만 실제로 작동했다. A 집단에는 각 링크를 클릭한 후 페이지가 로딩되는 동안 진행바를 표시하여 상태를 알려주었다. B 집단에는 진행바를 보여주지 않았고 로딩 진행 상황에 대한 정보를 전혀 표시하지 않았다. 로딩될 것 같지 않은 페이지를 닫으려면 해당 브라우저의 중지 버튼을 클릭하기만 하면 됐다. 결과는 언제나 동일했다.

● **참을성 있게 기다리는 평균 시간**

진행바가 있을 때 (참을성을 보임)	38초 중지 버튼을 누르는 평균 시간 15~46초
진행바가 없을 때 (참을성을 보이지 않음)	13초 중지 버튼을 누르는 평균 시간 5~8초

상태를 알려주는 진행바가 TWT, 즉 사용자의 참을성을 얼마나 많이 증가시켰는지 확인하라. 클릭한 링크가 잇따라 작동하지 않으면 사용자의 참을성이 줄어들었다. 느리게 로딩되는 페이지가 끝까지 로딩될 거라고 생각하지 않았기 때문이다. 결국 3개의 링크가 작동되지 않는다는 것을 경험한 후에는 평균 TWT가 전체적으로 감소했다.

피오나 박사는 다음과 같이 결론지었다. '종합적인 결과는 인터넷 사용자의 TWT가 약 2초에 정점에 이른다는 점을 보여준다. 이 결과는 사용자가 잠깐 다른 생각을 하거나 새로운 개입이 생겨 주의가 다른 데로 옮겨가지 않는다면 참을성 있게 기다리는 시간은 약 2초라고 한 슈나이더만(Shneiderman, 1986)과 밀러(Miller, 1968)의 의견과 일치한다.'

오래된 연구 결과라고 무시하지 말라. 기다리지 못하는 인간의 성향은 크게 달라지지 않았다. 참을성과 관련해 인터넷 이전 시기에 진행된 연구들도 오늘날 연구와 결과가 일치한다. 심리학자들은 이 문제를 효과적으로 해결하려면 '생각의 지속성'이 필요하다는 사실을 발견했다. 2초 이상 생각이 멈춰있으면 주의력은 약해지고 다른 생각을 하게 된다. 다시 말하면 순식간에 잠재고객을 잃는다는 뜻이다.

온라인 광고 비밀 #24
미끼 효과는 어떻게 소비를 자극할까?

소비자가 당신의 상품 중 더 비싼 상품을 고르기를 바라는가? 이와 관련된 기법인 미끼 효과(Decoy Effect)'를 설명하려고 한다. 흥미로우면서도 다소 논란이 있는 마케팅 기법으로, 별로 좋지 않은 옵션이 있는 상품을 보여주는 것이다. 예를 들어 기능과 품질은 떨어지는데 가격을 높게 책정한 상품을 당신이 팔고자 하는 상품과 함께 보여주는 식이다. 그러면 소비자는 당신이 팔려는 비싼 상품에 더 호감을 느낀다.

「이코노미스트(The Economist, 1843년에 창간된 영국 잡지)」가 진행한 대표적인 실험에서 이를 잘 보여주었다. 이 실험에서는 이코노미스트 웹사이트에 3가지 구독 방식을 제시했다.

① 웹 전용 구독: 59달러
② 인쇄본 잡지만 구독: 125달러
③ 인쇄본 잡지 및 웹 구독: 125달러

왜 「이코노미스트」는 인쇄본과 웹을 함께 구독하는 비용을 인쇄본 잡지만 구독하는 비용과 같은 가격으로 책정했을까? 듀크 대학교의 심리학 교수 댄 애리얼리(Dan Ariely)는 그 답을 찾고 싶었다. 그래서 두 가지 테스트를 시행했다. 테스트 1에서 그는 학생들에게 위에서와 같은 3가지 구독 제안을 했다.

테스트 1 결과: 구매자의 16%가 웹 전용 구독을 선택했다. 인쇄본 잡지만 구독한 사람은 없었고 84%가 인쇄본 잡지 및 웹 구독을 선택했다.

테스트 2: 주의를 분산시키는 선택지(인쇄본 잡지만 구독)의 효과를 확인하기 위해 애리얼리는 이 항목을 선택지에서 제거했다. 그리고 웹 전용 구독과 인쇄본 잡지 및 웹 구독, 이 두 항목만 선택지로 제시했다.

테스트 결과: 68%가 웹 전용 구독을 선택했고 32%는 인쇄본

잡지 및 웹 구독을 선택했다.

결론: 미끼 상품을 추가했을 때 구독료가 더 비싼 항목을 선택하는 비율이 53%까지 증가했다. 같은 가격으로 인쇄본과 웹을 모두 구독할 수 있는데 인쇄본 구독만 선택하는 것은 어리석은 선택이기 때문이다. 미끼 상품을 제거했을 때는 더 저렴한 선택지를 고르는 구매자가 많아졌다.

이제 당신이 열정적인 주부를 대상으로 칼을 판매한다고 해보자. 그리고 두 가지 선택지를 제시했다.

① 즈윌링 J. A. 헹켈 프로페셔널 S 셰프 나이프(Zwilling J. A. Henckels Professional S Chef Knife): 119달러

② 헹켈 클래식 8인치 셰프 나이프(Henckels Classic 8" Chef Knife): 56달러

매출 기록을 보면 56달러짜리 헹켈 칼을 구매하는 사람이 훨씬 더 많다. 하지만 당신이 훨씬 더 비싼 선택지를 상품 항목에 넣으면 어떨까? 이 상품은 '전문 셰프'가 사용할 만한 수준의 가격이라 당신의 타깃인 주부들이 구매할 것 같지는 않다. 하지만 이 높은 가격 때문에 소비자는 119달러짜리 칼이 상대적으로 저렴하다고 느끼고, 동시에 56달러짜리 칼은 품질이 떨어진다고 생각하게 된다. 실제 품질에는 차이가 없지만, 소비자의 인식에서는 그렇게 느껴진다. 이제 당신의 웹페이지에 다음과 같은 3가지 선택지를 제

시해 보자.

① 즈윌링 J. A. 헹켈 34891-203 셰프의 나이프(Zwilling J. A. Henckels 34891-203 Chef's Knife): 429달러

② 즈윌링 J. A. 헹켈 프로페셔널 S 셰프 나이프(Zwilling J. A. Henckels Professional S Chef Knife): 119달러

③ 헹켈 클래식 8인치 셰프 나이프(Henckels Classic 8" Chef Knife): 56달러

미끼 효과에 따르면 이제 더 많은 사람이 119달러짜리 칼을 살 수밖에 없다. 429달러의 '전문가용' 칼이 선택지에 포함됐기 때문에 119달러짜리 칼이 상대적으로 저렴해 보이기 시작한다. 다시 말해 미끼 상품은 잠재고객이 살 것이라고 '기대하는' 상품이 아니다. 미끼 상품의 목적은 오직 당신이 팔고자 하는 상품의 가격이 심리적으로 저렴해 보이도록 하는 역할이다. 그런데 만약 그 미끼 상품을 누군가가 구매한다면? 그야말로 금상첨화다!

앞서 설명한 것과는 반대로, 미끼 상품의 효과가 없는 경우를 살펴보자. 브랜드 선호가 이미 확립된 경우라면 그 효과가 떨어진다. 무슨 말일까? 당신이 판매하는 상품과 유사한 상품이 다양한 브랜드에서 출시되었으며, 소비자가 브랜드 선호도를 이미 가지고 있다면 미끼 효과를 노리는 가격 전략은 크게 효과적이지 않다. 일부 소비자에게는 '이 브랜드는 나만의 브랜드야'라는 직관적

인 소비 방식이 나타난다. 예를 들면 '나는 월풀(Whirlpool) 세탁기만 구매해'라는 식이다. 그래서 다른 브랜드는 안중에도 없다. 뿐만 아니라 제품의 기능과 이점을 아주 잘 알고 있는 사람은 가격 차이 때문에 마음이 흔들리지 않는다. 상품의 경쟁 우위를 잘 알고 있어 가격 차이 정도는 큰 의미가 없다고 생각하기 때문이다. 예를 들면 '물론 가격이 다르지. 이 칼은 완전히 다른 차원의 칼이니까!'라고 생각한다.

다른 연구자들이 진행한 추가 연구에서는 맛과 향, 조작을 직접 경험할 수 있는 상품은 미끼 효과가 미미하다는 주장이 제기되었다. 다양한 선택지가 수치와 도표로 제시될 때, 특히 자세한 설명이 없을 때 미끼 효과가 가장 크기 때문이다. 한편 또 다른 연구자들이 주장하는 바에 따르면 미끼 효과가 나타나는 경우는 다음과 같다. 소비자가 상품에 전반적으로 무관심할 때(선호도가 없는 경우), 상품들의 기능이 비슷할 때, 미끼 상품이 완전히 비호감(품질이나 평이 유난히 나쁜 경우)이 아닐 때, 더 나은 상품의 우월한 기능이 명백할 때다.

그렇다면 미끼 효과를 얻으려면 어떤 옵션을 추가해야 할까? 신제품을 개발해야 할까? 상품을 묶음으로 판매해야 할까? 「이코노미스트」는 주문 페이지에 단 한 줄을 추가하여 수천 건의 추가 구독을 창출했다. 당신도 그런 방식으로 간단히 추가해 테스트해보고 순이익이 늘어나는지 확인해 보는 것이 어떤가.

온라인 광고 비밀 #25

소비 심리를 자극하는 가격 표시의 7가지 원칙

광고에서 가격을 표시하는 방식은 매우 중요하다. 이를 쉽게 시행할 수 있는 7가지 원칙을 살펴보겠다. 심리적 가격에 관한 연구들은 '가격의 표시 방식이 상품 가치 해석에 미치는 영향'이라는 주제로 연구해 다음의 원칙을 제시했다. 이 원칙을 활용해 가격을 제시하면, 소비자의 뇌에 영향을 미쳐 가격이 비싸지 않거나 더 매력적으로 보이게 할 수 있다.

1. **숫자의 길이가 짧으면 더 저렴해 보인다.** 당신이라면 다음 중 어느 가격의 상품을 사겠는가? 1,295.00달러? 1,295달러? 1295달러? 대부분의 소비자는 마지막 가격을 선택할 것이다. 왜 그럴까? 연구자 콜테라(Coultera), 초이아(Choia), 먼로(Monroe)는 그러한 현상을 '청각 표현(auditory representation, 철자보다 언어의 발음 소리로 인식하는 현상 -옮긴이)'이라고 정의했다. 이 현상으로 인해 '언어적 부호화'가 소비자가 가격이 높은지 낮은지 판단하는 데 영향을 미칠 수 있다고 생각했다. 즉, 소비자는 무의식적으로 숫자의 길이가 길면 가격이 비싸다고 생각하는 것이다.

2. 남성은 빨간색을 선호한다. 『캐시버타이징』에서 휴리스틱(heuristics)을 다루었던 적이 있다. 그 책에서 나는 '휴리스틱은 비판적인 사고나 추론을 통해서가 아니라 지능적인 추측을 통해 지식을 얻는(또는 발견하는) 것과 관련 있다'고 설명했다. 스포츠 경기에서 빨간색 유니폼을 입은 팀은 그 색이 심판에게 미치는 영향 때문에 승리할 가능성이 더 크다. 또 빨간색 옷을 입은 여성의 사진이나 빨간색 배경으로 찍은 여성 사진을 본 남성은 그 여성에게 데이트를 신청할 확률이 높고, 데이트를 하면서 기꺼이 돈을 쓰려는 마음도 커진다. 놀랍지 않은가? 위대한 기업가이자 작가, 투자가인 짐 론(Jim Rohn)은 이러한 현상을 '마음의 신비'라고 불렀다.

광고인에게 특히 중요한 사실은 색상 자체가 휴리스틱의 단서 역할을 한다는 증거가 점점 많아지고 있다는 것이다. 구체적으로 빨간색은 남성 구매자들이 가격에 둔감해지게 만든다. 그래서 돈을 더 많이 지출하도록 유도하는 경향이 있다. 실험에 참여한 남성들은 빨간색으로 표시된 가격을 보면 검은색으로 표시된 가격보다 할인율이 높은 것 같다고 말했다. 여성 참여자들에게서는 가격 표시 색상에 따라 선호도가 달라지는 현상이 관찰되지 않았다. 남성이 당신의 주요 타깃이라면, 이보다 더 쉬운 방법이 또 있겠는가. 한번 시도해 보라!

3. **글자 크기가 커지면 더 비싸 보인다.** 가격을 대폭 할인하는 가? 너무 요란하게 소리 지르지 마라. 연구자들의 말에 따르면 가격이 '작은' 글씨로 표시될 때 소비자는 가격이 낮다고 생각하게 되어 매출이 증가할 가능성이 커졌다.

4. **글자 크기가 커지면 더 큰 자신감을 나타낸다.** 위에서 언급한 원칙 3 '글자 크기가 커지면 비싸 보이는 효과'는 2개의 상품 가격을 나란히 표시할 때 적용된다. 그렇다면 정상 가격이 아닌 할인 가격만 표시한다면 어떨까? 2021년의 연구에 따르면 반대 결과가 나왔다. 가격을 한 개만 표시할 때는 더 크게 표시할수록 주의를 더 많이 끌 수 있고, 그 가격이 매력적이고 상품의 성능이 뛰어나다는 확신을 줄 수 있다.

5. **기호를 제거하라.** 레스토랑에서 음식을 주문할 때 메뉴의 가격 옆에 달러 표시가 없으면 더 많은 돈을 지출할까? 2009년 양(Yang)의 연구팀이 수행한 연구에 따르면 대답은 확실히 '그렇다'이다. 뉴욕 하이드 파크(Hyde Park)에 있는 미국 명문 요리학교 컬리너리 인스티튜트(Culinary Institute)의 세인트 앤드류 카페(St. Andrew's Cafe)에 온 고객 중 일부에게는 숫자만 있는 메뉴판을 보여주었고 또 다른 일부에게는 달러 기호가 있거나, 75달러나 $75.00으로 표시된 메뉴판을 보여주었다. 그 결과, 숫자만 있는 메뉴판을 본 고객들이 훨씬 더 비싼 음식을 주문했다.

6. 팔고자 하는 상품의 자리를 잘 배치하라. 가격을 더 매력적으로 보이게 해야 하는가? 그렇다면 매우 비싼 상품 옆에 팔고자 하는 상품의 가격을 배치하라. 예를 들어 내가 새로운 아마추어용 고주파 무전기를 사려고 한다고 해보자. 내가 방문한 웹페이지 정중앙에 219.95달러의 가격표가 붙어 있는 무전기 모델인 '아이콤(ICOM) 2300H'가 보인다. '흠, 좀 부담스러운 금액인데'라는 생각이 든다. 그런데 양옆에 다른 모델이 2개 더 보인다. 1499.99달러의 가격표가 달린 모델인 '아이콤 7300'과 3499.99달러의 가격표가 달린 모델인 아이콤 '아이씨(ICOM IC) 7600'이 있다. 그렇게 단순한 비교만으로 219.95달러가 아주 저렴해 보인다!

가장 저렴한 상품에는 다른 모델이 자랑하는 기능이 모두 들어 있지 않다는 점이 문제가 될까? 전혀 그렇지 않다. 합리적인 사람이라면 가격 차이에 따른 기능 차이를 받아들인다. 가격 차이가 너무 뚜렷해 '와, 비교해 보니 너무 싸잖아!'라는 반응이 나타난다면 무슨 일이 생길까? 그 물건을 사게 된다. 그래야 자신이 합리적인 소비자가 되기 때문이다. 저렴한 가격이 아니라면 일어나지 않았을 지출이 정당화된다. 사실상 구매자가 돈을 쓸 핑계를 만들어주는 것이다.

다른 예시도 있다. 마스터 피자 셰프 리드 랜던(Master pizza chef Reid Landon)은 한 시간짜리 피자 만들기 전문가 과정을 제공하며 299달러의 수강료를 받는다. 터무니없이 비싼 수강료 같은가? 그러면 다른 강의 2개를 더 생각해 보자. 299달러짜리 수업 양옆에 2개의 강의가 더 있다. 아주 잘 보이게 배치했다. 10시간짜리 강의는 2,850달러고 20시간짜리 강의는 5,695달러다. 이렇게 큰 수치가 양옆에 있으면 이제 299달러는 그렇게 비싸 보이지 않는다. 그렇지 않은가?

자, 생각해 보라. 당신이 책정한 가격을 심리적으로 저렴해 보이도록 하려면 어떻게 해야 할까? 더 비싼 어떤 상품을 제시할 수 있는가? 비록 그 상품을 선택할 구매자가 거의 없다고 예상되더라도 비싼 가격으로 상품을 제시해야 한다. 어떤 상품을 팔더라도 그런 미끼 상품을 내놓을 수 있다. 하다못해 미국의 장례식장도 평균 매출을 올리기 위해 그렇게 한다. 그들은 패키지 상품을 판매하며 4,995달러에 기본 청동 상품을 제공한다. 이 상품에는 기본적인 서비스만 들어 있다. 그리고 6,995달러짜리에는 특별 은빛 상품을 제공하는데, 임시 묘비와 추모 사진으로 제작한 덮개가 포함된다. 가격이 8,995달러 정도인 금빛 묘지 상품을 선택하면 더 많은 사망 증명서를 내주고 추모 카드를 잔뜩 적어준다. 그리고 고인을 땅에 묻은 직후 풍선이나 비둘기를 극적으로 날려 고인의 사망을 기린다. 맙소사. 그들이 그렇게 한다면 당신도 할 수 있다.

7. 더 많은 혜택을 제시하면 비용이 저렴하다고 인식된다. 앞서 살펴본 피자 전문가 과정을 다시 생각해 보자. 299달러가 비싸다고 생각할 수 있지만 이는 그 수업을 통해 얻는 이익을 아직 생각하지 않았기 때문이다. 수업의 가치가 수강료를 넘어선다는 확신이 생기면 생각이 달라진다. 당신도 알다시피 사람들은 자신의 주머니에 있는 돈보다 '상품'을 더 원할 때만 돈을 지출한다. 상품이 돈에 해당하는 가치나 그보다 더 큰 가치가 있을 때 사람들은 돈과 상품을 교환한다.

세미나를 진행할 때 나는 청중들에게 양팔 저울을 상상해 보라고 말한다. 한쪽에는 '회의론'이 있고 다른 한쪽에는 '믿고 싶은 열망'이 있다. 믿고 싶은 열망이 점점 무거워져 회의론의 무게와 같아지거나 더 무거워질 때 구매가 발생한다. 당신이 늘어놓는 '혜택'은 믿고 싶은 열망에 더해지는 무게다. 믿고 싶은 열망에 무게가 계속 더해질 때 회의론의 무게보다 무거워진다. 언급하는 혜택이 거의 없으면 무게가 늘지 않는다. 저울의 바늘은 여전히 회의론 쪽으로 기울어져 있다. 많은 혜택을 명확하고 설득력 있게 설명하면 저울의 바늘은 믿고 싶은 열망 쪽으로 점점 기운다. 그러다가 어느 순간 소비자의 마음에서 상품의 가치가 당신이 측정한 상품 가격의 가치를 초과한다. 그러면 어떤 일이 생길까? 바로 매출이다.

온라인 광고 비밀 #26

장바구니 이탈률을 구매로 바꾸는 전략

세상에 이런 일이 또 있을까! 잠재고객이 상품 조사를 하다가 당신의 사이트를 찾았다. 자신이 원하던 상품을 발견했고 가격도 괜찮다고 생각했다. 사이트에서 회사 소개 페이지를 확인하고 결제할 '위험'을 감수해도 될 정도로 충분히 안심하게 됐다. 그리고 결제 정보에 필요한 모든 사항을 입력했다. 그런데 갑자기 잠재고객이 아예 사라져버렸다. 무엇이 잘못된 것일까?

   온라인 소비자의 68.6%는 최종 주문 버튼을 클릭하기 직전 장바구니에서 이탈한다. 수치로 보면 3명당 2명이 사라지는 것이다. 이러한 일이 발생하는 주요 원인이 몇 가지 있다. 다음 표에서는 8가지 주요 원인을 보여준다. 이는 무려 1만 721명의 참가자를 대상으로 진행된 11년간의 연구 프로젝트에서 보고된 결과다. 이 연구에 따르면 장바구니 단계까지 온 소비자 중 58.6%는 아직 구매할 준비가 되지 않았다고 말했다. 그런 사람들에게는 우리가 할 수 있는 일이 거의 없다. 따라서 그들을 제외하고 고려하면 무엇을 개선해야 하는지 알 수 있다.

● **장바구니에서 이탈하는 8가지 주요 원인**

1. 추가 비용이 너무 높다(배송료, 수수료, 세금 등)	48%
2. 회원 가입을 해야 한다	24%
3. 배송 예상 시간이 너무 느리다	22%
4. 신용카드 정보를 입력하라는 사이트는 믿을 수 없다	18%
5. 결제 과정이 길고 복잡하다	17%
6. 전체 주문 내역을 보거나 계산할 수 없다	16%
7. 웹사이트에 에러가 생긴다	13%
8. 환불 정책이 불만스럽다	12%

출처: 바이마드 연구소, 2022

바이마드 연구소(Baymard Institute)는 마케팅 전문가의 관심을 끌 만한 연구를 수행하는 유능한 조사 기관이다. 이 연구소에서는 현재 미국과 유럽의 성공한 전자상거래 사이트에서 3만 7,000개가 넘는 결제 페이지를 검토했다. 연구자들은 결제 과정을 원활하고 수월하게 결제까지 성공적으로 이루어지게 하는 많은 방법을 찾아냈다. 연구 결과를 몇 가지 소개한다. 이 방법을 지체하지 말고 시행하라.

1. **비회원 결제 방법을 쉽게 찾을 수 있게 하라.** 이 옵션을 제공할 때 눈에 쉽게 띄도록 해야 한다. 회원 로그인 창 바로 옆에 비회원 로그인 창을 배치하라. 그러면 아직 회원 가입을

하지 않은 사람도 로그인하는 방법을 즉시 볼 수 있다.

2. **비밀번호 생성 과정을 단순하게 하라.** 십여 개의 규칙이 있는 목록은 잊어라! 사용자의 약 19%가 비밀번호를 생성하다가 사이트를 떠난다. 바이마드의 연구자들은 소문자 6개로도 비밀번호를 생성할 수 있도록 최소한의 조건을 만들라고 권한다. 당신의 사이트에 방문한 사용자는 자신이 어느 정도의 보안을 원하는지 판단할 만큼 똑똑하지 않은가? 필요하다면 알아서 복잡한 비밀번호를 만든다. 당신의 임무는 그들이 원하는 상품과 서비스를 판매하는 것이다. 그들이 쉽게 구매하게 만들어라.

3. **배송 예정 날짜를 알려주어라.** '배송 기간'만 언급하지 마라. 고객이 알고 싶은 것은 상품이 도착하는 날짜다. 당신이 상품을 언제 보낼지, 운송 회사의 비행기나 트럭이 얼마나 빨리 이동할지는 다음 문제다.

4. **소비자가 주문 옵션을 언제든 바꿀 수 있게 하라.** 소비자가 주문 내역 확인 단계에 이르면 대개 제품과 수량, 색상, 배송 주소 등 다양한 정보를 바꿀 수 없다. 그렇게 되면 옵션을 변경하고 싶을 때 처음부터 모든 작업을 다시 시작해야 한다. 혹은 필요 이상으로 더 많은 단계를 다시 해야 한다. 이러한 방식은 결국 소비자가 짜증이 나서 사이트를 떠나게 만들지도 모른다. 따라서 각각의 정보 항목에 옵션 변경 링크를 넣

어 필요한 것만 조정할 수 있게 해야 한다.

5. **필수 입력란과 선택 입력란을 모두 표시하라.** 선택 입력란만 표시하지 마라. 소비자가 알아서 필수 입력란에 정보를 입력할 것이라고 기대하면 안 된다. 빨간색으로 작은 별표를 달아 필수 입력란도 알려주어야 한다. 첫 번째 필수 입력란 위에 '필수 입력란'이라고 작게 적고 그 뒤에 별표를 붙여라. 관련 있는 항목에는 '선택 입력란'이라고 표시해 보여주어라. 이때 목표는 결제 과정에서 나타날 수 있는 추측을 최대한 제거하는 것이다. 그러면 소비자의 스트레스를 줄일 수 있다. 안 그래도 지출로 인한 스트레스를 느끼고 있는데 거기에 스트레스를 더하지 마라.

6. **아코디언(Accordion) 결제 방식을 사용하는가? 그렇다면 구매자가 앞 단계로 돌아갈 수 있게 하라.** 오늘날 탁월한 매출을 올리는 전자상거래 사이트 중 대략 32%가 아코디언 결제 방식을 사용한다. 이 방식은 간단하지만 훌륭하면서 깔끔하고 쉽다. 아코디언 결제 방식에서는 구매자가 자신의 이름이나 주소 등의 정보를 적는다. 각 단계에서 작성이 완료되면(배송 주소, 카드 대금 청구지 주소, 결제 정보 등) 완료된 페이지를 닫아 구매자가 입력한 정보만 보여준다. 질문만 보여주는 FAQ에서 보통 이러한 방식을 사용한다. 질문 옆에 아래를 가리키는 화살표가 있다. 화살표를 클릭하면 답이 나타난다.

그런데 이 방식에는 **한 가지 문제**가 있다. 많은 사이트가 뒤로 가기 버튼을 눌러 이전 단계로 돌아가는 게 안 된다. 많은 경우 뒤로 가기 버튼을 누르면 처음 작성하는 부분으로 되돌아가 아예 처음부터 다시 작성해야 한다. 그러면 대부분의 소비자는 사이트를 영영 떠나고 만다. 번거로운 일은 질색한다. 웹디자이너나 기술팀에 말해 사용자가 뒤로 가기 버튼을 누를 때 그들이 기대하는 대로 직전 단계에서 봤던 내용을 보여주는 기능을 추가하라.

온라인 광고 비밀 #27

이메일 제목에 담긴 심리 전략: 15가지의 연구 결과와 통계

이메일 수신자의 47%가 제목에 따라 이메일을 열지 말지 판단하고, 69%는 제목만 보고 스팸으로 신고한다는 사실을 알고 있었는가? 다음에 제시하는 팩트와 통계를 확인하라. 전 세계의 수많은 온라인 판매 기업이 현실에서 실험한 자료를 바탕으로 나온 결과다.

1. **뉴스라고? 사기다!** 제목에 '뉴스'라는 단어가 들어가면 메일을 열어볼 확률이 18.7%까지 떨어진다.

2. **제목을 비워 두면 더 효과적일 수 있다.** 제목에 아무것도 적히지 않은 메일을 열어볼 확률이 8% 이상 증가한다.
3. **최적의 단어 수로 제목을 작성하라.** 제목을 몇 개의 단어로 작성해야 메일을 열어볼 확률이 가장 높아질까? 바로 6~10개다. 확률이 가장 낮아지는 단어 수는 21~25개다.
4. **개인적 친밀감을 나타내라.** 수신인의 이름을 제목에 넣으면 열어볼 확률이 평균 18.3% 증가한다. 익스피어리언(Experian)에 따르면 제목에 수신인의 이름이 있을 때 열어볼 확률은 26% 더 높아진다. 다른 연구에서도 제목에 이름이 있으면 50%가 열어보는 것으로 나타났다. 개인적 친밀감이 없는 메일은 우체국에서 발송된 '광고 우편'이나 마찬가지다. 그런 우편을 받았을 때 무언가를 권유하는 내용이 있을 것이라고 짐작하여 열어보지도 않고 휴지통에 버린 경험이 있을 것이다. 이런 이메일은 작은 휴지통 아이콘이 표시된 폴더로 버려지기 쉽다. 너무 어렵게 생각할 필요는 없다. 소비자의 이름을 안다면 무조건 그 이름을 사용하면 된다. 뿐만 아니라 이름과 함께 그들에 대해 알게 된 다른 정보를 제목에 언급하라. 회사명이나 지역 등 그들과 관련된 정보는 무엇이든 좋다. 예를 들어 '안녕하세요, 스콧. 어니언 링 저널(Onion Ring Journal)에 멋진 기사가 실렸군요!'와 같은 제목이라면 다른 메일들보다 먼저 열어볼 가능성이 높다.

5. **옛날 방식이 좋다.** 제목에 '무료'라는 말이 있으면 메일을 열어볼 확률이 10% 높아진다.

6. **메일을 그대로 전달하지 마라.** 제목에 전달을 뜻하는 'Fw:'가 있는 메일은 열어볼 확률이 17%까지 떨어진다.

7. **이름이 없으면 거의 열어보지 않는다.** 수신인의 이름이 없는 메일의 열어볼 확률은 평균 15.5%다.

8. **'무료'라는 말이 들어가면 열어볼 확률이 높아진다.** '무료'라는 마법의 단어를 제목에 넣으면 열어볼 확률이 10%까지 높아진다. 스팸으로 걸러지는 단어라고? 허브스팟의 테스트에 따르면 무료라는 단어가 붙어도 메일이 전송되는 데는 아무 문제가 없다. 요즘 스팸 차단 기술은 숨어 있는 스팸을 걸러내기 위해 키워드보다 더 많은 것을 탐색한다.

9. **긴급함을 강조하라!** 긴급하다고 분명히 표현해라. 당신의 메시지가 긴급하며 수신인에게만 특별히 보낸 것이라고 강조하고, 제목에 감정을 추가하라. 연구에서는 이러한 전략을 사용하면 이메일을 열어볼 확률이 22% 더 높아지는 것으로 나타났다.

10. **'쉿... 장바구니에!'** 소비자에게 아직 구매하지 않은 상품을 상기시켜라. 그 점을 제목에 언급하면 열어볼 확률이 최대 48%까지 상승한다.

11. **할인이라는 말을 넣지 마라.** 제목에 할인이라는 말이 있을 때 열어볼 확률은 평균 38.31% 아래로 떨어졌다.

12. **길다고 강하지 않다.** 제목의 길이와 메일을 열어볼 확률은 반비례 관계다. 즉, 제목이 길수록 메일을 열어보지 않는다는 뜻이다.

13. **이모티콘은 개성을 더해준다.** 이모티콘이 정말 도움이 될까? 논쟁의 여지가 있지만, 옵틴몬스터(OptinMonster, 웹사이트 전환율 최적화 도구를 제공하는 소프트웨어 회사 -옮긴이)에 따르면 제목에 이모티콘을 추가하면 마케팅 효과를 70% 상승시킬 수 있다. 2017년에 비즈니스 인사이더도 할인이나 이벤트 메일을 보낼 때 이모티콘이 호응을 얻는다는 사실을 확인했다. 클라비요(Klaviyo, 미국의 이메일 마케팅 자동화 플랫폼을 제공하는 소프트웨어 회사 -옮긴이)의 연구자들은 제목에 이모티콘이 있는 메일을 확인할 확률은 평균 39%라고 보고했다. 반면 이모티콘이 없는 것이 더 낫다는 결과도 있다. 서치 엔진 저널(Search Engine Journal)은 17번의 캠페인을 통해 389만 3,391개의 메일을 테스트했다. 엄청난 규모의 테스트였다. 그 결과, 이모티콘이 있는 제목의 메일을 열어볼 확률은 47.06%인 것에 비해 이모티콘이 없는 제목의 메일을 열어볼 확률은 52.94%로 더 높았다.

제안: 당신의 소비자를 대상으로 테스트해 보라. 특정 시장

이나 브랜드, 상품에 맞는 방법이 다른 곳에는 맞지 않을 수 있다. 어쩌면 당신의 잠재고객은 이모티콘이 귀엽고 재밌고 매력적이라고 생각할 수 있다. 아니면 형편없다고 생각하며 싫어할지도 모른다. 그러니 반드시 테스트해야 한다.

14. **추가 메일을 열심히 보내라!** 구매 요청을 한 번 이상은 절대 안 하겠다고 노골적으로 거부하는 세일즈맨이 있다면 당신은 그 세일즈맨에게 무슨 말을 하겠는가? 이는 내가 세미나에서 하는 질문이다. 세계 어디에서 세미나를 하든 청중은 한결같이 이렇게 소리 지른다. "당신은 해고야!" 광고는 세일즈맨과 똑같다고 생각해야 한다. 광고는 인쇄되거나 모니터로 표현하는 세일즈맨이다. 그런데 어떻게 추가 메일을 보내지 않을 수 있겠는가? 보스턴에 있는 소프트웨어 회사인 예스웨어(YesWare)는 세일즈맨들의 이메일 스레드(email threads, 가장 먼저 쓰인 이메일부터 주고받은 메일이 쭉 이어진 리스트 -옮긴이) 천만 개 이상을 조사해 얼마의 추가 메일을 보내야 최고의 효과가 있는지, 어느 정도의 시간 차이를 두고 보내는 게 가장 좋은지 알아보았다. 결론은 다음과 같다. ① 처음 메일을 보낸 후 3주 이내에 6번의 메일을 더 보내라. ② 3~4일 정도의 간격을 두고 추가 메일을 보내라. ③ 처음 메일을 보낸 후 24시간 안에 추가 메일을 보낸 세일즈맨이 답장을 받을 확률은 평균 25%다. 이메일 자

동화 도구를 사용해 추가 메일이 자동으로 전달되도록 설정해라.

15. **최고의 단어와 최악의 단어.** 부메랑[(Boomerang, 이전 이름은 베이딘(Baydin)]의 연구팀이 사용자들의 이메일 오백만 개를 조사한 결과에 따르면 제목에 **쓰면 안 되는 단어**는 '초대, 소셜, 강연자, 언론, 가입, 확인, 지원'이다. 더 큰 호응을 유도하기 위해 제목에 **써야 하는 단어**는 '시연, 연결, 기회, 신청, 회의, 취소, 지급'이다.

CHAPTER 6

잠재고객을 늘릴 수 있는 강력한 헤드라인 공식 50가지

고객 목록은 매우 귀중하다! 당신이 과거에 그들의 니즈를 만족시켰다면, 그들은 우리 안에 든 '양 떼'다. 고객이 당신의 상품을 다시 살 가능성이 폭발적으로 증가한다. 그들은 당신이 무엇을 판매하든 당신이라는 존재를 신뢰의 근원으로 본다. 따라서 꾸준하게 메일을 보낸다면 무한한 신뢰를 얻을 수 있다. 거기에 더해 그들은 당신을 지인으로 느끼기 시작한다. 그들에게 당신은 더는 일개 회사나 낯선 사람이 아니다.

하지만 고객을 구독자로 만들지 못하면 당신의 제품이나 서비스가 아무리 뛰어나도 소용없다. 이제 옵트인 메일(opt-in mail, 수신자가 사전에 받기로 선택한 광고성 메일 -옮긴이)이 될 가능성이 큰 헤드라인 목록을 살펴보자. 이 방법은 어떤 할인을 제공하든 판매하는 상품이나 서비스가 무엇이든 대부분 적용할 수 있다. 이를 참고하여 헤드라인을 작성하라. 아니면 그대로 베껴도 좋다!

● 헤드라인 목록

① 성공적인 체크리스트! 탁월한 [ ]와 함께 [ ]를 만드는 방법을 배우세요.

② 당신의 [ ]를 급상승시키는 n단계! 나의 [ ] 사례를 보고 결심하세요. 보너스: 출력은 무료!

③ [보고서 제목] n쪽짜리 보고서를 무료로 받으세요. 그리고 오늘 바로 시작하세요!

④ [보고서 제목] 빠르고 쉬운 방법으로 [ ]하는 방법을 배우세요.

⑤ 단 며칠 만에 당신의 [ ]를 2배로 높여줄 검증된 단계별 시스템을 공개합니다.

⑥ 으악! [ ]에 질리셨나요? 철저한 훈련 캠프에 참여하세요. 100% 무료입니다!

⑦ 맞아요! 하루에 단 [ ]초만 투자하면 당신의 성과를 향상시킬 수 있어요. 여기를 클릭해 그 방법을 알아보세요.

⑧ 전보다 더 빠르게 [ ]하고 싶나요? 나는 이미 그렇게 했어요. 그 방법을 당신에게 보여줄게요. No-B.S. 보고서를 무료로 다운로드하

세요. [보고서 제목] 당장 시작하세요.

⑨ 업무를 늘리지 않고 부담 없이 [　]할 확실한 방법을 찾고 있나요? 여기를 클릭해 놀라운 보고서를 무료로 확인하세요. [보고서 제목] 이 그 방법을 알려줍니다!

⑩ [　]과 함께 성과를 극적으로 개선할 수 있는 n가지 방법! 언제나 유용한 팁을 드립니다.

⑪ 빠르고 쉽게 할 수 있는 n가지 비법! [보고서 제목] 무료 보고서가 그 방법을 단계별로 정확히 알려드립니다.

⑫ 우리가 제시하는 빠르고 쉬운 방법을 사용하면 [　]이 전보다 훨씬 쉬워집니다. 자세히 알아보려면 클릭하세요.

⑬ 정말요? [　]시간 만에 더 나은 결과를 얻을 수 있는데, 왜 [　]시간을 쓰고 계신가요? 클릭하세요. 제가 그 방법을 무료로 알려드릴게요!

⑭ 사람들이 [　]하는 비밀을 알고 싶나요? 이메일 주소를 입력하면 새로운 무료 보고서를 보내드릴게요.

⑮ 그래요! 당신은 정말로 [　] 할 수 있어요. 5일 무료 체험 영상 강의가 그 방법을 가르쳐줍니다. 이메일 주소를 입력하면 첫 번째 강의를 무료 수강할 수 있습니다!

⑯ 으악! [　]을 모르거나 할 수 없다면 [　]은 너무 어려운 일이에요! 우리는 [　]년 동안 성공적으로 해왔습니다. 그 비결을 알려드릴게요. [안내서 제목] 무료 안내서를 다운로드하세요.

⑰ 가장 빠르고 쉬운 방법을 공개할까요? n쪽짜리 무료 보고서가 그 방법을 알려드립니다.

⑱ 이보다 더 나은 거래가 또 있을까요? 당신의 이름과 이메일 주소를 알려주세요. 특별한 선물을 보내드립니다.

⑲ *한정 특가!* 엄청난 인기의 개인 코칭 클럽에 가입하려면 이름과 이메일을 보내주세요. 남은 자리는 단 47개!

⑳ VIP 명단에 등록하고 [ ] 최신 버전을 받아보세요!

㉑ 저에게 [ ]일만 시간을 주세요. [ ]하는 방법을 당신에게 직접 가르쳐드리겠습니다.

㉒ 짠! 무료 안내서가 당신의 [ ]을 폭발적으로 성장시키는 방법을 알려줍니다.

㉓ 정말 [ ]시간 안에 [ ]을 달성할 수 있을까요? 새로운 온라인 강의에서 그 방법을 알려드립니다.

㉔ [ ] 없이 [ ]할 수 있는 n가지 방법. 그 방법을 알려주는 무료 안내서를 클릭하세요.

㉕ 제가 단 하나의 [ ]로 [ ]을 만든 방법을 알아보세요.

㉖ 잠깐! [ ] 할 때마다 [ ]의 비용이 발생할 수 있어요. 사소한 실수를 피하는 방법을 배우세요.

㉗ 당신이 [ ]을 못 한다고 말하는 사람들을 이제 실컷 비웃으세요. 저도 그 일을 했습니다. 단 [ ]시간밖에 걸리지 않았어요. 이름과 이메일 주소를 입력하면, 정말 효과적인 방법을 알려드릴게요.

㉘ 누구도 실패하지 않고 할 수 있는 [ ]가지 방법을 알려드릴게요. 강력한 효과가 있는 [강의 이름] 강의로 지금 바로 시작하세요.

㉙ *팩트!* 새로운 [공식 이름] 공식을 사용하면, 당신은 [ ]시간 안에 [ ]을 할 수 있습니다. [ ]은 전혀 필요하지 않아요. [ ]도 필요 없고요. 클릭해서 2분 만에 확인하세요.

㉚ 무료 [ ]가 당신에게 [ ]을 제공합니다. 매주 전송되는 실천 방법을 받아보세요! 스팸이 아닙니다. 쓸데없는 소리도 없고, 바로 실행 가능한 유용한 정보만 있습니다.

㉛ '제가 해냈어요!' 제가 [ ]을 만드는 데 사용한 '아주 쉬운' 4단계 과정을 알아보세요.

㉜ 뭐라고요?! 정말로 [ ]시간 안에 [ ]을 할 수 있어요? 당연합니다! 제가 했다면 당신도 할 수 있어요! 클릭해서 무료 강의를 신청하세요!

㉝ 오늘 신청하면 [ ]% 할인! 아래에 이메일 주소를 입력하세요.

㉞ 맙소사! 정말 끝내줍니다. 농담이 아니에요. 잠시 기다려보세요. 당신은 오늘날 최고의 [ ]명이 언급한 내용을 듣게 될 겁니다. 이메일 주소를 입력하시면 충격적인 보고서를 보내드립니다.

㉟ 저에게 [ ]일만 시간을 주세요. 그러면 [ ]하는 방법을 정확하게 보여드릴게요. (요즘에는 학위도 없이 가르치려는 초보자들이 많습니다)

㊱ 개인 상담 무료 [ ]분! 선착순 50명 신청 가능. 저는 당신이 [ ]에서 점차 성공할 수 있도록 도와드릴 거예요.

㊲ 공개합니다! [ ]에 대한 나의 [ ]가지 최고의 조언! 100% 테스트를 거쳐 검증되었습니다. 이 방법은 당신에게도 효과가 있습니다!

㊳ 우리가 최고의 [ ]를 창조한 방법을 알려드립니다. 당신도 같은 일을, 아니 그보다 더 훌륭한 일을 해낼 수 있습니다. 여기를 클릭해 자세히 알아보세요!

㊴ 상상해 보세요! 단 [ ]일 만에 [ ]을 달성할 수 있습니다. 당신도 할 수 있어요. 제가 돕겠습니다! 무료 [ ]을 신청하고 제 방법을 확인해 보세요!

㊵ 당신의 [ ]를 2배, 3배, 심지어 4배까지 향상시킬 준비가 되셨나요? 제 [ ]년 간의 경험과 성공을 활용하세요. 입문자를 위한 비밀과 조언을 전해드립니다.

㊶ [ ]을 위해 매일(매주 혹은 매달) [ ]가지 새로운 아이디어를 얻는 [ ]명 이상의 구독자와 함께하세요.

㊷ 우리가 어떻게 1년도 안 돼서 [ ]달러에서 [ ]달러로 월 수익을 증가시켰는지 알고 싶으신가요?

㊸ 쉿! 지금 [ ] 회원이 되어 최신 정보가 담긴 영상을 받으세요. 경쟁자가 유튜브로 먼저 보기 전에 빨리 가입하세요.

㊹ 이봐, 당신! (그래, 당신!) 다음 [ ]에서는 [ ]달러 할인을 원하시나요? 별거 없어요! 최대 할인 쿠폰을 받으려면 이메일 주소를 입력하세요.

㊺ 당신의 [ ]를 극복할 수 있는 최고의 방법을 배우세요. 이 방법은

거의 모든 분야에서 효과가 있습니다. 제 [ ]에 대한 비밀을 알고 싶다면 구독하고 다운로드하세요.

㊻ [ ]을 위한 검증된 성공 전략이 있습니다. 제가 [ ]일(주 혹은 달)도 안 돼서 [ ]을 확립한 방법을 그대로 담았습니다. 아래에 이메일 주소를 입력하고 3분짜리 영상을 시청하세요.

㊼ 우리가 당신의 [ ]을 빠르게 만들어가는 모습을 지켜보세요. 이메일 주소를 입력하고 무료 시연 동영상을 보세요!

㊽ [ ]명이 넘는 사람들의 선택이 과연 틀렸을까요? 구독하고 매주 100% 실용적인 이메일을 받아보세요. 당신에게 강력하고 새로운 방법을 가르쳐 드립니다.

㊾ 쉿! [ ]의 전문가가 되는 [ ]가지 비밀을 알아보세요. 무료 영상에서 그 비밀을 밝히고, 어떻게 하는지 보여드립니다.

㊿ "맙소사… 뭐라고요?!" 백만장자가 어떻게 [ ]을 하는지 본 적이 있나요? 그들의 방법을 알게 되면 당신은 '왜 이제야 알았을까?' 자책하게 될 거예요. 감동적인 비밀을 확인하려면 이메일 주소를 입력하세요.

CHAPTER 7

'대박 광고'를 만드는 필수 체크리스트 29가지

좋은 광고는 우연이 아니다

지금까지 우리는 많은 내용을 살펴보았다. 실제로 광고를 제작할 때 이 모든 내용을 어떻게 조화롭게 활용할 수 있을까? 이미 배운 많은 개념을 통합해 사용한 후 다음에 제시하는 '캐시버타이징 체크리스트'에 따라 당신이 만든 광고에 점수를 매겨라. 이 체크리스트는 소셜 미디어에서 가장 인기 있고 입소문이 난 많은 광고를 조사해 얻은 결론을 바탕으로 한 조언이다.

각 조언 당 점수는 1점이다. 총 점수를 높여라. 당신의 상품이 매력적이고 합리적인 가격이라면 어떤 소셜 미디어 플랫폼에 광고하든 조언에 따라 광고를 제작할 때 성공적인 광고를 만들 수 있을 것이다. 최대한 29점 가까이 얻어야 한다. 만약 점수가 낮다면 조언에 따라 광고를 다시 만들고 다시 점수를 매겨라. 성공 사다리로 올라가 기회를 잡아라. 조언을 적용해야 추측만으로 광고를 제작하는 일을 피할 수 있다. 이렇게 해야 수익 가능성이 있는 광고가 만들어진다.

조언 1: 관련성 있는 광고를 만들어라! 많은 한국인에게 유당불내증이 있다. 그들에게 고급스러운 밀크세이크 레시피 책을 팔려는 사람은 없을 것이다. 만약 그런 사람이 있다면 목표 시장을 잘못 설정한 것이다. 광고 카피가 아무리 뛰어나더라도, 올바른 시장을 공략하지 않는다면 관련성이 없어진다. 광고의 관련성은 당신이 판매하는 상품을 가장 많이 구매할 가능성이 있는 사람들에게 광고하는 것을 의미한다.

X에 광고하려면 무엇을 생각해야 할까? 전 세계의 X 사용자 중 38.5%가 25~34세이다. 페이스북은 35~44세의 남녀에게 가장 인기 있다. 인스타그램은 사용자의 61%가 12~17세이며, 핀터레스트는 25~34세로 이들이 차지하는 비율은 30.3%다. 링크드인은 어떨까? 59.1%가 24~34세다.

물론 나이는 하나의 요소에 불과하다. 광고를 제작할 때는 지역, 수입, 교육 수준, 관심사 등 다양한 요소를 고려해야 한다. 따라서 당신의 상품이나 서비스를 구매할 가능성이 있는 타깃 고객층을 먼저 찾아내야 한다. 그다음 그들의 언어로 전달할 카피를 작성하라. 스스로 이런 질문을 해보라. '나의 상품에 관심을 가질 만한 이상적인 집단이 누구일까?' 그 후에 그들의 특징을 구체화하라. 특히 페이스북에서는 인구 통계적 요소에 따라 특정 대상만 골라낼 수 있으므로 목표 시장을 찾아내는 것은 그저 클릭의 문제다.

페이스북 픽셀(Facebook pixel, 웹사이트 방문자의 동작을 추적해 그들이 광고를 본 후 어떤 행동을 하는지 분석하는 도구 -옮긴이)을 활용해 당신만의 고객층을 만들어라. 이 글을 쓰는 시점에 페이스북은 그 기능의 폐지를 고려하고 있으니 그렇게 되기 전에 지금 행동하라.

조언 2: 인상적으로 만들어라! 당신의 상품에 새로운 요소가 없다면 흥분, 에너지, 감정 등을 광고에 추가로 담아야 한다. 여기서 창의성을 발휘하라! 당신의 상품이나 서비스에 어떤 감정을 넣을 수 있을까? 두려움, 행복, 불안, 놀람, 분노, 질투, 긴장, 안심 등의 감정을 포함할 수 있을까? 그러한 감정을 영상, 이미지, 말을 통해 전달하라. 입소문 나는 광고의 동력이 바로 드라마다.

조언 3: 친밀한 언어를 사용하라! 대명사를 실컷 퍼뜨려라. '당신, 나, 우리, 그, 그녀, 그것, 그들, 나를, 우리를, 그녀를, 그를, 그들을, 나의 것, 우리의 것, 당신의 것, 그녀의 것, 그의 것, 그들의 것, 나 자신, 그녀 자신, 그 자신, 우리 자신, 그 자체, 당신 자신' 등의 대명사를 있는 대로 써라. 소셜 미디어는 사교적이고 인간적이며 친밀하고 따뜻하고 우호적임을 기억하라. 사람들은 친구와 가족에게 게시물을 공유한다.

스쿼티 포티의 '유니콘이 나의 배변 습관을 바꿔주었습니다'라는 카피를 기억하라. 이러한 카피도 있다. '이 사실을 나는 믿을 수 없어', '나는 이것 때문에 미치겠어', '우와, 나는 이게 효과 있을 거라고 기대하지 않았어', '한번 해볼게. 내게 무슨 일이 생기는지 봐.' 등 대명사를 사용한 유사한 카피가 많다. 이러한 방식의 카피는 카피의 대가 유진 슈워츠가 자신의 명저 『획기적인 광고』에서 설명한 '위장'과 같은 맥락이다. 『캐시버타이징』의 부록 중 권장 도서 목록에도 포함된 그의 책에서는 위장이라는 개념에 대해 광고를 주변에 있는 것과 비슷하게 보이게 만드는 것이라고 설명했다. 예를 들면 신문에 광고를 게재할 때는 신문 기사처럼 만든다. 글꼴, 행간, 단 너비, 글 분위기까지 기사와 똑같이 작성한다.

그렇다면 소셜 미디어에서는 어떻게 위장할 수 있을까? 바로 광고를 개인의 게시물과 비슷하게 만들면 된다. 이렇게 하는 가장 좋은 방법은 사업가나 회사 직원이 아니라 친구가 말하듯 카피를 작성하는 것이다. 평소 사용하는 단어를 써라. 쉬운 단어, 짧은 문장, 짧은 문단으로 작성하라. 대명사를 많이 쓰고 감정을 가득 담아라.

사진을 사용할 때는 독특한 사진을 선택하는 것이 좋다. 평범한 사진은 최악이다. 그런 사진은 틀림없이 당신의 사업을 특별한 게 없는 것처럼 보이게 한다. 생각해 보자. 전문가들이 구김 하나 없는 고급 양복을 차려입고 큰 회의실 책상에 앉아 머리카락 한 올 헝클어지지 않은 채 가지런하고 하얀 치아를 드러내며 웃고 있다. 당신은 이 같은 종류의 사진을 많이 보았을 것이다. 그런 평범한 사진이 효과가 있을 수는 있다. 하지만 훨씬 더 효과가 좋은 사진은 무엇일까? 휴대폰 카메라로 팀원이 일하는 모습을 자연스럽게 찍은 사진이다. 조명이 완벽하지 않고 옷도 반듯하지 않을 수 있다. 또 가지런하고 하얀 치아는 안 보일지도 모른다. 하지만 그 사진에는 '진실함'이 담겨 있다. 그런 사진은 자신감을 불러일으킨다. 자신감은 신뢰를 얻고 신뢰는 매출로 이어진다.

조언 4: 참신함을 강조하라! 사람들은 새것이라면 사족을 못 쓴다. 우리는 새로운 것을 좋아한다. 새로운 것을 보면 흥분되고 설렌다. 그리고 화제가 된다. 흥미롭게도 입소문이 나는 많은 광고가 새로운 상품에 대한 소개다. 신기술 상품, 새로운 주방 용품, 새로운 미용 제품 등 새로운 상품을 광고하면 입소문이 날 가능성이 크다. 또한 불면증, 어려운 목표 설정, 불안, 독서량 부족, 기억력 감퇴, 자산 관리의 어려움, 치아 미백 등 현대 사회에서 겪는 문제를 해결해 주는 새로운 소프트웨어를 소개하는 광고라면 매우 열광한다. 당신이 신상품을 광고한다면, 상품의 강점을 강조하는 데서 그치면 안 된다(당연히 강점은 늘 강조해야 한다). 거기에 더해 참신함이라는 스토리를 이용할 특별한 기회를 잡아야 한다. 신상품을 화려하게 소개해 사람들의 시선을 사로잡아라.

예를 들어 당신이 탁월한 성능을 선보이는 아이투스(iTooth)라는 새로운 핸즈프리 전동 칫솔을 판매한다고 해보자. 이 전동 칫솔은 탁월한 앱과 함께 작동하며, 칫솔질을 할 때마다 더 효과적으로 도와준다. 이 앱은 애플이나 안드로이드에서 모두 이용할 수 있다. 앱을 실행시키고 입 안에 아이투스를 넣어 살짝 물기만 하면, 10개까지 있는 맞춤형 칫솔질 패턴을 선택할 수 있다. 또한 12가지의 자연의 소리를 블루투스로 들으며, 아이투스가 자동으로 치아를 닦아주고, 진주처럼 하얀 치아를 만들어준다.

절대 여기서 끝내면 안 된다. 당신의 상품은 '새로운' 것이다. 따라서 '소개합니다', '출시됐습니다', '드디어', '공개합니다'와 같은 강력한 말을 사용해야 한다. 그리고 과거에 사람들이 어떻게 한결같은 방식으로 칫솔질을 해왔는지 말해야 한다. 당나라 사람들은 약 800년 동안 어떻게 칫솔질을 했을까? 중국인은 최초로 자연산 털로 칫솔을 만들었다. 돼지 목에서 뽑은 굵고 거친 털로 뻣뻣한 칫솔을 만든 것이다. 그러다가 1939년 최초로 전동 칫솔을 개발했다. 하지만 여전히 직접 손으로 닦아야 해서 칫솔질은 지겨운 일이었다. '지겨운 칫솔질을 이제는 그만 하세요! 피닉스의 천재 치과의사 몇 명이 대학의 천재 기술자 2명과 함께 새로운 발명품을 개발했습니다.' 어떻게 하면 되는지 알겠는가? 새로움이라는 특성은 단순히 '존재'에서 그치지 않는다. 새로움은 사람들의 마음을 움직일 수 있는 아주 중요한 요소다. 따라서 당신이 신상품을 판매한다면 새로움을 크게 부각시켜야 한다. 그러면 광고를 입소문 나게 해주는 엔진에 연료를 공급하는 것이다.

조언 5: 영상을 사용하라. 영상을 시청하면 도움이 될 것이라고 장담하라. 단순히 영상을 게시한다고 해서 사람들이 알아서 클릭할 것이라고 판단하지 마라. 사람들에게 영상 시청이라는 개념을 판매해야 한다. 판매의 대부분이 영상을 통해 이루어진다면 광고 본문(영상에는 없는 광고 문구)은 사실상 영상을 보라는 광고여야 한다. 이해되는가? '이 영상을 통해 당신은 ~하는 방법을 배울 수 있습니다' 또는 '여기를 클릭하여 ~하는 방법을 확인하세요'라고 말하며 영상 시청의 이점을 강조하라. 재생 버튼을 클릭하라고 설득하고, 엄청난 혜택을 총알 세례처럼 쏟아부어라.

조언 6: 극적인 스틸 샷을 만들어라. 영상을 재생하기 전에 처음 보이는 정지 화면이 단조롭고 지루하면 안 된다. 산악용 자전거를 판매한다면 자전거 사진으로 스틸 샷을 만들지 말고, 나뭇가지를 가뿐하게 넘으며 신나게 라이딩을 즐기는 사람을 스틸 샷에 담아라. 활동, 움직임, 상품의 용도를 보여주어야 한다.

조언 7: 항상 행동을 요구하라. 사람들이 무엇을 해야 할지 스스로 알 것이라고 생각하지 마라. 클릭하라고 말하라. 이곳으로 가라고 말하라. 저기를 보라고 말하라. 사람들이 했으면 하는 행동을 정확하게 표현하라. 그들을 단계별로 이끌어야 한다.

조언 8: 가리키는 단어를 사용하라. 이렇게 말하라. '이 새로운 제품은', '이 세 남자는', '여기에 ~ 방법을', '이것이 ~하는 방법을 보세요'와 같이 소비자가 주의를 어디에 두어야 하는지 표현하는 단어를 사용하라. 당신이 판매하는 상품은 그냥 놀라운 상품이 아니다. '이 놀라운 상품'이다. 당신이 지금 소개하고 있는 상품을 정확하게 가리켜 보여주어라.

조언 9: 혜택을 먼저 말하라! 광고를 어떻게 시작해야 할지 고민하고 있는가? 그만두어라! 대신 영리한 행동을 하고 '혜택'을 먼저 말하라. 아주 단순하다. 사람들이 상품을 구매하면 누릴 수 있는 가장 큰 혜택을 말하기만 하면 된다. 만약 그 혜택을 찾던 잠재고객이라면 광고를 계속 읽을 것이다. 그렇지 않다면 그냥 구매자가 아니라고 생각하라.

조언 10: '여기서 주문하세요!'라고 말하라. 페이스북에서 성공한 광고 대부분에는 CTA 링크가 있다. 주문하려면 어떻게 해야 하는지 소비자가 명확히 알고 있더라도 '여기서 주문하세요'라고 표시하는 방식이 손해는 아니다. '여기를 클릭하세요', '여기에 신청하세요', '여기를 보세요' 등 행동을 지시하는 다양한 표현을 사용하라. 판매는 이끄는 것이다. 이끄는 것은 말하는 것이다. 당신의 상품을 구매하려면 어떻게 해야 하는지 '명확하게' 알려주는 행동을 두려워하지 마라.

조언 11: 항상 팔아라!(Always Be Selling!: A.B.S) 대부분의 웹페이지는 판매를 잘 못 한다. 그런 웹페이지는 그저 커다란 명함에 불과하다. 사람들은 당신의 사업에 관심이 없다. 그들이 알고 싶은 요점은 상품이 자신에게 실제로 어떤 '도움'이 되는가이다. 상품의 장점을 짐작하게 해서는 안 된다. 지금 정확하게 말하라. 그렇지 않으면 그들은 다른 링크를 클릭해 영원히 사라지고 만다. 광고의 모든 공간에는 구매를 설득하는 말과 소비자가 다음 단계로 행동하게 하는 말로 가득 차야 한다.

조언 12: 애호가들과 공유하게 하라. 소비자에게 당신의 광고를 애견인과 애묘인, 와인 애호가에게 공유하라고 말하라. 누구에게 왜 공유해야 하는지 알려주어라. 당신의 광고가 입소문이 날 수 있게 구독자에게 광고를 공유할 구실을 주어라. 그들을 단계별로 행동할 수 있도록 이끌어라.

조언 13: 재생 버튼을 보여주어라! 소비자의 의식에 클릭하라는 메시지를 넣어주어야 한다. 작은 '삼각형 재생' 버튼을 항상 보여주어라. 그렇다. 그들은 그게 영상이라는 사실을 알고 있다. 하지만 영상이 곧 판매다. 그들이 알아서 클릭할 것이라고 짐작하지 마라. 질문의 여지를 남기지 마라.

조언 14: 영상 안에 자막을 포함해라! 최고의 영상은 소리와 이미지로만 판매하지 않는다. 문자도 활용한다. 메시지를 더욱 효과적으로 전달하려면 '자막'을 추가하라. 많은 사람이 소리를 끄고 영상을 본다는 점을 기억하라. 자막이 있으면 광고의 영향력이 지속되며, 메시지를 더욱 강렬하게 만들 수 있다.

조언 15: 혜택을 아낌없이 보여주어라! 마치 폭죽을 터뜨리듯 혜택을 쏟아내라. 혜택을 지나치게 부풀릴 수는 없다. 당신의 상품은 가격이 정해져 있음을 기억하라. 그리고 사람들도 그 상품이 지닌 특정 가치를 알고 있다. 당신이 할 일은 사람들이 상품의 가치가 크다고 생각하게 만드는 것이다. 최소한 그들이 지불할 금액만큼의 가치가 있다고 확신하게 만들어야 한다. 그렇지 않으면 판매는 이루어지지 않는다. 사람들이 당신의 영상을 다 보고 나면, 상품의 혜택에 파묻혀 혼미해져야 한다. 눈을 뗄 수 없는 심야 광고를 떠올려 보라. 당신도 그런 기분이 들 것이다.

조언 16: 공유가 아니라 판매를 위해 힘써라! '좋아요'와 공유가 아니라 판매에 초점을 맞춰야 한다. 당신의 목표는 소셜 미디어의 인플루언서가 아니다. 수백만 개의 공유만 얻고 지갑에 돈이 들어오지 않는 상황은 바라지 않을 것이다. 먼저 강력하고 철저하고 탄탄한 판매 메시지를 전하기 위해 힘써라. 그러고 나서 원한다면 부수적인 요소를 더하라. (필요하다면 무지개 유니콘이라도 써라)

조언 17: 판매는 경쟁이다! 당신이 독점 판매자가 아니라면 사람들은 경쟁사의 상품이 더 나은지 확인할 것이다. 따라서 경쟁은 필수다. 비교표를 만들어 보여주는 것이 가장 좋다. 하나의 항목만 간단히 비교하더라도 경쟁사의 상품보다 무엇이 더 좋은지 보여주어야 한다. 당신의 상품은 어떤 면에서 더 뛰어나고 차별화되는가? 경쟁사의 상품은 왜 좋지 않은가? 당신은 무인도에서 판매하는 것이 아니다. 경쟁자들이 뛰어나지 않아도 존재하는 것 자체만으로 당신에게 불리하다. 당신은 그들에 맞서 전략적, 적극적으로 판매에 나서야 한다. 승자는 한 명뿐이다. 그 승자가 당신이 되지 못할 이유는 없다.

조언 18: 구매를 요청하라! 이렇게 말하라. '지금 구매하세요', '여기서 구매하세요', '다음 단계를 알려드립니다', '1단계, 여기를 읽으세요. 2단계, 여기를 클릭하세요. 3단계, 페이팔, 비자, 마스터카드로 결제하세요'와 같이 명확하게 안내하라. 즉, 소비자를 단계별로 이끌어야 한다. 구매 요청을 주저하지 마라. 적극적으로 안내하지 않으면, 고객은 결정을 내리지 않는다. 만약 부끄러워서 구매 요청을 하지 않는다면, 상품 설명도 제대로 하지 않은 채 가만히 있다가 '왜 팔리지 않았지?'라고 의아해하는 세일즈맨과 다를 바 없다.

조언 19: 보증기간을 홍보하라! 보증기간은 나중 문제가 아니다. 이는 가장 강력한 홍보 요소다. 보증기간을 가장 강력한 판매 요소로 만들어라. 경쟁사가 30일 보증기간을 제시하면 당신은 60일, 90일, 6개월로 제시해야 한다. 경쟁사가 보증기간을 3개월로 제시하면 당신은 1년을 제시해야 한다. 경쟁사가 1년의 보증기간을 준다면 당신은 3년이나 5년 혹은 평생 보증해 주겠다고 하라.

보증기간이 길수록 반품이 줄어든다. 사람들의 기억에서 잊히기 때문이다. 긴 보증기간을 강조하라. 작은 링크로 만들어 숨겨두지 말고, 크고 대담하게 만들어 보여주어라.

조언 20: 신뢰성으로 도배하라! 통계, 후기, 의견을 광고에 게시하라. 사용 후기를 게시할 때 작성자의 이름, 얼굴, 사는 지역을 공개하라. 입증된 테스트 결과가 있는가? 보여줄 수 있는 공식 자료가 있는가? 원그래프가 있는가? 사람들이 구매를 안 하는 이유는 당신을 못 믿어서가 아니다. 구매할 이유가 없기 때문이다. 그러니 그들에게 구매할 이유를 주어라!

조언 21: 반응 영상을 만들어라! 사용 후기에는 2가지 종류가 있다는 점을 기억하라. 첫 번째로, 상품을 사용해본 다음 어떻게 느끼는지 전달하는 후기다. 두 번째로, 처음 사용했을 때 무언가 이상했지만 사용하면서 그런 회의적인 생각이 사라지고 상품에 대한 신뢰를 얻는 과정을 보여주는 후기가 있다. 정글 선글라스 반응 영상이 그 예시다. 그런 영상은 자연스러운 모습을 그대로 찍은 거라 강력하고 믿을 수 있다. 반응 영상이 길고 훌륭하게 제작될 필요는 없다. 사실 이 같은 영상은 자연스러운 모습이 솔직히 담겨있다고 느껴질 때 가장 효과적이다.

조언 22: 그들이 생각하고 있는 것을 말하라! 뉴욕 시민에게 보안 장비를 팔고 있다고 하자. 당신은 뉴욕에서 범죄가 기승을 부리고 있다는 것을 알고 있다. 그 점을 언급하라! 다른 예시로 캘리포니아주 인디오에 사는 사람에게 저가형 냉각기를 판다고 해보자. 그러면 이렇게 말해야 한다. "이번 달의 평균 온도가 44도가 넘었습니다. 전기세가 얼마나 나왔습니까?" 당신이 그들의 고통을 느끼고 있다는 점을 알려야 한다. 그들의 말과 표현을 사용하라. 그들이 어디에 사는지 알고 있다는 것을 알려주어라.

조언 23: 질문으로 목표 시장을 겨냥하라! '당신은 ~ 합니까?', '당신은 ~ 할 수 있습니까?', '당신은 ~ 하시겠습니까?' 등의 질문을 사용하라. 예를 들어 '당신은 초콜릿을 좋아합니까?', '당신은 고양이를 좋아합니까?', '당신은 반려견이 더 오래 살기를 바랍니까?', '당신은 나폴리의 피자이올라(pizzaiola) 같은 피자를 만들고 싶습니까?' 같은 질문이 좋다. 이러한 질문은 즉시 다수의 소비자 가운데 당신의 목표 시장을 골라낸다. 질문에 관심 있는 사람만 광고를 계속 읽고 자세히 볼 것이다. 이 같은 질문을 통해 준비 운동 없이 바로 본격적인 홍보에 뛰어들 수 있다.

조언 24: 쉽게 알 수 있는 기호를 보여주어라! 페이팔, 비자, 마스터카드의 로고를 보여주어라. 안전한 결제를 보장하는 기호를 보여주어야 한다. 사람들이 즉시 알 수 있는 상징적인 로고가 있는가? 잠재고객에게 당신은 낯선 사람이다. 사이트에 있는 모든 요소가 그들에게 생소하다. 익숙한 기호를 보여줄 때 그러한 생소함을 줄일 수 있다. 결제 과정에서 신뢰할 수 있는 로고나 인증 마크를 보지 못한 고객은 불안감을 느낀다. 이런 불안감을 해소하는 것이 중요하다.

생각해 보라. 외국 여행 중, 낯선 언어와 간판들 사이에서 길을 헤매고 있다. 아는 사람도 없다. 그런데 갑자기 길에서 오랜 친구를 만난다. 그 순간, 즉시 안도의 한숨이 나오지 않는가?

조언 25: 감정을 실어라! 광고와 영상에 감정을 담아라. 광고는 소비자에게 말을 건네는 인간이 되어야 한다! 두려움, 우울함, 슬픔, 걱정, 행복, 분노 등 어떤 감정이든 광고에 함께 넣어라. 이러한 감정이 사람들을 영화관으로 끌어들이는 이유다. 그들은 어떤 식으로든 감동받기를 원한다. 논리와 감정이 결합될 때 광고는 파괴적인 영향력을 발휘한다. 우리는 좌뇌를 사용해 돈을 지출하는 게 맞는지 따져본다. 그런데 감정은 우뇌를 건드려 상품을 구매하라고 부추긴다.

조언 26: 소비자 대변인의 역할을 하라! 가르치는 것으로 판매를 시작하라. 광고나 영상에 소비자가 활용할 수 있는 정보를 제공하라. '~하는 5가지 방법', '~의 비밀 7가지', '당신이 ~ 할 때 속지 않는 방법' 등 소비자에게 제공할 수 있는 정보는 수백만 개나 된다. 무언가를 가르쳐라. 어떤 일을 더 잘하는 방법, 더 나은 삶을 사는 방법, 돈을 더 많이 버는 방법, 시간을 절약하는 방법, 더 유능해지는 방법을 알려주어라. 그러면 소비자는 당신에게 마음이 끌릴 것이다. 그들이 더 나은 삶을 살도록 당신이 돕기 때문이다. 그들은 당신을 자기 편으로 여긴다.

조언 27: 용이성과 단순함을 강조하라! 사람들은 빠르고 쉽게 하는 것을 좋아한다. 인간의 습관은 강력하다. 헬스장에 가야 하지만 스마트폰을 붙들고 있는 이유도 인터넷 서핑이 더 쉽기 때문이다. 따라서 소비자에게 당신의 상품이 빠르고 쉽다고 말하라. '20초 만에 설치', '얼마나 쉬운지 보세요', '너무 쉬워서 어린이도 4분 안에 할 수 있습니다', '쉬운 3단계' 등 다양한 방식으로 용이성과 단순함을 전달하라.

조언 28: 해설식 광고를 연구하라! TV를 통해 광고 기법을 연마하는 방법으로 해설식 광고(infomercial, 인물이나 음성을 통해 제품의 특징을 설명해주는 광고 -옮긴이)를 연구하는 것보다 더 좋은 방식은 없다. 해설식 광고를 연구하면 최고의 30초 수업을 듣는 것이다. 혜택을 강조하는 카피를 작성하는 방법, 이미지를 배치하는 방법, 사용 후기와 시연을 활용하는 방법, 주문을 촉구하는 방법을 배울 수 있다. 해설식 광고를 닥치는 대로 연구하라. 최대한 많이 봐라. 거기에는 당신이 쉽게 따라 할 수 있는 공식이 담겨 있다.

조언 29: 전문 웹디자이너의 도움을 받아라! 소셜 미디어 광고 제작은 대부분 해당 플랫폼에서 제공하는 양식에 따라 만들어진다. 기본적인 틀 안에서 광고를 만든다고 해도 이미지는 눈길을 사로잡는 것을 사용해야 한다. 당신의 웹사이트는 전문적인 디자인이 정말 중요하다. 전체 사이트는 배치, 글꼴, 내비게이션 바, 이미지, CTA 요소, 색상, 여백, 카드 뉴스 등 많은 요소의 디자인이 조화롭게 결합되어야 하기 때문이다. 사이트 제작은 사업을 확장하는 전략을 짜는 데 시간을 투자해야 하는 사람이 할 만한 작업은 아니다.

물론 플랫폼에서 제공하는 양식을 선택적으로 사용할 수 있다. 하지만 그런 양식이 제한적이다 보니 많은 사이트가 비슷해 보인다. 이를 피하려면 소비자의 반응을 끌어내는 방법을 잘 아는 전문 웹디자이너의 도움을 받아야 한다. 그리고 디자이너 선택은 신중해야 한다. 인터넷에는 당신의 사이트를 매력적으로 꾸며줄 수천 명의 디자이너가 대기 중이지만, 그중에는 자격 미달인 사람도 많다. 일부 디자이너는 다른 디자이너의 작품을 자신이 제작했다고 주장하기도 한다. 실제로 몇 년 전, 나는 알지도 못하는 디자이너의 포트폴리오에 '캐시버타이징' 사이트가 포함된 것을 발견했다! 그에게 그 사이트 주인이 나라고 밝히자, 그는 기겁했다. 웹사이트가 우연히 똑같이 만들어질 확률이 있을까? 당연히 나는 그에게 사이트 제작을 맡기지 않았다. 이 사례를 듣고도 디자이너를 신중하게 선택해야겠다는 생각이 들지 않는다면, 더 이상 할 말이 없다. 이제 판단은 당신에게 달려 있다.

최대 경쟁자의 사이트를 분석하라. 업계 거물들의 웹사이트를 살펴보고, 그들이 어떻게 성공했는지 파악하라. 그들의 사이트를 지침서로 삼아 당신만의 비법을 개발해야 한다. 업계의 유명 인사들은 가장 뛰어나고 비싼 전문가를 고용한다. 그들은 웹사이트를 끊임없이 테스트하며 개선해나간다. 효과적인 요소는 유지하고, 비효율적인 요소는 과감히 제거한다. 결국, 그들의 현재 사이트는 수많은 시도와 검증을 거쳐 만들어진 최고의 버전이다.

그들의 전략을 참고하면, 당신은 시행착오를 줄이고 엄청난 시간과 비용을 절약할 수 있다. 최고의 결과를 얻고 싶다면 이미 검증된 성공 방식을 분석하는 것부터 시작하라.

에필로그

짧은 시간 안에 많은 내용을 살펴보았다. 지난 6개월 동안 이 책을 집필하는 일은 진실로 행복한 작업이었다. 나의 손가락과 눈은 이제 휴식을 기다리고 있다. 그래도 너무 오래 쉬지는 않을 것이다. 『캐시버타이징』을 출간한 훌륭한 출판사 레드 휠 와이저(Red Wheel/Weiser)에서 '캐시버타이징' 세미나에서 다룬 내용을 삽화가 있는 책으로 출간하는 일을 계획하고 있기 때문이다. (자세한 내용은 DrewEricWhitman.com에서 확인할 수 있다)

끝이 없는 미로 같은 방대한 광고 자료를 파헤치는 일은 짜릿했다. 일부 자료는 고대 이집트 상형문자 해독의 실마리가 된 로제타석 같은 힌트가 필요했고 어떤 경우에는 도무지 알 수 없는 수학 공식을 파악해야 했지만 그마저도 즐거운 경험이었다. 나의 목표는 구매 행동의 과학적 원인을 밝히는 것이었다. 그래서 미가공 데이터를 해석해 실용적이고 실행 가능한 단계를 알아내고 즉시 활용할 수 있는 기법을 제시하고 싶었다. 이 책을 통해 목표를 달성했기를 바란다.

이 책을 다 읽은 당신에게 내가 주장하고 제안하는 바는 『캐시버타이징』을 다 읽은 독자에게 한 제안과 다르지 않다.

'당신이 인식하든 아니든 이제 당신은 효과적인 광고를 만드는 방법에 대해 대다수의 경쟁자보다 더 많은 지식을 갖게 되었다.

진짜인지 확인하고 싶은가? 이 책에서 다룬 개념 중 무엇이든 경쟁자에게 물어보라. 그들은 틀린 답변을 하거나 당신을 멍하게 쳐다보기만 할 것이다.

대부분의 경쟁자는 사업 운영에 쫓겨 효과적인 광고 기법을 배울 시간을 내지 못한다. 하지만 당신은 배웠다. 축하한다. 이제 당신은 한층 더 성공에 가까워졌다.'

많은 경쟁자는 주로 자신의 개인적 선호에 따라 이것저것 하나씩 분주하게 시도하며 광고를 만들고 있다. '이 글꼴이 마음에 들어, 이 색상이 멋져 보이네, 기발한 헤드라인이 최고지'라고 생각하며 그때그때 머리에 떠오르는 대로 하나씩 해본다. 또는 구글에서 찾아낸 방법을 사용한다. 반면에 당신은 현실에서 테스트를 거친 수십만 개의 데이터와 수천 명의 참가자가 진행한 연구에서 도출한 자료를 바탕으로 결정을 내릴 것이다.

이 책의 제안은 몽상의 결과가 아니다. 오늘날 많은 우수한 인터넷 마케팅 기관이 철저히 통제된 상황에서 실험하고 실시간 광고를 테스트했는데, 그런 테스트를 바탕으로 매우 저명한 학자들이 도출한 경험적 증거로 나온 결과가 바로 이 책의 조언들이다.

결론은, 이 책의 조언을 따르면 더 이상 혼자 끙끙거릴 필요가 없다는 것이다. 수백만 달러의 가치가 있는 연구 결과가 알려주는 대로 하면 된다. 그렇게 하면 성공 가능성이 폭발적으로 높아진다.

베트남 속담에 이런 말이 있다. '과일을 먹을 때, 그 나무를 심은 사람을 기억하라.' 이 책을 집필할 수 있도록 나보다 먼저 고된 연구를 해준 모든 분들께 감사드린다. 또한, 내 가르침에 관심을 기울이고 지지해준 독자 여러분께도 깊은 감사를 전한다. 이 책의 내용이 아주 사소하게라도 당신에게 도움이 되기를 진심으로 바란다. 그렇다면 그동안의 내 노력이 헛되지 않을 것이다.

나는 당신을 아직 개인적으로 알지는 못한다. 어쩌면 우리가 '캐시버타이징' 워크숍이나 세미나에서 만났거나, 거래한 적이 있을지도 모른다. 하지만 이제 우리는 이 책을 통해 친구가 됐다. 이 사실이 당신을 변화시키기를 바란다. 어떤 식으로든 나의 도움이 필요하다면 부담 갖지 말고 Drew@DrewEricWhitman.com으로

메일을 보내거나 DrewEricWhitman.com을 방문하라. 나는 독자의 생각을 듣고 싶고, 내가 알려준 이론들이 도움이 됐는지 진심으로 알고 싶다!

당신의 건강과 행복 그리고 성공을 기원한다!

2023년 9월,
드류 에릭 휘트먼

참고문헌

CHAPTER 1 | 소셜 미디어는 어떻게 당신의 뇌를 해킹하는가?

1. "Former Facebook Exec: We Made It as Addictive as Cigarettes on Purpose," *Business Insider*, September 24, 2020, *businessinsider.com*.

2. "The Global State of Digital 2022," *Hootsuite*, 2022, *hootsuite.com*.

3. NBC Sports Pressbox, February 15, 2022, *nbcsportsgrouppressbox.com*.

4. "Super Bowl Ad Slots Selling for Record $6.5 Million, Nearly Sold Out," *USA Today*, January 19, 2022.

5. "How Instagram Is Intentionally Designed to Mimic Addictive Painkillers," *Business Insider*, August 11, 2021, *businessinsider.com*.

6. J. Rosenstein, "Addictive Features of Social Media/Messenger Platforms and Freemium Games Against the Background of Psychological and Economic Theories," *NCBI*, July 23, 2019, *ncbi.nlm.nih.gov*.

7. "Social Theory at HBS: McGinnis' Two FOs," *The Harbus*, May 10, 2004, *harbus.org*.

8. L. Festinger, "A Theory of Social Comparison Processes," *Human Relations*, 7, no. 2 (1954): 117–40.

CHAPTER 2 | 소셜 미디어는 디지털 슬롯머신이다

1. E. Schwartz, *Breakthrough Advertising* (Boardroom Books: 2004).
2. "First Impressions Are Everything: New Study Confirms People with Straight Teeth Are Perceived as More Successful, Smarter and Having More Dates," *PR Newswire*, April 19, 2012, prnewswire.com.
3. G. Zaltman, *How Customers Think: Essential Insights into the Mind of the Market* (Harvard Business School Press: 2003).

CHAPTER 3 | 성공은 단서를 남긴다

1. "The New York Times: Insights—The Psychology of Sharing," *Media and Information Literacy Clearinghouse*, August 3, 2011, milunesco.unaoc.org.
2. J. Berger and K. L. Milkman, "What Makes Online Content Viral?" *Journal of Marketing Research* 49, no. 2 (April 2012): 192–205.
3. D. Ogilvy, *Confessions of an Advertising Man* (Southbank Publishing: 2011).

CHAPTER 5 | 소비자의 마음을 훔치는 온라인 광고의 비밀

1. "Federal Reserve Board—Survey of Consumer Finances (SCF)," Board of Governors of the Federal Reserve System, *federalreserve.gov*.
2. L. Gillespie and T. Rubloff, "Bankrate's Annual Emergency Fund Report," *Bankrate*, February 23, 2023, bankrate.com.
3. C. Dickey, "Average Credit Card Debt in the U.S.," *Bankrate*, February 24, 2023, bankrate.com.
4. "Newswire | Consumer Trust in Online, Social and Mobile Advertising Grows," *Nielsen*, nielsen.com.
5. L. Matteucci, "5.3 Billion Cell Phones to Become Waste in 2022: Report," October 13, 2022, phys.org.
6. "The Smart Reason We Waste Our Dollars on Coffee," *Forbes*, May 22, 2015, forbes.com.
7. M. Armstrong and A. Kiefer, "Budgeting for Baby's First Year: Diapers, Childcare, Gear & More," *Healthline*, July 1, 2021, healthline.com.

8. L. Ross, "The Importance of Online Customer Reviews [Infographic]," *Invesp*, *invespcro.com*; "18 Online Review Statistics Every Marketer Should Know." *Search Engine Journal*, January 13, 2023, *searchengine journal.com*; J. Anthony, "62 Customer Reviews Statistics You Must Learn: 2023 Market Share Analysis & Data," *Financesonline.com*; J. Pitman, "Local Consumer Review Survey 2022: Customer Reviews and Behavior," *BrightLocal*, January 26, 2022, *brightlocal.com*.

9. Pitman, "Local Consumer Review Survey 2022."

10. S. Kurt and K. K. Osueke, "The Effects of Color on the Moods of College Students," *SAGE Open* 4, no. 1 (2014); M. Aves and J. Aves, *Interior Designers' Showcase of Color* (AIA Press, 1994).

11. J. Hallock. "Colour Assignment—By Joe Hallock," 2003. *joehallock.com*.

12. S. Singh, "Impact of Color on Marketing," *University of Winnipeg*, 2006, *ion.uwinnipeg.ca*.

13. P. Bottomley and J. R. Doyle, "The Interactive Effects of Colors and Products on Perceptions of Brand Logo Appropriateness," *Marketing Theory* 6 (2006): 63–83; T. L. Childers and J. Jass, "All Dressed Up with Something to Say: Effects of Typeface Semantic Associations on Brand Perceptions and Consumer Memory," *Journal of Consumer Psychology* 12, no. 2 (2002): 93–106; P. W. Henderson, and J. A. Cote, "Guidelines for Selecting or Modifying Logos," *Journal of Marketing* 62, no. 2 (1998): 14–30; K. L. Keller, S. E. Heckler, and M. J. Houston, "The Effects of Brand Name Suggestiveness on Advertising Recall," *Journal of Marketing* 62, no. 1 (1998): 48–57.

14. R. Oprea, "Color Psychology in Marketing and Its Importance in Driving Sales," *Brand Minds*, June 20, 2018, *brandminds.com*.

15. H. H. Choi, S. A. Lim,and J. HeeKim, "Promotional Video of Editing Techniques Utilizing Color and Brand Balance," *International Journal of Software Engineering & Applications* 8 (2014): 149–58.

16. I. Justesen, "11 CTA Tips That Will Turn Your Blog into a Lead Machine," *Constant Content*, August 28, 2018, *constant-content.com*.

17. M. Aagaard, "CTA Placement: Where to Position Calls-to-Action on Your Website," *Content Verve*, October 14, 2014, *contentverve.com*.

18. "11 Ways to Improve Your Calls to Action," *QuickSprout*, March 14, 2013, *quicksprout.com*.

19. "Big Wins from the Inbox: Email Strategies to Get More Conversions," *Unbounce*, *unbounce.com*.

20. J. Premick, "Buttons vs. Text Links | AWeber Email Marketing," *AWeber Blog*, March 25, 2008, *blog.aweber.com*.

21. "Facebook CTA: How to Add a Call-to-Action Button to Facebook," *HubSpot*, *blog.hubspot.com/*.

22. "11 Ways to Improve Your Calls to Action." QuickSprout.

23. N. Patel, "Videos Can Boost Sales: The Psychology of Videos," *neilpatel.com*.

24. K. Kurcwald, "Social Sharing Boosts Email CTR by 158% [REPORT + INFOGRAPHIC]," *GetResponse*, March 27, 2013, *getresponse.com*.

25. M. Buccini, "Where to Place CTAs for an 83% Increase in Blog Revenue," *Brafton*, *brafton.com*.

26. "8 Email Optimization Strategies Used by Well-Known Businesses," *Campaign Monitor*, June 22, 2020, *campaignmonitor.com*.

27. A. J. Beltis, "How the HubSpot Blog Generates Leads [+ How Yours Can, Too]," *HubSpot*, January 8, 2021, *blog.hubspot.com*.

28. M. Aagaard, "How Failed A/B Tests Can Increase Conversion Rates—Case Studies," *Unbounce*, October 16, 2013, *unbounce.com*.

29. J. Wiebe, "6 Proven Ways to Boost the Conversion Rates of Your Call-to-Action Buttons," *Copyblogger*, November 21, 2013, *copyblogger.com*.

30. "11 Ways to Improve Your Calls to Action," *QuickSprout*.

31. "How to Increase Your Landing Page Conversion Rates," *VWO*, February 16, 2023, *vwo.com*.

32. J. Vocell, "Personalized Calls to Action Perform 202% Better Than Basic CTAs [New Data]." *HubSpot*, June 29, 2018, *blog.hubspot.com*.

33. Wiebe, "6 Proven Ways to Boost the Conversion Rates of Your Callto- Action Buttons."

34. N. Patel, "Why the Fold is a Myth—and Where to Actually Put Your Calls to Action," *neilpatel.com*.

35. "The Global State of Digital 2022," *Hootsuite*, 2022, *hootsuite.com*.

36. M. Kratky, "2022 PageFair Adblock Report," *Blockthrough*, July 14, 2022, *blockthrough.com*.

37. "P&G: Slashed Digital Ad Spend by $200 Million in 2017," *Marketing Magazine*

Asia, March 2, 2018, *marketingmagazine.com*.

38. W. Geyser, "The State of Influencer Marketing 2022: Benchmark Report," *Influencer Marketing Hub*, March 2, 2022, *influencer marketinghub.com*.

39. J. Berger and Keller Fay Group, "New Research Shows Micro-Influencers Drive Consumer Buying Behavior at Much Higher Rates Than Previously Thought," *Business Wire*, March 30, 2016, *businesswire.com*.

40. N. Ellering and N. Ojaokomo, "What 14 Studies Say About the Best Time to Send Email," *CoSchedule*, January 13, 2023, *coschedule.com*.

41. D. Kahneman, J. L. Knetsch, and R. H. Thaler, "Anomalies: The Endowment Effect, Loss Aversion, and Status Quo Bias," *Journal of Economic Perspectives* 5, no. 1 (1991): 193–206; R. Thaler, "Toward a Positive Theory of Consumer Choice," *Journal of Economic Behavior and Organization* 1 (1980): 39–60.

42. D. Kahneman, J. L. Knetsch, and R. H. Thaler, "Experimental Tests of the Endowment Effect and the Coase Theorem," *Journal of Political Economy* 98, no. 6 (1990): 1325–48; J. List, "Experimental Tests of the Endowment Effect and the Coase Theorem," *Natural Field Experiments* 00687, (2020), The Field Experiments Website.

43. "Topic: Digital Coupons and Deals in the United States," *Statista*, June 29, 2022, *statista.com*.

44. S. Hyken, "Businesses Lose $75 Billion Due to Poor Customer Service," *Forbes*, May 17, 2018, *forbes.com*.

45. K. B. Nuckolls, J. Cassel, and B. H. Kaplan, "Psychosocial Assets, Life Crisis and the Prognosis of Pregnancy," *American Journal of Epidemiology* 95, no. 5 (May 1972): 431–41.

46. Hyken, "Businesses Lose $75 Billion Due to Poor Customer Service."

47. "U.S. Companies Losing Customers as Consumers Demand More Human Interaction, Accenture Strategy Study Finds," *Newsroom | Accenture*, March 23, 2016, *newsroom.accenture.com*.

48. B. Barnhart, "Why You Need to Speed Up Your Social Media Response Time (and How)," *Sprout Social*, June 24, 2020, *sproutsocial.com*.

49. "U.S. Companies Losing Customers as Consumers Demand More Human Interaction, Accenture Strategy Study Finds," *Newsroom |Accenture*.

50. N. Cole, "The Power of Live Chat: 5 Surprising Statistics That Show How Consumers Want Their Questions Answered," *Inc. Magazine*, April 25, 2017, *inc.com*.

51. "48 Cart Abandonment Rate Statistics 2023," *Baymard Institute*, August 15, 2022, *baymard.com*.

52. R. L. Frantz,, J. M. Ordy, and A. F. Parisi, "Visual Preference for Perceived and Actual Face-to-Face and TV Interaction in 4-Week-Old Infants," *Nature* 190, no. 4772 (1961: 623–24).

53. "Visual Cliff," Wikipedia, *en.wikipedia.org*.

54. S. Bakhshi, D. Shamma, and E. Gilbert, "Faces Engage Us: Photos with Faces Attract More Likes and Comments on Instagram," *Conference on Human Factors in Computing Systems - Proceedings*, 2014.

55. J. Zote, "26 Key Facebook Statistics Marketers Should Know in 2023," *Sprout Social*, February 14, 2023, *sproutsocial.com*.

56. J. Mawhinney, 50 Visual Content Marketing Statistics You Should Know in 2022," *HubSpot*, February 16, 2021, *blog.hubspot.com*.

57. Y. Y. Li and Y. Xie, "Is a Picture Worth a Thousand Words? An Empirical Study of Image Content and Social Media Engagement," *Journal of Marketing Research*, 57, no. 1 (2020): 1–19; "What Encourages Facebook Engagement?" *eMarketer*, November 8, 2011, *emarketer.com*; A. Vavrek, "Image SEO: Pictures Can Increase Your Readership [Photo from Research]," Skyword, June 6, 2012, *skyword.com*.

58. Li and Xie, "Is a Picture Worth a Thousand Words?"; C. Szegedy, V. Vanhoucke, S. Ioffe, J. Shlens, and Z. Wojna, "Rethinking the Inception Architecture for Computer Vision," *Proceedings of the IEEE Conference on Computer Vision and Pattern Recognition* (2016): 2818–26.

59. R. Pieters and M. Wedel, "Attention Capture and Transfer in Advertising: Brand, Pictorial, and Text-Size Effects," *Journal of Marketing* 68 (2004): 36–50.

60. M. Wedel and R. Pieters, "The Buffer Effect: The Role of Color When Advertising Exposures Are Brief and Blurred," *Marketing Science* 34 (2015): 134–43; A. Finn, "Print Ad Recognition Readership Scores: An Information Processing Perspective," *Journal of Marketing Research* 25 (May 1988): 168–77.

61. Li and Xie, "Is a Picture Worth a Thousand Words?"; D. Cyr, M. Head, H. Larios, B. Pan, "Exploring Human Images in Website Design: A Multi-Method Approach," *MIS Quarterly*, 33, no. 3 (2009): 539–66.; L. Xiao and M. Ding, "Just the Faces: Exploring the Effects of Facial Features in Print Advertising," *Marketing Science*, 33, no. 3 (2014):338–52.

62. Li and Xie, "Is a Picture Worth a Thousand Words?"; H. Hagtvedt, V. M. Patrick, "Air

Infusion, the Influence of Visual Art on the Perception and Evaluation of Consumer Products," *Journal of Marketing Research*, 45, no. 3 (2008): 379–89; S. Zhang, D. Lee, P. V. Singh, and K. Srinivasan, "How Much Is an Image Worth? Airbnb Property Demand Estimation Leveraging Large Scale Image Analytics," working paper, 2017, *ssrn.com*.

63. Li and Xie, "Is a Picture Worth a Thousand Words?"; S. E. Heckler and T. L. Childers, "The Role of Expectancy and Relevancy in Memory for Verbal and Visual Information: What Is Incongruency?" *Journal of Consumer Research*, 18, no. 4 (1992): 475–92; Y. H. Lee and C. Mason, "Responses to Information Incongruency in Advertising: The Role of Expectancy, Relevancy, and Humor," *Journal of Consumer Research*, 26, no. 2 (1999): 156–69.

64. N. Bruce, "Effective Display Advertising: Improving Engagement with Suitable Creative Formats," *GfK Marketing Intelligence Review*, (2017): 9; A. Goldfarb and C. Tucker, "Online Display Advertising: Targeting and Obtrusiveness," *Marketing Science* 30 (2011): 389–404.

65. Bruce, "Effective Display Advertising."

66. J. Berger, "Word of Mouth and Interpersonal Communication: A Review and Directions for Future Research," *Journal of Consumer Psychology* 24 (2014): 586–607.

67. C.Tan, L. Lee, and B. Pang, "The Effect of Wording on Message Propagation: Topic- and Author-Controlled Natural Experiments on Twitter," *Proceedings of the ACL 2014. Association for Computational Linguistics* (2014), 185–90.

68. J. Berger and K. L. Milkman, "What Makes Online Content Viral?" 2012, *jonahberger.com*.

69. Berger and Milkman, "What Makes Online Content Viral?"

70. G. Packard, S. Moore, and B McFerran. "(I'm) Happy to Help (You): The Impact of Personal Pronoun Use in Customer-Firm Interactions," *Journal of Marketing Research* 55, no. 4 (2018).

71. C. Janiszewski, H. Noel, and A, Sawyer, "A Meta-Analysis of the Spacing Effect in Verbal Learning: Implications for Research on Advertising Repetition and Consumer Memory," *Journal of Consumer Research* 30 (2003): 138–49.

72. B. Wansink and M. Ray, "Advertising Strategies to Increase Usage Frequency," *Journal of Marketing*, January 1996, *researchgate.net*.

73. A. Aravindakshan and P. Naik, "Understanding the Memory Effects in Pulsing Advertising," *Operations Research* 61 (2015): 35–47.

74. "What Is Ad Retargeting?" *Mailchimp, mailchimp.com.*

75. P. de Braux, "12 Statistics to Make You Consider Retargeting?" *Spiralytics*, September 2, 2021, *spiralytics.com*; K. Saleh, "Ad Retargeting in Numbers—Statistics and Trends," *Invesp*, May 23, 2022, *invespcro.com*; "Retargeting Statistics to Make You Launch Retargeting Campaign," *MotoCMS*, December 20, 2019, *motocms.com*; C. Costello, ("Retargeting Statistics | Conversion Rates | [Marketing Metrics]," *Kenshoo*, May 13, 2019, *skai.io*; "Display Network: Definition—Google Ads Help," *Google Support, support.google.com.*

76. "Average Facebook Engagement Rate [Updated Dec 2022]," *Oberlo,oberlo.com.*

77. D. Lee, K. Hosanagar, and H. Nair, "The Effect of Advertising Content on Consumer Engagement: Evidence from Facebook *." *researchgate.net.*

78. Lee, Hosanagar, and Nair, "The Effect of Advertising Content on Consumer Engagement."

79. "New Research Shows Incentivized Brand Advertising Works to Capture the Active Attention of 91 Percent of People Who Interact with a Brand's Message," *Business Wire*, September 19, 2011, *businesswire.com.*

80. P. Rauschnabel, S. Praxmarer, and B. Ivens, "Social Media Marketing: How Design Features Influence Interactions with Brand Postings on Facebook," in M. Eisend, T. Langner, and S. Okazaki (eds.) *Advances in Advertising Research* (Vol. III). (European Advertising Academy, Gabler Verlag: 2012).

81. A. Gotter, "The 27 Facebook Statistics That Every Marketer Must Know to Win in 2021," *AdEspresso*, December 16, 2020, *adespresso.com.*

82. *The Web Credibility Project, credibility.stanford.edu.*

83. "The Value of Online Customer Reviews," *Northwestern Scholars*, September 7, 2016, *scholars.northwestern.edu.*

84. "How Does Expert Endorsement Affect Consumer's Perceived Credibility?" *DiVA Portal, diva-portal.org.*

85. "The Value of Online Customer Reviews," *Northwestern Scholars.*

86. E. van Herpen, F. G. M. Pieters, and M. Zeelenberg, "When Less Sells More and When It Does Not: Scarcity Causing Snob versus Bandwagon Effects," Paper presented at 37th EMAC Conference, Marketing Landscapes: A Pause for Thought, (2008): 1–9.

87. N. Gilbert, "45 Interesting FOMO Statistics: 2023 Effects, Demographics & Mar-

keting," *Financesonline.com*.

88. E. van Herpen, F. G. M. Pieters, and M. Zeelenberg, "How Product Scarcity Impacts on Choice: Snob and Bandwagon Effects," *Advances in Consumer Research* 32 (2005): 32.

89. "Dynamic Email Content Leads to 400% Increase in Conversions for Black Friday Email | Adestra," *Upland Software*, uplandsoftware.com.

90. "What Users Want Most from Mobile Sites Today," *Think with Google*, thinkwithgoogle.com.

91. "What Users Want from Mobile," Web Performance Guru, *webperformanceguru.files. wordpress.com*.

92. T. Fessenden, "Scrolling and Attention," *Nielsen Norman Group*, April 15, 2018, nngroup.com.

93. "10 Web Design Statistics." *Ironpaper*, March 6, 2014, ironpaper.com.

94. "First Impressions Form Quickly on the Web, Eye-Tracking Study Shows." *Science-Daily*, February 15, 2012, sciencedaily.com.

95. Fessenden, "Scrolling and Attention."

96. A. Dodonova, "An Experimental Test of Anchoring Effect," *Applied Economics Letters* 16, no. 7 (2009): 677–78.

97. P. O'Donovan, A.Agarwala, and A. Hertzmann, "Color Compatibility from Large Datasets," *ACM Transactions on Graphics*, 2011, dgp.toronto.edu.

98. R. P. Nelson, *The Design of Advertising* (Brown & Benchmark: 1994).

99. D. Parkhurst, K. Law, and E. Niebur, "Modeling the Role of Salience in the Allocation of Overt Visual Attention," *Vision Research* 42, no.1 (January 2002): 107–23.

100. A. K. Shah and D. M. Oppenheimer, "Easy Does It: The Role of Fluency in Cue Weighting," *Judgment and Decision Making* 2, no. 6 (December 2007): 371–379.

101. H. Petrie et al., "Tension, What Tension?" Proceedings of the International Cross-Disciplinary Workshop on Web Accessibility—W4A, 2004.

102. S. E. Asch, "Studies of Independence and Conformity: I. A Minority of One Against a Unanimous Majority," *Psychological Monographs: General and Applied*, 70, no. 9 (1956): 1–70.

103. A. S. Atalay, H. O. Bodur, and D. Rasolofoarison, "Shining in the Center: Central Gaze Cascade Effect on Product Choice," *Journal of Consumer Research* 39, no. 4

(2012): 848–66.

104. N. J. Emery, "The Eyes Have It: The Neuroethology, Function and Evolution of Social Gaze," *Neuroscience and Biobehavioral Reviews* 24, no. 6 (2000): 581–604.

105. S. Djamasbi, M. Siegel, and T. Tullis, "Designing Noticeable Bricklets by Tracking Users' Eye Movements," *45th Hawaii International Conference on System Sciences*, Maui, Hawaii, 2012: 525–32.

106. "E-Commerce Checkout Usability: An Original Research Study," *Baymard Institute*, *baymard.com*.

107. P. van Schaik and J. Ling, "The Effectiveness of a 'Reject Option' in Online Decision-Making," *Journal of Interactive Marketing* 30 (2015): 34–45.

108. "A Tale of Two Pizzas: Building Up from a Basic Product Versus Scaling Down from a Fully-Loaded Product—Marketing Letters," *Springer Link*, *link.springer.com*; I. P. Levin, G. J. Gaeth, J. Schreiber, and M. Lauriola, "A New Look at Framing Effects: Distribution of Effect Sizes, Individual Differences, and Independence of Types of Effects," *Organizational Behavior and Human Decision Processes* 88, no. 1 (2002): 411–29.

109. R. W. Proctor and D. W. Schneider, "Hick's Law for Choice Reaction Time: A Review," *Quarterly Journal of Experimental Psychology* 71, no. 6 (2018): 1281–99; "Hick's Law," *Wikipedia*, *en.wikipedia.org*; W. E. Hick, "On the Rate of Gain of Information," *Quarterly Journal of Experimental Psychology* 4 (1952): 11–26; R. Hyman, "Stimulus Information as a Determinant of Reaction Time," *Journal of Experimental Psychology* 53 (1953): 188–96.

110. V. van Veen, M. K. Krug, J. W. Schooler, and C. S. Carter, "Neural Activity Predicts Attitude Change in Cognitive Dissonance," *Nature Neuroscience* 12, no. 11 (2009): 1469–74.

111. S. S. Krishnan and R. K. Sitaraman, "Understanding the Effectiveness of Video Ads: A Measurement Study," University of Massachusetts Amherst, IMC '13: Proceedings of the 2013 Conference on Internet Measurement (October 2013): 149–62.

112. "Capture Attention with Updated Features for Video Ads," *Facebook*, *facebook.com*.

113. T. J. McCue, "Verizon Media Says 69 Percent of Consumers Watching Video with Sound Off," *Forbes*, July 31, 2019, *forbes.com*.

114. B. Friedman, "Adobe's Q1 Social Intelligence Report Is Filled with Useful Data for Marketers," *Social Media Today*, April 28, 2014, *socialmediatoday.com*; "Best Time to Post on Facebook: A Complete Guide," *Buffer*, January 22, 2019, *buffer.com*; N.

Ellering, "The Best Times to Post on Social Media in 2022," *CoSchedule*, *coschedule.com*; P. Cooper and B. Cohen, "The Best Time to Post on Facebook, Instagram, Twitter, and LinkedIn," *Hootsuite*, *blog.hootsuite.com*.

115. "Inside Twitter: An In-Depth Look Inside the Twitter World," *sysomos.com*; K. Lee, "The Best Time to Tweet & Why," *Buffer Resources*, April 27, 2016, *buffer.com*; Cooper, Paige, and Cohen, "The Best Time to Post on Facebook, Instagram, Twitter, and LinkedIn"; L. K. Cox, "The Best Times to Post on Social Media in 2023 [New Data]," *HubSpot*, January 24, 2023, *blog.hubspot.com*.

116. Cox, "The Best Times to Post on Social Media in 2023 [New Data]"; Cooper, Paige, and Cohen, "The Best Time to Post on Instagram in 2023 [Complete Guide]"; A. Demeku and M. Thomas, "The Best Time to Post on Instagram in 2023," *Later*, November 25, 2022, *later.com*; M. Keutelian, "The Best Times to Post on Social Media in 2022," *Sprout Social*, *sproutsocial.com*; N. M. Ferreira, "Best Time to Post on Social Media in 2022 [Updated]," *Oberlo*, May 19, 2022, *oberlo.com*.

117. Cox, "The Best Times to Post on Social Media in 2023 [New Data]"; Ferreira, "Best Time to Post on Social Media in 2022 [Updated]";; Keutelian, "The Best Times to Post on Social Media in 2022"; V. Magyar and J. Michalski, "Best Time to Post on LinkedIn," *Quintly*, June 5, 2019, *quintly.com*; C. Newberry, "LinkedIn Marketing Strategy: 17 Tips for 2023," *Hootsuite*, December 1, 2022, *blog.hootsuite.com*.

118. M. Bretous, "Best Times to Post on YouTube in 2022 [Research]," *HubSpot*, May 2, 2022, *blog.hubspot.com;* C. Singh, "What Is the Best Time to Post on YouTube in 2023?" *SocialPilot*, December 29, 2022, *socialpilot.co*.

119. N. Landsberg, "Best Times to Post on TikTok for 2023," *Influencer Marketing Hub*, December 14, 2022, *influencermarketinghub.com*; K. Mikolajczyk, "When Is the Best Time to Post on TikTok in 2023? [Cheat Sheet]," *Hootsuite*, *blog.hootsuite.com*.

120. Cox, "The Best Times to Post on Social Media in 2023 [New Data]"; "The Best Times to Post on Social Media in 2022," *Public Sector Marketing Institute*, *publicsectormarketingpros.com*; M. Jeromchek, "Best Times to Post on Pinterest in 2023: An Analysis of 30,000+ Accounts [Original Research]," *CoSchedule*, July 11, 2022, *coschedule.com*.

121. A. Hassan and S. J. Barber, "The Effects of Repetition Frequency on the Illusory Truth Effect," *Cognitive Research* 6 (2021): 38.

122. Hassan and Barber, "The Effects of Repetition Frequency on the Illusory Truth Effect"; G. V. Johar and A. L. Roggeveen, "Changing False Beliefs from Repeated Advertising: The Role of Claim-Refutation Alignment," *Journal of Consumer Psychology*

17 (2007): 118–27; G. Pennycook, T. D. Cannon, and D. G. Rand, "Prior Exposure Increases Perceived Accuracy of Fake News," *Journal of Experimental Psychology: General* 147 (2018): 1865–80; H. R. Arkes, C. Hackett, and L. Boehm, "The Generality of the Relation Between Familiarity and Judged Validity," *Journal of Behavioral Decision Making* 2 (1989): 81–94; N. DiFonzo, J. W. Beckstead, N. Stupak, and K. Walders, "Validity Judgments of Rumors Heard Multiple Times: The Shape of the Truth Effect," Social Influence 11 (2016): 22–39; M. S. Zaragoza and K. J. Mitchell, "Repeated Exposure to Suggestion and the Creation of False Memories," *Psychological Science* 7 (1996): 294–300.

123. Hassan and Barber, "The Effects of Repetition Frequency on the Illusory Truth Effect"; Arkes, Hackett, and Boehm, "The Generality of the Relation Between Familiarity and Judged Validity"; L. Hasher, D. Goldstein, and T. Toppino, "Frequency and the Conference of Referential Validity," *Journal of Verbal Learning and Verbal Behavior*, 16 (1977): 107–12; A. S. Brown and L. A. Nix, "Turning Lies into Truths: Referential Validation of Falsehoods," *Journal of Experimental Psychology: Learning, Memory, and Cognition* 22 (1996): 1088–1100; L. A. Henkel and M. E. Mattson, "Reading Is Believing: The Truth Effect and Source Credibility," *Consciousness and Cognition* 20 (2011): 1705–21.

124. R. Reber and N. Schwarz, "Effects of Perceptual Fluency on Judgments of Truth," *Consciousness and Cognition* 8, no. 3 (1999): 338–42.

125. S. Lev-Ari and B. Keysar, "Why Don't We Believe Non-Native Speakers? The Influence of Accent on Credibility," *Journal of Experimental Social Psychology* 46, no. 6 (2010): 1093–96.

126. H. Song and N. Schwarz, "If It's Hard to Read, It's Hard to Do: Processing Fluency Affects Effort Prediction and Motivation," *Psychological Science* 19, no. 10 (2008): 986–88.

127. S. Moorthy and S. Hawkins, "Advertising Repetition and Quality Perception," *Journal of Business Research* 58 (2005): 354–60.

128. M. Eisend and S. Schmidt, "Advertising Repetition: A Meta-Analysis on Effective Frequency in Advertising," *Journal of Advertising* 44, no. 4 (2015):415–28.

129. C. Pechmann and D. Stewart, "Advertising Repetition: A Critical Review of Wearin and Wearout," *Current Issues and Research in Advertising* 11 (1988).

130. Hassan and Barber, "The Effects of Repetition Frequency on the Illusory Truth Effect."

131. M. Dass, C. Kohli, P. Kumar, and S. Thomas, "A Study of the Antecedents of Slogan

Liking," *Journal of Business Research* 67, no. 12 (2014): 2504–11.

132. L. Lai and A. Farbrot, "What Makes You Click? The Effect of Question Headlines on Readership in Computer-Mediated Communication," *Social Influence* 9, no. 4 (2013): 288–99.

133. R. Cruz, J. Leonhardt, and T. Pezzuti, "Second Person Pronouns Enhance Consumer Involvement and Brand Attitude," *Journal of Interactive Marketing* 39 (2017).

134. Cruz, Leonhardt, and Pezzuti, "Second Person Pronouns Enhance Consumer Involvement and Brand Attitude."

135. Lai and Farbrot, "What Makes You Click?" 289–99.

136. Lai and Farbrot, "What Makes You Click?" 289–99.

137. The Web Credibility Project, *credibility.stanford.edu*.

138. E M. Gonzalez, E. Esteva, A. L. Roggeveen, and D. Grewal, "Amount Off Versus Percentage Off—When Does It Matter?" *Journal of Business Research* 69, no. 3 (2016): 1022–27; A. Guha, A. Biswas, D. Grewal, S. Verma, S. Banerjee, and J. Nordfalt, "Reframing the Discount as a Comparison Against the Sale Price: Does It Make the Discount More Attractive?" *Journal of Marketing Research* 55, no. 3 (2018): 339–51.

139. X. Liu et al., "Optimal Pricing of Online Products Based on Customer Anchoring-Adjustment Psychology," *International Transactions in Operational Research*, April 21, 2022.

140. B. J. Fogg, C. Soohoo, and D. Danielson, "How Do People Evaluate a Web Site's Credibility? Results from a Large Study," Persuasive Technology Lab, Stanford University, 2002, *credibility.stanford.edu*.

141. "Social Media Use in 2021," *Pew Research Center*, April 7, 2021, *pewresearch.org*.

142. "Special Report on Aging and Vision Loss," | American Foundation for the Blind, January 2013, *afb.org*.

143. M. Bernard et al. "The Effects of Font Type and Size on the Legibility and Reading Time of Online Text by Older Adults," *CHI '01 Extended Abstracts on Human Factors in Computing Systems*," 2001.

144. F. Nah, "A Study on Tolerable Waiting Time: How Long Are Web Users Willing to Wait?" *Behaviour & Information Technology* 23, (2003): 285. See also Zona Research Report, "The Need for Speed," July 1999; P. Selvidge, "How Long Is Too Long for a Website to Load?" *Usability News*, 1, no. 2 (1999), *psychology.wichita.edu*; J. A. Hoxmeier and C. DiCesare, "System Response Time and User Satisfaction: An Ex-

perimental Study of Browser-Based Applications," Proceedings of the Association of Information Systems Americas Conference, Long Beach, California. August 2000.

145. A. J. Szameitat et al. "Behavioral and Emotional Consequences of Brief Delays in Human-Computer Interaction," *International Journal of Human-Computer Studies* 67, no. 7 (2009): 561–70; J. L. Guynes, "Impact of System Response Time on State Anxiety," *Communication of the ACM* 31 (1988): i3.

146. W. Hong et al., "When Filling the Wait Makes It Feel Longer: A Paradigm Shift Perspective for Managing Online Delay," *MIS Quarterly* 37, no. 2 (2013): 383–406; K. L. Katz, B. M. Larson, and R. C. Larson, "Prescription for the Waiting-in-Line Blues: Entertain, Enlighten, and Engage," *Sloan Management Review* 32, no. 2 (1991): 44–53; S. Taylor, "Waiting for Service: The Relationship Between Delays and Evaluations of Service," *Journal of Marketing* 58 (1994): 56–69; M. K. Hui and A. C. Tse, "What to Tell Consumers in Waits of Dif- ferent Lengths: An Integrative Model of Service Evaluation," *Journal of Marketing* 60 (1996)" 81–90; B. G. C. Dellaert and B. E. Kahn, "How Tolerable Is Delay? Consumers' Evaluation of Internet Web Sites After Waiting," *Journal of Interactive Marketing* 13, no. 1 (1999): 41–54.

147. Y. Lee, A. N. K. Chen, and V. Ilie, "Can Online Wait Be Managed? The Effect of Filler Interfaces and Presentation Modes on Perceived Waiting Time Online," *MIS Quarterly* 36, no. 2 (2012): 365.

148. Taylor, "Waiting for Service"; A. R. Gilliland, J. Hofeld, and G. Eckstrand, "Studies in Time Perception," *Psychological Bulletin* 43 (1946): 162–76; K. Katz, B. Larson, and R. Larson, "Prescription for the Waiting in Line Blues: Entertain, Enlighten and Engage," *Sloan Management Review* (Winter 1991): 44–53.

149. Hong et al., "When Filling the Wait Makes It Feel Longer"; F. Nah, "A Study on Tolerable Waiting Time"; M. K. Hui and L. Zhou, "How Does Waiting Duration Information Influence Customers' Reactions to Waiting for Services?" *Journal of Applied Social Psychology* 26 (1996):1702–17; B. D. Weinberg, "Don't Keep Your Internet Customers Waiting Too Long at the (Virtual) Front Door," *Journal of Interactive Marketing* 14, no. 1 (2000), 30–39.

150. F. Nah, "A Study on Tolerable Waiting Time"; B. Shneiderman, "Response Time and Display Rate in Human Performance with Computers," *Computing Surveys* 16 (1984): 265–85; R. B. Miller, "Response Time in Man-Computer Conversational Transaction," *Proceedings of AFIPS Fall Joint Computer Conference* 33 (1968): 267–77.

151. "The Importance of Irrelevant Alternatives," *The Economist*, May 22, 2009, economist.com.

152. S. Yang and M. Lynn, "More Evidence Challenging the Robustness and Usefulness of the Attraction Effect," *Journal of Marketing Research* 51, no. 4 (2014): 508–13.

153. S. Malkoc, W. Hedgcock, and S. Hoeffler, "Between a Rock and a Hard Place: The Failure of the Attraction Effect Among Unattractive Alternatives," *Journal of Consumer Psychology* 23 (2013): 317–29; J. Huber, J. W. Payne, and C. P. Puto, "Let's Be Honest About the Attraction Effect," *Journal of Marketing Research* 51, no. 4 (2014).

154. K. Coulter, P. Choi, and K. Monroe, "Comma N' Cents in Pricing: The Effects of Auditory Representation Encoding on Price Magnitude Perceptions," *Journal of Consumer Psychology* 22 (2012): 395–407.

155. N. Hagemann et al., "When the Referee Sees Red...," *Psychological Science* 19, no. 8 (2008): 769–71; R. A. Hill and R. A. Barton, "Red Enhances Human Performance in Contests," *Nature* 435 (2005): 293.

156. A. J. Elliot and D. Niesta, "Romantic Red: Red Enhances Men's Attraction to Women," *Journal of Personality and Social Psychology* 95, no. 5 (2008): 1150–64.

157. R. Bagchi and A. Cheema, "The Effect of Red Background Color on Willingness-to-Pay: The Moderating Role of Selling Mechanism," *Journal of Consumer Research* 39, no. 5 (2013): 947–60; N. Mandel and E. J. Johnson, "When Web Pages Influence Choice: Effects of Visual Primes on Experts and Novices," *Journal of Consumer Research*, 29, no. 2 (2002): 235–45.

158. E. Van Droogenbroeck, L. Van Hove, and S. Cordemans, "Do Red Prices Also Work Online? An Extension of Puccinelli et al. (2013)," *Color Research & Application* 43 (2018):110–13; N. M. Puccinelli et al., "Are Men Seduced by Red? The Effect of Red Versus Black Prices on Price Perceptions," *Journal of Retailing* 89, no. 2 (2013): 115–25.

159. K. Coulter and R. Coulter, "Size Does Matter: The Effects of Magnitude Representation Congruency on Price Perceptions and Purchase Likelihood," *Journal of Consumer Psychology* 15 (2005): 64–76.

160. M. Shen et al., "Interplay Between the Object and Its Symbol: The Size-Congruency Effect," *Advances in Cognitive Psychology* 12, no.2 (2016): 115–29; S. Dehaene, "The Psychophysics of Numerical Comparison: A Reexamination of Apparently Incompatible Data," *Perception and Psychophysics* 45, no. 6 (1989): 557–66.

161. Y. Huang and J. Ye, "Numbers Talk Louder When They Are Larger: The Effect of Font Size of Numerical Stimuli on Advertisement Persuasion," in eds. T. W. Bradford, A. Keinan, and M. M. Thomson, *NA—Advances in Consumer Research*, Volume 49 (Association for Consumer Research: 2021): 395–96.

162. S. S. Yang et al., "$ or Dollars: Effects of Menu-Price Formats on Restaurant Checks," *Cornell eCommons*, May 1, 2009, *ecommons.cornell.edu*.

163. "48 Cart Abandonment Rate Statistics 2023," *Baymard Institute*.

164. "Email Subject Lines—Statistics and Trends." *Invesp*, *invespcro.com*.

165. D. Kirkpatrick and P. Adams, "Study: Personalized Email Subject Lines Increase Open Rates by 50%," *Marketing Dive*, September 12, 2017, *marketingdive.com*.

166. "Email Subject Lines," *Invesp*.

167. "Email Subject Lines," *Invesp*.

168. "Ecommerce Industry Benchmark Report: Abandoned Carts," *Klaviyo*, *klaviyo.com*.

169. P. Weltman, "Best Practices for Browse Abandonment Email Subject Lines," *Klaviyo*, February 13, 2018, *klaviyo.com*.

170. C. Ouellette, "Email Subject Line Statistics to Help You Maximize Your Open Rates," *OptinMonster*, April 23, 2020, *optinmonster.com*.

171. "Ecommerce Industry Benchmark Report," *Klaviyo*.

172. "Emojis in Email Subject Lines: Do They Affect Open Rates? [DATA]." *Search Engine Journal*, September 10, 2020, *searchenginejournal.com*.

173. "Top Sales Follow-Up Statistics & Tips [2021 Data]." *YesWare*, April 21, 2021, *yesware.com*.

174. "Boomerang infographic_OL." *Baydin*, *baydin.com*.

CHAPTER 7 | '대박 광고'를 만드는 필수 체크리스트 29가지

1. A. Hirose, "24 Twitter Demographics That Matter to Marketers in 2023," *Hootsuite*, September 20, 2022, *blog.hootsuite.com*; C. Newberry, "42 Facebook Statistics Marketers Need to Know in 2023," *Hootsuite*, January 17, 2023, *blog.hootsuite.com*; C. Newberry, "34 Instagram Stats Marketers Need to Know in 2023," *Hootsuite*, January 24, 2023, *blog.hootsuite.com*; H. Macready, "38 Pinterest Stats That Matter to Marketers in 2023," *Hootsuite*, February 2023, *blog.hootsuite.com*; "How to Grow Your Small Business on Social Media," *LinkedIn*, November 18, 2022, *linkedin.com*.

지금 당장 팔리는 심리 마케팅 전략
고객의 마음을 100% 꿰뚫는 천재 마케터의 비밀

발행일 1판 1쇄 2025년 04월 30일

지은이 드류 에릭 휘트먼(Drew Eric Whitman)
옮긴이 최은아
발행인 채희만
출판팀 강미연, 최은서 | **마케팅팀** 한석범, 성희령 | **경영관리팀** 이승희
발행처 인피니티북스 | **브랜드** 인라우드
주 소 경기도 고양시 일산동구 하늘마을로 158, 대방트리플라온 C동 209호
대표전화 02)302-8441 | **팩스** 02)6085-0777

도서문의 및 A/S 지원
홈페이지 www.infinitybooks.co.kr | **이메일** helloworld@infinitybooks.co.kr
ISBN 979-11-92373-98-0 | **등록번호** 제2021-000018호 | **판매정가** 22,000원

· 인라우드는 인피니티북스(주)의 브랜드입니다.
· 파본은 구입처에서 교환하여 드립니다.